대박 성공의 매직,

# 발명

대박 성공의 매직, 발명

2011년 1월 3일  인쇄
2011년 1월 7일  발행

**지은이**  양원동
**디자인**  강희연
**펴낸이**  임종관
**펴낸곳**  미래북
**신고번호**  제302-2003-000326호
**주 소**  서울특별시 용산구 효창동 5-421호
**전 화**  02-738-1227
**팩 스**  02-738-1228
**이메일**  miraebook@hotmail.com

ISBN 978-89-92289-33-7 (03320)

대박 성공의 매직,

# 발명

양원동 지음

미래북
miraebook

# 진학과 창업의 성공 가이드 북이 되기를

발명은 인류 역사와 함께 시작되었으며, 최초의 창조나 진화를 제외하고는 발명품 아닌 것이 없다고 할 수 있다. 따라서 동산과 유체물 이외의 모든 창작물들은 지적 재산권의 보호대상이다

또, 발명의 핵심인 특허제도는 유형의 재산권 못지않게 무형의 재산을 보호해주는 지식재산권(Intellectual Property)으로 전 세계적으로 관심이 고조되고 있다.

우리나라는 자랑스럽게도 세계 4위의 지식재산권 출원국이며, 인구 대비로 볼 때에는 자타가 공인하는 1위가 틀림없다. 이러한 지식재산권 제도를 잘 알고 활용하면 이른바 대박을 터뜨리는 기폭제로 삼을 수 있다.

하지만 이를 잘 몰라서 특허 권리의 획득과 행사를 게을리 할 경우

뒤늦게 땅을 치며 후회하기도 하고, 무심결에 남의 권리를 침해했다가 감당불능의 책임을 뒤집어쓰고 사업마저 접어야 하는 횡액을 당하기도 한다.

이처럼 지식재산권은 사업자에게 있어 명약이 될 수도 있고, 반대로 독약이 될 수도 있다. 하여 특허를 바탕으로 창업이나 기업성장에 성공한 사례들을 짚어보고자 한다.

번뜩이는 아이디어의 결정체인 특허는 로열티 제도를 제대로 활용하면 황금알을 낳는 거위가 되어 막대한 수익을 올릴 수도 있고, 직장생활과 함께 투잡(Two Job)으로 활용할 수도 있다.

특허는 독자적인 기술, 즉 발명을 보호할 수 있는 통로이자 창구이다. 또한 그 역할이 단순한 발명품의 보호를 떠나 곧바로 수익 창출로

이어지기 때문에 그 중요성은 더욱 증대되고 있다.

　생활 속에서 얻은 작은 아이디어를 제품화해 대박을 터뜨린 사례는 우리 주변에서 얼마든지 볼 수 있다. 그러니까 제품의 핵심기술만으로도 놀랄 만한 수익을 올리는 것이다.

　그런 대박 사례 뒤에는 영국의 경제학자인 아담 스미스의 이론처럼 '보이지 않는 힘'이 작용한다. 만약 법의 힘으로 특정 제품을 보호하지 못한다면 유사 상품의 등장으로 권리를 보호받을 수 없어 그런 일을 꿈도 꾸지 못할 것이다.

　최근 학원가에서도 발명의 필요성이 제고되면서 발명 콘테스트에 입상하거나 특허를 받는 일, 또는 과학고나 일류대를 들어가는 일이 부쩍 많아지고 있다. 그에 따라 입학 사정제도도 그 범위를 대폭적으로

넓혀가고 있다.

때문에 학교에서 이루어지는 발명 교육의 목표를 창조적 사고에 둘 것인지, 아니면 그 결과물에 둘 것인지, 발명 교육의 방향을 설정하는 데에 중요한 고민이 되고 있다.

그러나 학교에서의 발명 교육이 본질적으로 인류 문명을 발전시키는 데 기여하기 위해서는 과학적 상상력과 잠재력을 개발해 발명할 수 있는 능력을 키워야 한다는 점을 감안하여 그 목표를 설정해야 할 것이다.

발명은 오로지 인간만이 갖고 있는 창조적인 사고의 산물이다. 그러나 현실적인 효용성을 가져야만 그 가치가 인정되며, 이를 현실화, 즉 산업화시켜서 창업으로 연결시키기 위하여서는 후속적으로 냉철한

기획과 마케팅이 뒤따라 주어야 한다.

모두가 알다시피 미국 MS 사의 빌 게이츠는 윈도우즈라는 컴퓨터의 프로그램을 발명하여 기업으로 발전시킴으로써 당시 컴퓨터 업계의 지존이었던 매켄토시의 애플 사를 가볍게 제치고, 세계 최고의 갑부였던 샘 월튼(Samuel Moore Walton) 전 월마트 회장보다 더 큰 재벌이 되었다

우리나라에도 빌 게이츠, 또는 애플 사의 스티브잡스나 구글 사의 세르게이브린, 레리페이지보다 훌륭한 지적 능력과 창의력을 가진 사람이 매우 많다. 앞으로 빌 게이츠 같은 세계적 발명가를 5명만 배출한다면 향후 자손만대가 먹고 살 걱정을 안 해도 되는 세계 최고의 복지국가가 될 것이다. 이는 저자의 지배적인 생각이고, 따라서 이러한

위대한 발명가가 하루 빨리 나올 수 있도록 국민 모두가 최선을 다할 것을 촉구한다.

　본 저서는 누구나 자신의 발상을 구체화하여 상품으로 개발하면 쉽게 특허를 획득, 발명가의 반열에 오르는 데 도움이 되도록 정리하였다. 그러니까 저자가 다년간 발명활동을 통하여 많은 특허를 직접 출원하면서 느낀 여러 가지의 사례와 경험을 제시한 것이다. 모쪼록 상급학교로 진학하는 학생들은 입시에 가산점과 특례를 받는 교재로, 각종 발명 전시회 등에 출품하거나 취업, 또는 발명으로 창업하여 성공하고자 하는 이들에게는 그 지름길로 안내하는 가이드 북으로 쓰여지기를 간절히 바란다.

2010년 12월

저자 양원동

CONTENTS

2장

# 발명의 실제

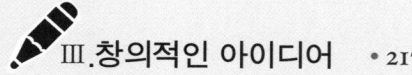

3장

# 특허·상표

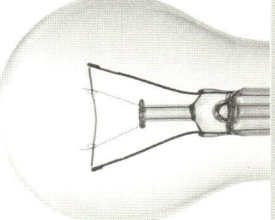

# 1장
# 발명의 환희

# Ⅰ.호기심이 일낸다

## 1. 호기심과 사고로 가득찼던 나의 어린 시절

어릴 때부터 발명가가 꿈이었던 나는 자타가 공인하는 대단한 개구쟁이여서 무수한 사고로 얼룩진 어린 시절을 보냈다. 그러나 그러한 사고들은 악의에서 비롯된 것이 아니라 지적 호기심에서 시작되었기에 지금도 자부심과 긍지를 갖고 있다.

나는 1963년 광주광역시 지원동 734번지에서 태어나 초등학교 입학 전에 경찰관인 아버지의 발령에 따라 서울로 이사를 하게 되었다.

사고무친인 서울에서 처음 자리를 잡은 곳은 지금의 광장동 쉐라톤 워커힐 호텔 밑의 강나루라는 마을이었는데, 집은 작은 방 한 칸이 전부였다. 부모님과 나와 동생들의 서울 생활은 그렇게 시작되었다.

나는 기특하게도 넉넉지 못한 가정환경에 불만을 가지지 않고 서울 생활에 잘 적응해나갔다. 그러나 그때는 초등학교에 입학하기 전이었고, 당시에는 유치원도 없던 터라 친구가 없었다. 유일한 친구는 두 살 아래의 동생이었고, 우리는 워커힐 호텔 근처에서 자주 놀았다.

그 곳에 가면 우리와 피부색이 다른 백인과 흑인 등 외국인들을 자주 볼 수 있어 신기했다. 무엇보다도 호텔 근처의 풀밭에서 폴짝거리거나 얼쩡거리며 외국인들의 시선을 끌면 그들은 쪼그마한 우리가 불쌍하게 보였던지 가끔씩 초콜릿이나 껌을 주곤했다. 특히 빠르게 잔디밭을 종횡무진으로 기어다니는 두 살배기 어린 동생은 그들의 시선을 끄는 데 그만이었다. 그러나 덩치가 산 만한 흑인 남자가 무엇인가 주려고 하면 그 모습이 너무도 무서워서 쭈뼛거리며 잘 받지를 못했고, 백인이 주는 것은 냉큼냉큼 잘 받아 챙겼다. 지금 생각해보면 그런 군것질거리를 받아먹는 재미가 쏠쏠하여 그곳에 더 자주 갔던 것 같다.

여름에는 빨래를 하는 어머니를 따라 맑디맑은 한강나루에서 헤엄을 치고 자맥질을 하며 놀았다. 물에서 노는 것이 즐거워 어머니의 만류도 무시한 채 매일 물에서 살다시피 했다.

어느날, 그날도 어머니를 따라 가서 수영을 하고 노는데 갑자기 우리가 놀고 있던 강가에 여러 사람들이 모여 들었다. 아마 익사한 사람의 시신을 찾으려고 수색 작업을 했던 것 같았다.

그때 나는 처음으로 우주복 같은 잠수복을 입은 사람을 보았다. 커다란 덩치의 이상한 복장과 투구를 쓴 머구리*가 내가 물장구치는 곳으로 성큼성큼 걸어 나왔는데, 커다란 헬멧에 호흡기를 달고 물갈퀴까지 신고 있어 사람이 아니라 괴물 같았다. 동생은 혼비백산하여 어머

---

*머구리 : 바닷 물 속에 들어가서 고기를 잡거나 해산물을 채취하는 잠수부의 방언.
개구리의 고어이기도 하다. 동의보감에 멍우리[水獺]라는 표기가 있다.

니 뒤로 숨어 나올 줄을 몰랐다.

어머니는 그런 나와 동생을 보시고는 매우 심각한 표정으로 말씀하셨다.

"저게 뭔지 알아? 물호랑이*라고 하는 거야. 저 물호랑이는 용궁에서 용왕님 명을 받고 나와서 말 안 듣는 어린애들만 잡아간단다. 너도 말 안 들으면 저 물호랑이에게 잡아가라고 할거야!"

내가 그 으름장에 잔뜩 겁을 먹었던 것은 당연했다.

그날 밤, 나는 그 물호랑이라는 것이 정말 용궁에서 나왔을까? 정말로 물에서 사는 호랑이일까? 밤새도록 고민하느라 잠을 설쳤다. 정말로 내가 말을 듣지 않아서 어머니께서 물호랑이에게 이르면 어떡하나 하는 생각과 함께. 그 뒤로도 동생과 물가에서 놀 때면 가끔씩 물호랑이라는 '머구리'를 보곤 했다. 호기심 많은 나의 어린 시절은 물호랑이와 더불어 지나가고 있었다.

---

* 물호랑이: '흰줄박이 물돼지'의 잘못된 말

## 2. 정말 모기약을 입으로 뿌린다고?

콜라로 둔갑한 모기약을 꿀꺽꿀꺽 마셨던 끔찍했던 이야기다.

여름만 되면 지긋지긋한 모기들의 극성에 다들 모기약이 한두 개쯤은 있을 것이다. 또 요즘은 기술의 발전으로 전기 콘센트에 꽂아 놓기만 하면 모기를 퇴치시켜 주는 다양한 종류의 기구와 모기약들이 계속 출시되고 있다.

나의 어린 시절엔 지금은 화재나 인체에 해로운 물질이 나온다 하여 점차 사용을 줄이고 있는 짙은 녹색 골뱅이 모양의 모기향*도 그땐 개발되지 않았었고, 사진에서 보는 요상하게 생긴 물건이 여름의 적, 파리와 모기들과의 전투무기였다. 만약 지금의 아이들에게 '저게 뭘까?' 하고 물어 본다면 다들 고개를 절레절레 흔들며 모른다고 할 것이다. 그러나 그 시절에는 빨대모양의 부분을 입에 물고 강하게 불면 모기약이 분사되는 도구가 있었다.

잠깐 이 신기한 모기약 분사기의 원리에 대해 설명해보자.

이 도구는 페인트 도색할 때 스프레이 하는 것과 같은 구조로서, 병에다 모기약을 넣고, 거기에 T자 모양의 관을 꽂아서 그 한쪽을 입으

---

＊모기향 : 불로 피우는 모기약 · 모기가 싫어하는 향을 고체로 만들어 불을 피워서 사용하는데, 밀폐된 공간에서는 담배보다 더 심한 독성이 발생할 수 있다.

로 불면 그 입김의 힘으로 반대편의 관으로 모기약이 분사되는 원리를 가지고 있었다.

페인트 도색기도 페인트 통에 관을 꽂고 한쪽에서 공기압축기로 공기를 불어 넣으면 스프레이 노즐이 달려 있는 반대 방향으로 나가는 공기의 압력에 의해 페인트가 빨려 나와서 스프레이가 되는 것이다.

이런 원리는 가느다란 T자 관의 한쪽에 공기가 고속으로 지나가게 되면 주위의 압력이 낮아지며 병 안에 있는 액체가 빨려나와 분사가 되는 데 이러한 원리를 '오리피스 원리'라고 한다.

그 모기약 기구를 불 때 호흡을 잘못하면 입으로 모기약이 들어오는 경우가 허다했다. 그런데 모기약은 인체에 해롭기 때문에 어른들은 내가 모기약 근처에 가거나 손만 갔다 대려해도 질겁을 하시며 내 손이 닿지 않는 높은 곳에 올려놓으셨다.

그 당시 우리 집에서 사용하던 모기약은 약국이나 농약가게에서 원액을 구입하여 물에 희석시켜 사용했다.

아마 내가 4살 때였을 것이다.

어느 무더운 여름날, 어머니가 차려주신 아침을 맛있게 먹고 동생과 마당에서 놀고 있는데 어머니께서 시장을 다녀 올 테니 얌전히 놀고 있으라고 하시며 나가셨다.

잠시 후, 나는 동생과 방으로 들어와서 무료하게 빈둥거리다가 선반 위에 올려져 있는 모기약을 콜라로 착각했다. 그리고 그 맛있는 것을 높은 곳에 올려놓고 우리들 몰래 마시는 부모님을 야속하다고 생각하며 내 몸보다 큰 의자를 가지고 와 선반 밑에 놓았다. 그래도 내 키가 선반에 닿지 않아 아버지가 읽고 계시던 여러 권의 책을 겹쳐놓고 마침내 그 콜라(?)를 입수하는 데 성공했다. 흥분한 나는 살충제 성분의 모기약을 동생과 사이좋게 벌컥벌컥 시원하게 나누어 먹었다. 아뿔사!

얼마 후, 시장에서 돌아오신 어머니는 동생과 신나게 놀고 있어야 할 내 모습 대신 방 안에서는 모기약 냄새가 진동하고, 모기약을 담아두었던 콜라병은 엎어져 안에 담긴 모기약이 온통 방안에 쏟아지고, 동생 또한 내 옆에서 허우적거리는 모습을 보셔야 했다.

그 뒷 이야기는 현명하신 독자 제현의 상상에 맡기고, 그날 나와 동생은 어머니의 소중한 수명을 단축시켜 드린(?) 댓가로 목숨만은 부지했다. 그 날, 어머니는 나와 동생에게 두 번째 생명을 주신 것이다.

오호, 하늘 같을진저! 어머님 은혜여!

## 3. 내가 총을 잡던 날

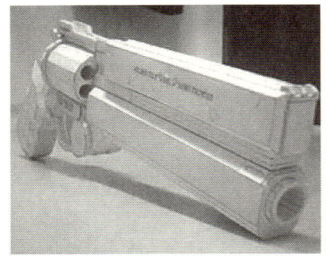

　　내가 6살 되던 1968년 1월 17일 23:00시, 북한의 124군부대 소속 김신조*를 포함한 31명의 공작원들이 철책을 뚫고 대통령을 살해하려고 청와대를 습격하는 만행을 자행하였다.

　　당시 아버지께서는 대공 업무를 담당하는 형사이셨던 것 같았다. 때문에 업무특성상 자주 외박을 하셨다.

　　그날도 아버지는 비상근무로 며칠을 새우고 새벽녘에 매우 피곤한 모습으로 들어오셨다. 그리고 옷걸이에 옷과 권총이 들어 있는 벨트를 걸어놓고 침대에서 깊은 잠에 빠지셨다.

　　나는 그 권총이 그렇게 위험한 물건인지도 모르고 그저 단순한 호기심으로 무겁고 큰 의자를 힘겹게 끌어다가 옷걸이 밑에 놓고 그 위로 올라가 권총 멜빵을 끌어내렸다.

　　그렇게 권총을 꺼낸 나는 처음에는 혼자서 가지고 놀다가 나중에는 친구들에게 자랑하고 싶어서 집 뒤 친구들이 노는 공터로 갔다. 그리고 아이들에게 진짜 총이라고 소리치며 빵야~! 하고 총 쏘는 흉내를 내며 으스댔다. 그 순간 나는 영웅이었다.

* 김신조金新朝 : 1942년 6월 2일 출생으로 1968년 1월 21일 청와대를 습격하려던 북조선 민족보위성 정찰국 소속 124군 부대 무장 게릴라 31명 중 유일한 생존자. 후에 대한민국에 귀순 후 신학을 전공하고, 개신교 목사가 되었다. 그는 생포된 직후 TV로 생중계된 기자회견에서 남한에 침투한 목적을 묻자 "박정희의 목을 따러 왔다."라고 답해 많은 사람을 놀라게 했다.

친구들은 처음 보는 권총의 모습에 신기해하며 모두 내 옆으로 찰싹 붙어 한번만 만져보자고 졸랐다. 그 당시에는 지금과는 달리 모형 총도 드물었고, 대부분 나무로 만든 총을 가지고 놀았기 때문에 진짜 총을 볼 수 있는 기회는 거의 없고, 책이나 영화를 통하여서 보는 것이 전부였다.

우쭐해진 나는 만져보게 해 줄 테니 한 명씩 줄을 서라고 했다.

그런데 그때 한 친구가,

"야! 진짜 총이면 왜 소리가 안 나냐? 한번 쏴 봐라~!"

하고 소리쳤다. 나는 얼굴을 붉히며 우리 아버지는 무서운 형사이고, 총도 가짜가 아니라 진짜라고 힘주어 설명했다. 그런데 그 친구는 내 말을 무시해버리며 그러면 자신에게 쏴보라고 했다.

순간 오기가 생긴 나는 진짜로 방아쇠를 당겼다. 그런데 아무런 반응이 없었다. 그러자 친구들은 가짜 총이라고 놀리었고, 당황한 나는 권총을 이리저리 만져보다가 우연하게 노리쇠를 뒤로 제치고 방아쇠를 당겨버렸다. 그것은 정말 순간이었다.

탄실에 총알이 장전되어 있던 총은 '땅!' 하는 천지가 개벽하는 엄청난 굉음을 내며 총알을 발사했고, 나는 권총의 반동으로 뒤로 넘어져 땅바닥에 나뒹굴었다.

너무나 깜짝 놀란 나는 순간적으로 친구가 발사된 총에 맞아 다쳤을까봐 무서웠다. 그러나 천만 다행으로 총알은 여러 친구들이 있는 곳으로 발사되었는데도 용케도 빗나갔다.

그제서야 아이들은 모두 아연실색해서 벌벌 떨고 있는데 주무시다가 총소리를 들으신 아버지와 어머니, 그리고 동네 몇몇 어른들이 부랴

부랴 쫓아 나오셨다. 그리고 얼굴이 창백해지며 내 손에서 총을 급히 뺏고, 주위에 떨어진 탄피를 찾아가지고 곧바로 경찰서로 출근을 하셨다.

나는 그 날 어머님께 무지하게 맞았다. 어머니는 친구가 총에 맞았으면 어쩔 뻔했냐고 하시면서 엄청 화를 내셨다. 나는 닭똥 같은 눈물을 흘리면서 잘못했다고 빌었다.

만일 내가 한번 쏘아보라고 했던 아이에게 진짜 제대로 조준하여 총을 쏘았더라면…? 아! 지금 생각해도 끔찍하다.

## 4. TV를 알고 싶었다

내가 어렸을 때는 동네를 통틀어 TV가 1~2대 밖에 없었다. 물론 흑백 TV였다.

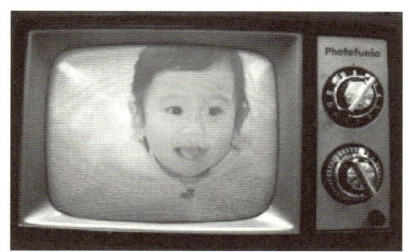

컴퓨터나 게임기 같은 것은 이름도 없었고, 오로지 TV보기나, 딱지치기, 술래잡기, 구슬치기, 팽이놀이, 연날리기가 놀이의 전부였다.

그때 TV의 최고 인기프로는 타이거마스크, 철인 28호, 황금박쥐, 요괴인간, 우주소년 아톰, 우주의 왕자 빠삐, 마린보이 등의 만화영화였다.

동네 만화가게에서는 이런 프로의 방영시간을 출입문 입구에 써붙여 놓고 아이들의 코 묻은 돈 10원씩을 받고 입장시켰다. 그때 우리집에는 아버지가 도둑, 아니 그보다 더 무서운 간첩을 잡는 형사였는데도 TV가 없어 친구 종호네 집에 가서 날마다 뇌물로 딱지, 구슬 같은 것들을 바치고 눈치를 보면서 TV를 보곤하였다.

초등학교 3학년 즈음, 나와 동생의 열화와 같은 성화에 굴복하여 어머니께서 빚을 내어 드디어 TV를 들여 놓았는데, 종호네 TV보다 훨씬 크고 예쁘고 멋이 있었으니 내 자랑거리 목록의 최상위에 배정된 것은 불문가지의 일이었다. 우리 반에서 TV가 있는 집은 아마도 우리 집이 처음이나 두 번째였을 것이다.

어느 토요일 방과 후, 나는 친구들과 TV를 보기 위해 모두 우리 집으로 몰려갔다. 물론 나도 종호처럼 약간의 뇌물을 받았다. 어머니와 아버지는 그 날 모임이 있으셔서 집 잘보라고 하시며 나가셨기 때문에 나는 친구들과 멋지고 훌륭한 최신형 TV를 보기 시작했다.

나는 친구들과 당시 최고 인기프로인 요괴인간을 보다가 TV 안에는 과연 무엇이 들어 있어 이렇게 만화도 나오고 사람도 나오는 걸까? 궁금해지기 시작했다. 그러나 나의 이러한 호기심에 답변하여 줄 친구는 아무도 없었다. 순간 나는 그들에게 명쾌하게 설명해주어 나의 위대성을 보여주고 싶었다. 그래서 곧바로 친구을 시켜 TV를 벽에서 옮기게 한 후 뒷면을 살펴보았다.

뒷면은 종이를 압축한 골판지로 막혀 있었는데, 그 틈새로 빨간 여러 개의 불빛이 보였다. 나는 공구통에서 드라이버를 찾아와 친구들과 낑낑거리며 장시간에 걸쳐서 마침내 가림판을 떼보니 내부는 생각했던 것보다 의외로 간단하였다.

가운데의 커다란 브라운관, 양옆의 스피커, 그리고 여러 가지의 열과 불빛을 내는 진공관*들과 몇 가지의 전자부품 뿐이었다.

나는 TV를 여러 번 켰다 껐다를 반복하며 내부를 살펴보니 전원을 켜면 브라운관에서 피식하는 소리와 함께 전기가 들어오고, 전원을 끄면 똑같은 소리가 나며 꺼지는데, 이때 여러 개의 진공관에도 같이 불이 들어오고 나가고 하는 것이었다.

그런데 브라운관의 가운데 빨간 불빛이 켜져 있는 코일에 무심코 드라이버를 갖다 대자 '펑!' 하는 소리와 함께 마치 예전에 권총을 발사하는 듯하는 충격에 뒤로 나자빠졌다. 브라운관 점등 시 수만 볼트의 전기가 순간적으로 내 몸을 타고 흘렀던 것이다.

친구들의 외침소리가 가물거렸다. 애써 겨우 정신을 차리고 보니

TV는 물론이고, 두꺼비집*이 타버려 집안은 암흑 천지가 되어 있었다. 나는 다행히 순간적으로 전기쇼크를 먹은 터라 머리가 조금 쑤시고, 몸이 부들부들 떨리기는 했지만 특별한 외상은 없었다.

지금이야 합선이나 쇼트가 되어도 차단기가 있어서 전기가 자동으로 차단이 되지만 그때는 두꺼비집의 퓨즈를 갈아 끼우기 전까지는 전기를 사용할 수가 없었다.

나는 어머님이 다림질을 하다가 두꺼비집의 퓨즈가 나가면 동네 어귀의 전파사 아저씨를 부르시고, 그 아저씨는 약간의 출장비를 받고 퓨즈를 끼워 주시곤했던 것을 본 적이 있었다. 그래서 두려움에 덜덜 떨고 있는 친구들을 안심시켜 놓고, 한 친구에게 전파사 아저씨를 모시고 오라고 했다.

아저씨는 플래시를 켜고 현관 입구의 두꺼비집의 퓨즈를 갈아 끼워 주시고는 뭔가 미심쩍어 하시는 태도로 우리를 힐긋힐긋 보셨다. 다행히(?) 우리가 해체해 놓은 TV는 안방에 있어 보시지는 못했지만 무언가 낌새가 이상하다고 느끼셨는지 '너희들 전기 가지고 장난치면 큰일 난다!' 하고 주의를 주시곤 그냥 가셨다. 다시 집에 전기가 들어오자 나는 제일 먼저 TV전원을 수차례 켜보았지만 먹통 그 자체였다.

오 마이 갓! 값비싼 TV가 결국 고장나버린 것이다. 눈앞이 캄캄했다.

---

*진공관 : 높은 진공 속에서 금속을 가열할 때 방출되는 전자를(에디슨 효과) 전기장으로 제어하여 정류, 증폭 등의 특성을 얻을 수 있는데, 이러한 용도를 위해 만들어진 유리관.
*두꺼비집 : 전기차단기가 나오기 전에 사용하던 것으로 일정 양 이상의 전류가 흐르면 납이나 구리로 된 퓨즈가 자동적으로 녹아서 전류를 차단하는 안전장치. 주로 가정이나 적은 용량의 전류를 사용하는 곳에 설치한다.

부모님이 오시면 무지하게 혼날 것은 자명했다. 나는 친구들의 도움을 받아가며 부랴부랴 TV 뒷 뚜껑을 원상태로 조립해서 제자리에 갖다 놓았다. 친구들은 겁에 질려 슬금슬금 각자의 집으로 돌아가고 모든 책임은 고스란히 내게로 돌아왔다.

초조함 속에 시간은 흘러 저녁 늦게 부모님이 오시는 기척이 나자 나는 내 방에서 자는 척 누워 있었다.

아버지께서 TV가 작동이 안 되니까 날 부르시더니 혹시 TV 만졌냐고 하셨다. 나는 시치미를 뚝 떼고 아까 TV를 보고 있는데 갑자기 전기가 나가서 전파사 아저씨가 와서 고쳐주었다고 했다.

아버지는 산 지 며칠이나 됐다고 벌써 TV가 고장 나느냐고 하시며 미심쩍다는 듯 나를 추궁하셨지만 나는 혼나는 것이 두려워 계속 거짓말을 하고 말았다.

하지만 이러한 거짓말은 얼마 못가 TV 수리하시는 분이 오시자마자 바로 들통이 났다. 그 분께서는 '누가 TV를 뜯어봤네요.' 하며 TV 뒤 커버에 자국과 브라운관 코일이 탄 것을 증거로 내세웠고, 이윽고 범인은 나라는 사실이 백일하에 밝혀졌다.

나는 어머니로부터 쓸데없이 궁금한 것만 많아서 비싼 TV를 고장 냈다는 것과 거짓말을 한 것을 포함해서 또 한번 비오는 날 먼지가 날 만큼 흠씬 맞았다. 나의 못 말리는 호기심 때문에 억울하게 내 몸이 수없이 고초를 겪어야 했다. 그리고 어머니는 눈물을 머금고 비싼 TV수리비를 물어야 했다.

## 5. 롤렉스시계는 징징거리며 내게로 다가왔다

TV 해체사건이 잊혀갈 쯤, 또 하나의 호기심이 나를 자극했다.

우리 집에는 시계가 3개 있었다.

하나는 아버지가 차시는 매우 비싸다는 고급시계와 날마다 밥(태엽을 감아주는)을 주어야 하는 어머니의 손목시계, 그리고 아침에 우리 가족을 깨워주는 자명벨 탁상시계였다.

어머니의 시계는 하루에 한번씩 용두(태엽을 감는 꼭지)를 회전시켜 시계 내부의 태엽을 감았는데, 나는 그게 재미가 있어 수시로 하곤했다. 그러다가 아버지의 손목시계에 대한 궁금증이 생겼다.

아버지의 최신형 롤렉스* 시계는 겉으로만 보아도 아주 멋이 있었는데 이상하게 밥을 안 주어도 결코 정지하지 않았다. 그리고 손에 쥐고 흔들면 흔들 때마다 내부에서 징징하고 이상한 소리가 났다.

나는 그것이 어머니의 시계와는 달리 밥을 안 줘도 시계가 안 서는

---

＊ 롤렉스 (Rolex) : 세계적 유명 시계의 브랜드로 롤렉스 사가 소유하고 있으며 본사는 스위스의 제네바에 있다.

1905년 24살의 젊은 독일인 한스 윌스도르프(Hans Wilsdorf)가 영국 런던에 시계 전문 유통회사 '윌스도르프 & 데이비스(Wilsdorf & Davis)' 를 설립하고, 1908년 스위스에 상표 등록했다. '롤렉스' 란 이름은 한스 윌스도르프가 창안한 것으로, 그는 유럽인들이 발음하기 쉽고 시계 다이얼(문자판)에 새길 수 있을 정도로 짧은 단어로 브랜드명을 만들었다.

1926년에는 세계 최초의 방수 · 방진 시계인 '오이스터(Oyster)' 를 개발, 특허를 획득하였다. 1927년에 런던 여성 속기사인 메르세데스 글라이츠(Mercedes Gleitze)가 오이스터를 차고 영불 해협을 횡단하는 데 성공하여, 방수 손목시계의 성공을 전 세계에 홍보하였다. 또 물을 가득 채운 유리 수족관 속에 오이스터를 전시하는 독특한 마케팅 방법을 사용하기도 했다. 1931년에는 손목의 움직임으로 태엽이 감길 수 있도록 하는 영구 회전자(Perpetual rotor)를 개발하였다. 이후 거의 모든 시계 브랜드에서 영구 회전자 기술을 채택하여 사용하게 되었다.

까닭과 함께 대단히 궁금했다. 그래서,

"아버지 시계는 왜 밥을 안줘요? 그리고 시계 안에 무엇이 들어 있길래 징징거리는 소리가 나나요?"

하고 여쭈었지만 아버지께서는 자동 태엽이 들어있어서 그렇다는 단순한 대답뿐이었다. 게다가 아버지는 내가 또 사고를 칠까봐 이 시계는 무지무지 비싼 시계라 건드리면 혼쭐이 날 줄 알라고 으름장을 놓으셨다.

나는 생각을 안 하려고 고개를 흔들었지만 부풀어가는 궁금증을 도저히 멈추게 할 수가 없었다.

'태엽이 어떻게 자동으로 감기고, 징징소리가 왜 난단 말인가?'

자명종 시계는 이미 내가 해체하여 검사해보았기에 그 원리를 알았지만 아버지의 시계에 대한 원리가 궁금하여 도무지 견딜 수가 없었다.

주말 오후, 점심을 먹은 후에 아버지는 낮잠을 주무시려고 안방으로 들어가셨다. 난 궁금증을 못 참고 결국 일을 또 저질렀다.

나는 고양이처럼 살금살금 다가가서 아버지가 머리맡에 풀어 놓으신 시계를 챙겨 골방으로 가서 살펴보았다. 시계를 흔들면 신기하게 징~하고 요즈음의 휴대폰처럼 진동을 했다. 세차게 흔들면 흔들수록 진동은 커졌으므로 허벅지에 때리거나 방바닥에 두들기면 손으로 전해지는 느낌이 기분좋았다.

나는 어느새 시계 분해 작업에 들어갔다.

그러나 아무리 아등바등 애를 써도 도무지 시계의 뒤 뚜껑이 열리지 않았다. 하는 수 없이 공구통을 뒤져서 드라이버와 망치를 가져와 시계의 뒤 뚜껑에 대고 수차례 내려 쳐서 드디어 뚜껑을 여는 데 성공을 했다.

안에는 반달 같은 축(영구 회전자 Perpetual rotor)이 자리 잡고 있고, 여러 가지 반짝이는 보석이 들어있었는데, 흔들면 그 반달이 회전하면서 태엽을 감아주는 것 같았다.

'아! 이제야 알았다.' 징징거리는 소리의 정체는 바로 시계를 움직일 때마다 반달축이 회전하면서 태엽을 감아줄 때 나는 소리였던 것이다.

나는 그 태엽의 감기는 모습과 소리 나는 것이 신기해서 뚜껑을 연 채 계속 흔들어 보았다. 그러다 결국 또 사고를 치고 말았다. 시계의 부속품들이 몽땅 쏟아져버린 것이다. 초침도 휘고, 시침 분침까지 모두 엉망이었다.

수 시간에 걸쳐 조립을 하였으나 시침과 분침이 정렬이 안 되고, 엎친 데 덮친 격으로 시침을 12시에 맞추려고 하여도 분침은 항상 12시 5분을 가리켰다.

다시 뜯어서 시침과 분침을 강제로 맞추었더니 속에서 뚝하고 기어가 부러지는 소리가 났다. 하늘이 캄캄하고, 혼날 생각에 눈물이 나왔다.

대강 조립해 놓고 가출하여버릴까 하는 생각도 하였지만 용기가 나질 않았고, 결국 저녁식사 시간 후에 아버지께 이실직고하고 또 뒤지게 혼났다.

**손목시계는 전자로 움직이는 것과 태엽으로 움직이는 것으로 나뉘어져 있다.**

젠마이로 움직이는 것을 '기계식', 전지로 움직이는 것을 '쿼츠'라고 한다. 기계식이 평균일차

10 20초인 데 비해 쿼츠는 평균월차 0.01~0.05로, 상당히 정확하다.

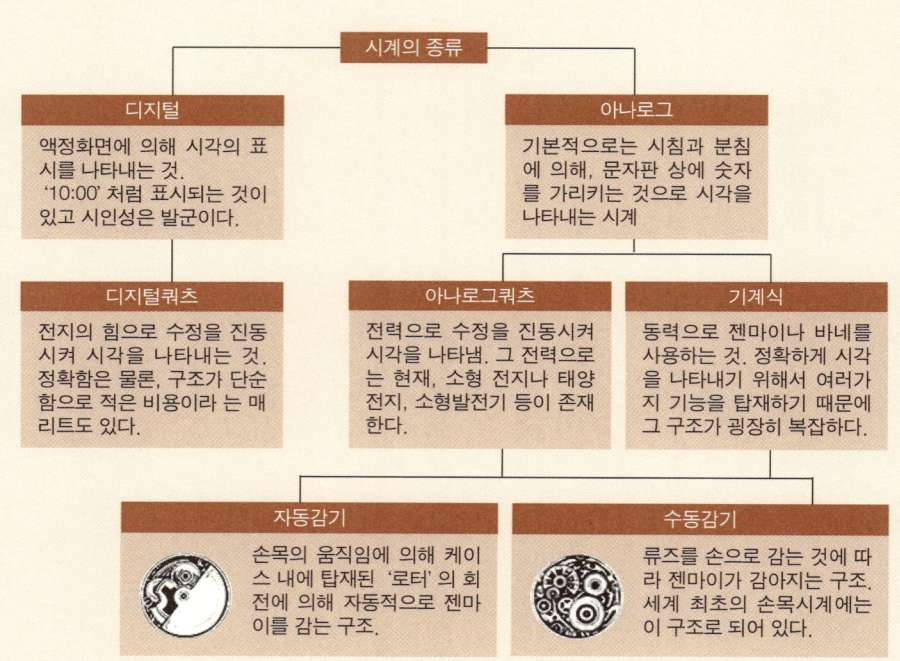

**시계의 종류**

**디지털**
액정화면에 의해 시각의 표시를 나타내는 것. '10:00' 처럼 표시되는 것이 있고 시인성은 발군이다.

**아나로그**
기본적으로는 시침과 분침에 의해, 문자판 상에 숫자를 가리키는 것으로 시각을 나타내는 시계

**디지털쿼츠**
전지의 힘으로 수정을 진동시켜 시각을 나타내는 것. 정확함은 물론, 구조가 단순함으로 적은 비용이라 는 매리트도 있다.

**아나로그쿼츠**
전력으로 수정을 진동시켜 시각을 나타냄. 그 전력으로는 현재, 소형 전지나 태양전지, 소형발전기 등이 존재한다.

**기계식**
동력으로 젠마이나 바네를 사용하는 것. 정확하게 시각을 나타내기 위해서 여러가지 기능을 탑재하기 때문에 그 구조가 굉장히 복잡하다.

**자동감기**
손목의 움직임에 의해 케이스 내에 탑재된 '로터' 의 회전에 의해 자동적으로 젠마이를 감는 구조.

**수동감기**
류즈를 손으로 감는 것에 따라 젠마이가 감아지는 구조. 세계 최초의 손목시계에는 이 구조로 되어 있다.

## 6. 따끈따끈한 손난로, 하지만 석면은 따끔따끔

중학교 3학년 2학기 때, 아마 늦가을인 11월쯤의 일이었을 것이다. 고교 입시가 얼마 남지 않아 방과 후 주로 도서실에 가서 공부를 하고 밤 11시나 되어서 집으로 돌아오곤 했다. 지금의 11월은 가을 날씨이지만 그때는 11월에도 대단히 추웠다. 옷도 변변치 못하여 외부에서 활동을 하기가 너무 힘들었다.

학교에서도 춥기는 마찬가지였다. 매주 월요일마다 운동장에서 전교생을 모아놓고 행하여지는 조회는 정말 곤욕이었다. 교장 선생님의 훈화마저 마이크가 낡아 잡음 때문에 잘 들리지 않았으므로 오로지 빨리 끝나기만을 기다리며 손을 호호 불고 발을 동동 굴러야 하였다.

조회를 끝내고 우르르 교실로 몰려오면 난로당번이 피워 놓은 갈탄 난로의 훈훈했던 열기를 지금도 잊을 수가 없다. 게다가 난로 위에 올려놓은 도시락은 수업 중에도 우리의 후각을 엄청 자극하였다.

그때는 등굣길이 매우 추웠기 때문에 대부분 벙어리장갑을 끼거나 입수보행(주머니를 손에 넣고 걷는 것)을 하였다.

그때 반 친구들 중에 아버지가 의사인 부잣집 친구가 있었는데 그 친구가 하루는 참으로 희한한 물건을 가지고 와 자랑을 하였다. 바로 일본제 손난로였다. 지금은 흔하지만 그때는 매우 보기 드문 신기한 물건이었다.

손난로는 전자식과 연료주입식 두 종류가 있다. 전자식은 필라멘트를 이용하여 배터리로 발열이 되고, 연료주입식은 알코올이나 휘발유를 주입하여 사용하게 되어 있다. 그리고 내용물이 가루로 된 것과 액체로 된 것으로 나뉜다.

가루로 된 것 가운데 가장 일반적인 것은 쇳가루와 소금, 활성탄으로 된 것들이 있다. 이것들은 쇳가루가 산화될 때 나오는 산화열을 이용하는 것이므로 비닐봉지 등의 겉봉지를 벗김으로서 산소가 들어가 따뜻해지기 시작한다. 단점으로는 쇳가루가 산화되면 다시 환원되지 않기 때문에 일회성 제품이라는 것이다. 내용물이 액체로 된 제품은 아세트산나트륨*이 사용된다. 자극을 받으면 발열을 하는 성질을 이용한 것이다.

비닐봉지에 아세트산나트륨과 금속 단추를 함께 넣고, 금속 단추를 '똑딱'거리면 내용물이 굳어지면서 열을 낸다. 내용물이 완전히 굳어지면 물속에 넣고 끓이면 다시 액체 상태로 변한다. 여러 번 반복하여 사용할 수 있는 장점이 있다. 70년대 말에는 이러한 제품이 없었다.

일본에서 수입한 손난로는 여러 개의 구멍이 있는 사각형 라운드의 금속통의 내부에 단열재를 채우고 고체연료에 불을 붙여 놓으면 고체연료가 타면서 석면과 금속통에 열이 가해져 장시간 동안 훈훈한 열기를 발산하도록 만들어진 것이었다. 그러나 그 제품의 가격은 우리들 1년 용돈을 모아도 살 수가 없을 정도로 고가였다.

나와 민수는 그 친구에게 손난로의 내부를 살펴보게 해달라고 여러 번 조른 끝에 내부를 볼 수 있었다.

--------------------------------------------------------

*아세트산나트륨 : 아세트산과 나트륨이 만드는 염으로, 화학식을 갖는 약한 산과 강한 염기가 만든 염, 그 수용액은 약한 알칼리성을 보이며, 융해열이 크므로 난방기구의 보온 재료로 사용 된다.

내부에는 갈탄 종류의 고체연료가 들어 있어 흐릿한 불빛을 내며 조금씩 타들어가고 있었다.

그 손난로의 연료는 지금은 없어진 동대문운동장의 체육용품 파는 데에 가면 구할 수 있다는 정보도 얻었다.

나랑 민수는 그것을 직접 만들기로 하고 준비물과 도면을 준비했다.

준비물은 구멍 뚫린 금속통, 불에 안타는 단열재, 고체연료, 난로를 감싸는 헝겊 등이었다.

우리는 먼저 구멍 뚫린 통을 구하기로 하였다. 학교 앞 떡볶이집에 가니까 친구의 손난로와는 모양이 전혀 다르지만 우리의 작품이 가능한 알루미늄 소재의 구멍이 뚫린 원통이 있었다.

나는 평소 회수권을 주고 떡볶이와 꼬치를 사 먹었던 터라 주인아주머니와는 매우 친하였다. 그래서 아주머니에게 그 통이 무엇이냐고 물으니 멸치국물을 내기 위한 통이라고 하시며 그 안에 멸치를 넣고 어묵통 안에 매달아 놓으면 멸치가 꼬치에 섞이지 않고 국물만 낼 수 있는 장치라는 것과 시장의 그릇가게에 가면 쉽게 구할 수가 있다는 것까지 알려주었다.

나와 민수는 시장의 그릇가게에 가보았더니 과연 각 사이즈대로 여러 종류의 멸치 통이 있었다. 가격을 물어보니 우리의 돈으로는 모자라서 다시 집으로 가서 어머니께 과학 숙제를 하는 데 필요한 도구를 사려고 하니 돈을 달라고 했으나 어머니는 믿지 않으셨다. 그래도 끈질기게 어머니를 이해시켜 결국 지원을 받아 냈다.

그렇게 천신만고 끝에 멸치통 두 개와 고체 갈탄연료 10개를 구입하였다. 그런데 정작 단열재를 구할 수가 없었다.

우리는 여기저기를 다니던 중 우연하게 보일러가게에 들러서 주인 아저씨께 자문을 구했더니 그 아저씨는 석면*을 넣으면 된다고 하시며 못 쓰는 보일러 내부에 들어 있는 색이 바랜 석면을 한보따리 뜯어 주셨다.

우리는 그 아저씨께 코가 땅에 박히도록 절을 하고, 민수 집으로 가서 작업을 시작하였다.

먼저 두 개의 멸치통 안쪽 면에 약간의 본드를 바르고 공간이 있으면 안 된다는 생각에 석면을 차곡차곡 쟁여 넣었다. 석면은 생각밖으로 많이 들어갔다.

그리고 나서 내부에 고체연료를 넣고 본드가 완전하게 굳기를 기다렸다. 우리는 우리의 발명이 잘되면 대량으로 생산하여 사업으로 벌여보자고 희희낙락했다.

시간이 한 3~4시간쯤 지난 다음에 멸치통을 열어보았더니 석면이 압축되어 고체연료를 잘 감싸고 있었다. 그래서 고체연료에 점화를 시켰더니 빠지직! 하면서 불이 붙는데 엄청난 연기가 발생하였다. 마치 번개탄에 불이 붙으면 발생하는 현상과 같았다. 부랴부랴 창문을 열고 책받침으로 연기를 내몰아 보았지만 소용이 없었다.

일제 손난로를 가진 친구가 점화는 밖에서 하여야 한다는 것을 우리에게 가르쳐주지 않았던 것이다.

순식간에 여기저기서 '불이야!' 소리가 나고 우리의 방문이 벌컥 열

---

**＊석면** : 섬유상으로 마그네슘이 많은 함수규산염 광물. 크리소타일을 주성분으로 하는 온석면과 각섬 석질 석면으로 크게 나뉜다. 건축자재, 방화재, 전기절연재 등으로 쓰인다.

렸다. 민수네는 할아버지와 할머니를 비롯하여 아버지, 어머니, 그리고 육남매 등 모두 열 식구가 사는데, 난리가 난 것이다

민수 할아버지는 양동이에 물을 담아 오셔서 금방이라도 우리에게 뿌릴 듯하시다가 큰 소리로 호통을 치셨다

"이놈들이 방에서 불내려고 도대체 무슨 짓하는 게야?"

우리는 도망도 못가고 연기가 다 빠질 때까지 엄청 혼났다.

학교 숙제란 거짓 변명과 다행히 불이 크게 붙은 것이 아니어서 할아버지는 다시는 이런 짓을 하면 가만 안 둔다고 하시며 돌아가셨다.

우리의 발명품(?)은 다행히 처음 점화될 때 연기를 내뿜었을 뿐 더 이상 연기가 나지 않았다. 그래서 뚜껑을 닫은 후 양말 속에다 넣고 만져보니 매우 따뜻했다. 우리는 너무너무 기뻐서 얼굴에도 대어보고, 가슴과 배에도 서로 번갈아 넣어보았다. 무척 훈훈했다.

우리는 용기를 얻어 옥상에 올라가서 나머지 통에다 불을 붙였다. 역시 연기가 모락모락 엄청 많이 피어올랐다. 그러한 것을 방에서 실험했다는 어리석음에 맞아 죽지 않았음이 감사하였다. 하여튼 우리는 그렇게 발명에 성공을 했던 것이다

우리는 그 발명품을 민수의 할아버지께 보여드렸다. 그러자 할아버지는 매우 신기한 표정으로 연신 감탄하시며 아까의 연기 사건은 깨끗하게 용서해 주시며 오히려 크게 칭찬을 하여 주시었다. 그리고 그 손난로를 동네 친구분들에게 자랑하시어 높은 호응을 받으셨다.

나는 친구 집에서 저녁을 얻어먹고 집으로 오면서 내가 만든 손난로를 속주머니에 넣고 있었더니 온몸이 훈훈했다. 집에 와서 가족들에게 자랑하니 모두가 신기해하며 서로 빌려 달라고 하였다.

나는 주로 외근을 하시는 아버지께 드렸다. 아버지는 아주 좋아하시더니 다음 날 동료 경찰관들의 주문이라고 하시며 많이 만들라고 하셨다.

그런데 문제가 생겼다. 왠지 손과 얼굴이 가렵고, 온몸이 따끔따끔 고통스러웠던 것이다.

그리고 무엇보다 소변 볼 때 손으로 잡았던 거시기가 몹시 가렵고 따가워서 견딜 수가 없었다. 그래서 혹시나 해서 물파스를 발라보았더니 순간 그것에 불이 붙는 것 같았다. 나는 정신이 아득해져서 팔짝팔짝 뛰다가 찬물로 씻어내고, 부채로 부쳐 조금 안정을 되찾았다.

그 후 나와 친구는 손난로를 하나 더 제작하여 학교에 가지고 갔더니 순식간에 반 친구들이 제작비를 선불로 주며 30개 이상을 주문하였다.

나와 민수는 주말의 시간을 통째로 투자하여 나름대로의 안전장치인 고무장갑을 끼고, 마스크를 써가며 제작해서 몇 배의 마진을 붙여서 팔았고, 그 결과 당시 학생으로서는 만져 볼 수 없는 거금을 벌 수가 있었다.

그릇집 아주머니는 우리가 같은 사이즈의 멸치통을 계속하여 대량 구매하니까 대체 무엇을 하는데 그렇게 많이 사가냐고 물으셨다. 우리는 자랑삼아 예의 그 작품을 보여주었더니 아주 훌륭하다고 감탄하시며 당장 주위의 장사하시는 아주머니들을 부르시더니 10개를 주문받아 50%의 제작비를 선불로 주셨다.

세상에 돈 벌기가 그렇게 쉬운지를 그때 처음 알았다.

그런데 사고가 터졌다. 민수네 할아버지께 선물한 최초의 손난로가 문제였다. 할아버지가 주무실 때 배 위에 올려놓고 주무셨는데 온도조절 기능까지는 갖추지 못했기 때문에 그만 과열하여 난로를 감싸고 있던 양말이 타버리며 화상을 입으셔서 병원을 다니셔야 했던 것이다. 게다가 손난로를 밤에 켜두고 자면 원인 모를 두통과 울렁증이 생긴다고 하셨다.

나는 학교 기술 선생님께 찾아가서 여쭈었더니 약간의 칭찬을 하시고 나서 화학 선생님을 오시라고 하셨다. 화학 선생님은 손난로를 열어보더니 석탄계 화석연료인 고체연료는 연소 시 연탄가스와 같은 일산화탄소가 발생하여 매우 위험하고, 내부의 단열재가 석면으로 이루어져 그것 또한 인체에 해로우니 사용하면 안 된다고 하셨다.

그리고 다음 날, 다른 학생들이 우리가 판매한 제품을 가지고 다니는 것을 보셨는지 인체에 아주 안 좋으니 모두 폐기하라고 하셨다.

그러자 손난로를 샀던 친구들은 모두 환불을 요청해왔다. 우리 학교 전체에 수백 개는 너끈히 팔 수 있을 거라며 부푼 꿈을 키워가던 민수와 나는 그만 생각지도 않았던 결함으로 그만 부도가 나고 말았다.

역시 사업은 생각지도 못한 변수가 있기 마련이고, 먼저 안전을 생각 하지 못하면 언제든지 망할 수 있다는 것을 경험했던 사건이었다.

## 7. 아들, 민우의 발명 이야기 — LED 명패

천여 개가 넘는 특허를 가지고 있는 나를 비롯하여 중학생인 나의 아들과 딸도 여러 개의 특허증을 가지고 있을 뿐더러 각종 발명대회에서 특허청장, 교육청장, 장관 등의 상을 받았다. 아들은 부전자적으로 나를 닮아서인지 탐구심이 많아 뭐든지 조금만 불편해도 곧바로 발명으로 연관 짓는, 창의적인 생각을 가지고 있다. 그리고 새로운 아이디어가 떠오를 때마다 발명일기를 써오고 있지만 지면 관계상 여기에 모두 다 소개할 수 없어 아쉽다. 민우는 수차례의 특허는 물론이고 발명 장학생으로 선정되기도 했고, 해외 연수까지 다녀오기도 했다.

발명에 뜻을 가진 초보자들에게 도움이 될 듯 싶어 민우의 많은 발명품 중에 대한민국 학생발명대회에서 장려상을 수상한 LED 명패의 개발 과정에 대한 내용을 소개한다. 이는 '발명은 누구나 가능하다,' 라는 인식을 가졌으면 하는 바람에서이다.

작품명 : LED 명패

특허 출원번호 : 10-2009-0017420

출원일자 : 2009. 03. 02

출원인 : 양민우

## 1) 제작 동기

아빠의 회사에 갔더니 아빠의 책상 위에 직책이 작년과 다르게 바뀐 명패가 놓여있어 아빠께 물어보았더니 직책이나 부서가 바뀌면 그에 따라서 명패도 바뀐다고 하셨다. 그럼 전의 것은 어떻게 됐느냐고 물으니 재활용이 안 되어 버렸다고 하셨다. 나는 비싼 명패를 버리다니 아깝다는 생각이 들었다.

특히 TV를 보면 국회의원 아저씨들도 책상 위에 명패를 두는데, 임기가 끝나면 모두 버려진다는 이야기를 듣고 재생하여 쓸 수 있는 명패를 구상하게 되었다.

그러던 중 가족들과 함께 나들이를 가는데 도로표지판에 현재의 시간과 온도와 차량의 소통량 등이 표시되어 있는 LED 전광판을 보게 되었다. 문득 저 전광판을 이용하여 LED 명패를 만들면 되겠다는 생각이 들었다. 그래서 아빠에게 전광판을 이용하여 영구적으로 쓸 수 있는 명판이나 명패를 만들면 어떻겠냐고 물었더니 좋은 아이디어라고 말씀하시며 여러가지로 도움을 주셔서 본 작품을 개발하게 되었고, 변리사 님의 도움을 받아서 올 1월에 특허출원을 하였다.

처음 제품개발에 들어갈 때 시중에 LED 모듈로 구성되는 전광판 등이 많이 있어 이를 소형화하여 명패의 내부에 설치하면 될 것 같았다. 그때 나는 마침 3월에 교내 발명품대회에 출품했던 제품이 입상하여 동작교육청에서 실시하는 발명왕 경시대회에 나가게 되어 있었다.

주말을 맞아 아빠와 청계천과 용산전자상가에 가서 LED 전광판을 살펴보았다.

나의 설명을 들은 가게 아저씨는 명패 안에 들어갈 수 있도록 소형

화하는 것이 충분히 가능하다고 하였다. 그래서 먼저 명패의 모형을 만드는 것이 필요하다 생각하고, 구로공구상가의 아크릴 공장에 가서 아크릴로 명패의 모형을 주문하였다. 그리고 LED 전광판 전문회사를 방문하여 나의 작품을 설명하고, 제작을 의뢰하여 완성하게 되었다.

 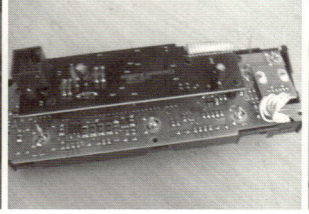 

LED 전광판 제작과정　　　　　LED 명패모듈　　　　　LED 명패 램프의 점등 사진

### 2) 작품의 구성

상호, 직함, 성함 등의 문자나 도형 및 영상을 LED 발광체로 제작하여 사람의 눈에 쉽게 띄고, 품위를 높이기 위한 구성이다.

일반적 명패는 목재나 합성수지를 삼각기둥형으로 가공하여 각면에 직위와 이름을 새겨서 사용한다. 몸체를 검은색으로 하고, 글씨나 문양 부분만을 흰색으로 제작하는 것이 일반적인 형태이다. 또 고급스러운 느낌을 주기 위해서 자개를 이용하여 제작하기도 한다. 그러나 최근에는 기존의 목재나 합성수지재 이외에도 금속소재나 돌을 이용해 제작하는 경우가 점차 증가하고 있다.

이 작품은 직함이나 성함 등의 문자나 도형 등을 외부에서 쉽게 인식할 수 있게 점등할 수 있는 LED 발광 명패에 관한 것이다.

### 3) 작품의 효과

문자나 도형을 다양한 컬러나 패턴으로 수시로 바꿀 수 있으며, 또한 전, 후면을 각기 다른 용도로 활용할 수 있게 구성했다. 명패가 발광되도록 몸체에 다양한 LED를 부착하여 점등시키고, 글자나 디자인을 바꾸고자 할 때는 즉시 새롭게 작동되게 할 수 있다. 즉 전면에 복수의 LED 램프가 설치되고, 후면에 LED 모듈을 구동하기 위한 복수의 구동소자가 설치된다. 그래서 출장이나 외근 중에는 성명이나 직책이 각인된 명패를 돌려놓거나 또는 전면부에 출장이나 외근이라는 문자가 점등되도록 변경할 수 있으며, 내용의 교체가 신속하고 반영구적으로 사용할 수 있다.

### 4) 제작 내용

먼저 명패케이스를 만들기 위하여 구로 공구상가 내 아크릴 집을 방문을 하였는데, 아저씨가 도면을 그려오라고 하여 집에 와서 도면을 작성하였다.

청계천 전자부품 판매하는 곳에서 LED램프 빨강, 파랑, 노랑, 초록, 주황 각20개와 접속단자 50개 발전장치 20개를 구매하여 납땜기로 납땜하여 보았으나 아빠와 나의 수준으로는 문자를 바꾸기가 불가능하였다.

그리하여 아크릴 집에 도면을 넘기고 잘 만들어 달라고 부탁하였다.

일주일 후 아크릴로 만들어진 명패를 찾아 아빠 회사로 가서 LED 명패를 제작하였으나 사이즈가 잘못되어 다시 수정을 해야 하였다.

## 5) 작품 결과

　각 부품의 납땜 상태를 확인하고 전기 코드를 부착하여 작동을 실험한 후 다음 단계로 이름 앞에 붙는 직책인 주임, 대리, 과장, 차장, 부장, 이사, 부사장, 사장, 회장 순으로 리모컨을 이용하여 입력을 시켰더니 역시 작동이 잘되어 기분이 좋았다.

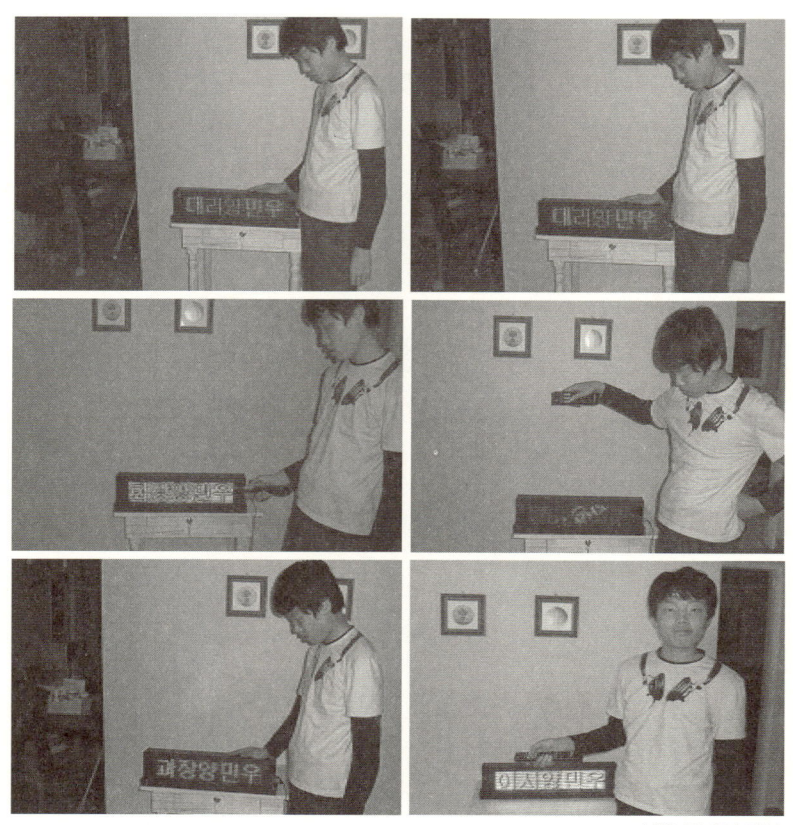

LED 명패의 완성

## 8. 딸, 혜지의 발명 이야기 — 수유용 가운(대한민국 학생 발명전시 입선)

작품명 : 수유용 가운(lactation gown)

특허 출원번호 : 10-2008-0013758

출원일자 : 2008. 02. 15

출원인 : 양혜지

### 1) 발명하게 된 동기

2008년 1월 12일 토요일 저녁, 새해를 맞아 가족들과 외식을 하러 식당에 가서 갈비를 맛있게 먹었다.

그런데 우리 옆 테이블의 아주머니가 아이가 보채자 젖을 먹이려고 주인아줌마에게 젖 먹일 만한 데가 없냐고 물었다. 그러자 주인아줌마는 따로 장소가 없으니 구석에서 먹이라고 하였다. 아주머니는 남들의 눈을 피하려 벽 쪽으로 돌아앉아 가지고 온 우유병에 젖을 짜서 아이에게 먹였다.

그 모습이 많이 불편해보였다. 나는 문득 아이에게 젖을 먹일 때 남의 눈에 띠지 않는 옷이 있으면 좋겠다는 생각이 들어 아빠와 함께 연구하여 특허를 출원하게 되었다.

이 작품은 나중에 학생발명전에 출품하여 입선을 했다.

### 2) 발명의 목적 및 특징

어떻게 하면 주위 사람의 눈에 띠지 않게 편하게 모유를 먹일 수 있을까?

① 절대 남들에게 젖을 주는 것을 보이면 안 된다.

② 아이가 숨쉬기 편하게 망사형태로 만들어져야 한다

③ 크기가 작고 휴대와 소지가 편하여야 한다.

④ 가운을 입고 벗기가 편해야 한다.

⑤ 해충으로부터 아이를 보호할 수 있는 기능이 있어야 한다.

⑥ 착용감이 좋아야하고, 소재가 부드러워야 한다.

⑦ 찢어지지 않아야하고, 신축성이 있어야 한다.


### 3) 상세한 설명 및 제작과정

#### 가. 가운의 소재

#### ❶ 비닐

비닐은 수유 시 공기가 순환되지 않아 아이가 호흡에 장애를 일으킬 수 있다.

#### ❷ 모기장

착용시 감촉이 거칠고, 통풍이 안 된다.

#### ❸ 면 소재 일반 직물

면 소재 일반직물은 휴대나 소지할 때 부피가 크고, 통풍이 안 된다.

#### ❹ 그물망 소재

또 다른 그물망 소재.

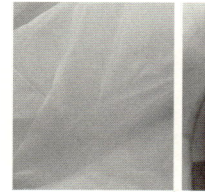 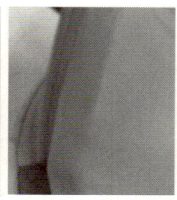 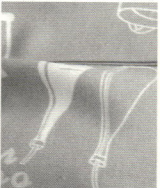 

| 비닐 원단 | 모기장 소재 | 면 소재 | 그물망 소재 |

통풍이나 소지는 편한데 촉감이 거칠고, 탄력이 없다. 또 외부에서 수유하는 것이 보여서 소재로서 부적합하다.

**❺ 가운의 소재**

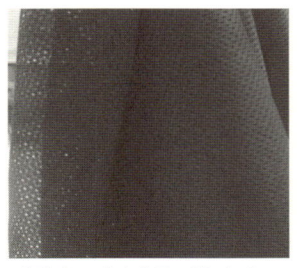

제작에 쓰인 수유용 가운 소재

소재는 동대문시장의 직물점에서 구입하였다.

이 소재는 감촉도 좋고, 통풍이 잘되고, 외부에서 비치지도 않고, 탄성도 좋고, 부피도 작아 소지가 편했다.

재단

먼저 원단을 사람이 착용할 수 있도록 가위로 재단하였다.

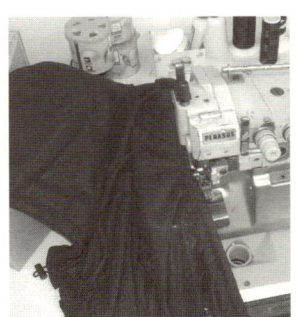

박음질

좌 : 1차 박음질 우 : 2차 박음질 잘라진 조각 원단을 재봉틀로 붙였다.

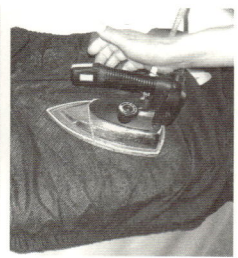

부착물 부착                 다림질

    소매와 목 허리 부를 조이기 위한 고무줄과 조임 밴드를 부착하였
다. 완성된 가운을 다리미로 다렸다.

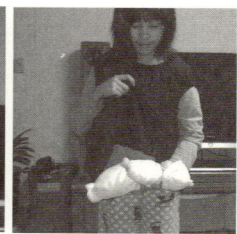

아이를 대신하여 인형에
입혀 보았더니 착용감이 너
무 편했다.

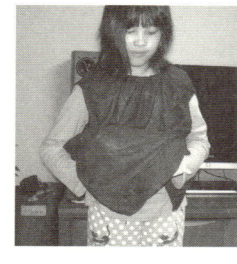
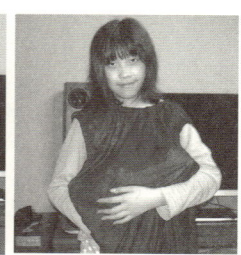

조끼식으로도 착용해보아
도 아무런 문제가 없었다.

손을 집어넣고 아이를 잡을 수 있도록  망토
형식으로 변형하여 착용하여 보았다.

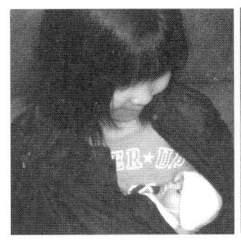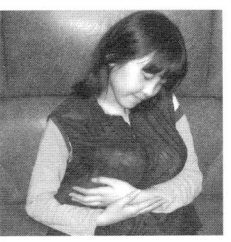

아이를 가운에 넣기 전 넣은 후 어른이 착용해보았고, 아이 대신 페트병을 넣고 착용해보았다.

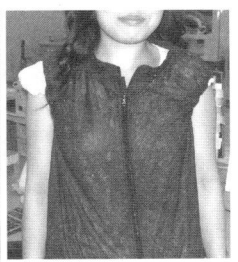

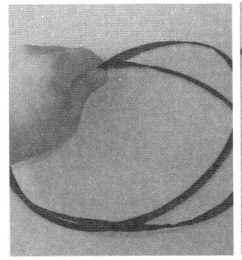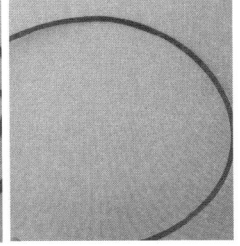

먼저 자유롭게 휘어지는 철심을 천으로 감싸게 박음질을 하였다.

수유용 가운의 다른 용도의 사용

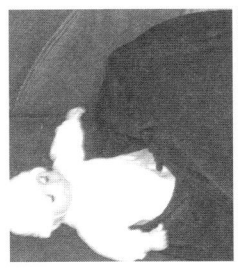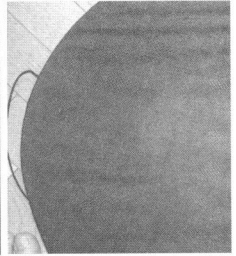

아이를 가운에 넣기 전과 넣은 후.

아이 전용 모기장

### 4) 결론

또 다른 용도로 야외에서 아이가 잠을 잘 때 파리나 모기나 벌과 같은 벌레가 아이를 물지 못하게 목 부위와 팔 부위, 허리부위를 조이게 만드는 한편 내부에 철심을 넣어 공간을 만들었다.

아이에게 우유를 먹이려면 외출 시에는 많은 짐을 가지고 다녀야 하고, 집에서도 우유병을 소독해야 하며, 수시로 우유를 타서 먹여야 하고, 분유를 사는 비용이 든다. 그리고 무엇보다 아이가 면역력이 떨어지고, 소화가 잘 안되어 변비에 잘 걸리며, 아토피가 걸리는 등 많은 단점이 있어 나라에서도 모유먹이기를 권하고 있다.

나의 발명품을 착용하면 언제 어디서나 엄마들이 남의 시선에 관계 없이 자유롭게 모유를 먹일 수 있다.

현재 특허심사 중인데 나의 발명품이 좋은 상을 받고 특허를 받아 실생활에 널리 효과적으로 사용되면 좋겠다.

# Ⅱ. 창의력만이 살길이다

　나는 결코 TV 속에 가끔씩 등장하는 괴짜 발명가나 기인이 아니다. 그렇다고 제대로 된 발명품이 대박이 나서 돈방석에 앉은 사람도 아니다. 그냥 발명을 삶의 일부로 생각하며 조그마한 중소기업을 운영하면서 대학에서 학생들을 가르치는 평범한 사람이다.

　내 생각에 우리나라의 발명에 대한 매스컴의 보도에 문제가 있다.

　가끔씩 TV에 나오는 발명가를 보노라면 허름한 창고나 지하실에서 전문적인 지식이 없는 분이 자신의 전 재산을 다 털어서 자전거나 이상한 운동기구, 또는 산업상 이용 가치가 전혀 없는 이상한 물건을 만드는 분들을 취재하여 보도하고 있다. 이는 발명가를 기인이나 괴짜로 몰아 그 위상을 추락시키는 결과를 가져온다. 발명가를 희화화하는 포커스를 바꿔야 한다는 말이다.

　나는 역사상 위대한 발명가는 에디슨이지만 현재 우리와 동시대에 살고 있는 미국 MS 사 빌게이츠나 애플 사의 스티브잡스 또한 정말 훌륭한 발명가라 생각한다. 아마 가장 존경하는 발명가를 꼽으라면 망설임 없이 그를 선택할 것이다. 하여 잠시 빌게이츠의 발명에 대해 소개하고자 한다.

### 훌륭한 발명가 빌게이츠

모두 잘 알겠지만 MS사 회장인 빌 게이츠(William H. Gates)는 1973년 하버드대학 법대에 입학했고, 그 곳에서 동반자 스티브 발머를 만나 기숙사에서 함께 생활했다.

그는 대학 재학 시절 최초의 마이크로컴퓨터인 MITS Altair용 프로그래밍 언어 BASIC을 개발했고, 폴 알렌과 함께 1975년에 설립한 마이크로소프트에 보다 전력하기 위해 대학 2학년 때 중퇴했다.

마이크로소프트 사는 1975년 4월 4일 '모든 책상과 가정에 컴퓨터를'이라는 슬로건 아래 윌리엄 H. 게이츠 3세(빌 게이츠)와 폴 G. 앨런(Paul G. Allen)이 공동으로 설립하였으며, 1981년 6월 25일에 주식회사로 발전시켰다.

컴퓨터는 1946년, 미국 펜실베이니아대학의 모클리와 에커트에 의해 세계 최초로 탄생되었다. 컴퓨터 '에니악'이 처음 발명되어 나온 후로 모든 과정이 DOS*를 통해서 이루어졌다. 빌 게이츠는 그 당시 윈도우즈라는 프로그램의 발명으로 컴퓨터 업계의 지존이었던 매켄토시의 애플 사와 전 월마트 회장 샘 월튼(Samuel Moore Walton9)까지 물리치고 다년간 세계 최고의 재벌자리를 차지했다.

이들은 앞으로 PC가 모든 사무실과 가정에서 중요한 틀이 될 것이라는 예지력과 믿음을 가지고 PC용 소프트웨어를 개발하기 시작했다. 개인용 컴퓨터에 관인용 컴퓨터의 비전은 마이크로소프트와 소프트웨어 산업 성공의 핵심이 되었고, 소프트웨어 기술을 향상시켜 사용자가 편리하게 사용할 수 있게끔 하는 아주 훌륭한 발명이 된 것이다.

흔히들 MS사의 빌 게이츠 회장이 세계 최고의 부자라고 말을 하는데 최근(2009년)에는 빌 게이츠보다 버크셔 해서웨이(Berkshire Hathaway)의 회장인 투자의 귀재라는 워런 버핏(Warren Edward Buffett)이 자산 면에서는 앞서게 되었다.

우리나라에도 역사적으로 위대한 발명가 장영실, 이순신, 최무선과 최근 컴퓨터 백신 개발자 안철수 등이 위대한 발명가이며, 빌 게이츠보다 훌륭한 지적 능력과 창의력을 가진 사람들이 많다.

또 국가적으로도 세계가 놀랄 만한 한강의 기적을 이루었으며, 세계 1등 제품도 많다. 그럼 우리나라가 현재 세계에서 1위를 차지하고 있는 것들을 살펴보자.

---

＊DOS : 초기 컴퓨터인 Disk Operating System의 약자. 컴퓨터의 기본적인 운영체계이며, 지금의 윈도우(Window)보다 먼저 이용했던 OS 프로그램. 윈도우98까지도 컴퓨터를 종료할 때 MS-DOS로 나가는 명령이 있는 등 많이 사용 되어왔는데 윈도우와 다른 점은 마우스를 이용한 클릭방식이 아닌 특정 명령어를 직접 입력하여 프로그램을 구동하는 방식이다. 지금 윈도우에도 MS-DOS가 포함되어 있으며 모드를 변경하면 일반 도스로 나갈 수 있다.

## 1. 대한민국이 1위인 분야

### (1) 조선 산업

최근 중국이 자기네들이 조선산업 1위라고 떠들지만 기술력이나 역사로 볼 때 아직도 우리나라의 조선 산업이 1위라 자부할 수 있다. 여기서 조선산업이란 선박, 즉 배를 만드는 산업이다.

사람이나 화물을 적재하고 물위로 항행하는 구조물로 정의되는 배는 부양성, 적재성, 이동성의 세 가지 특징을 갖고 있다.

일반적으로 Ship은 대형선을, Boat는 소형선을 말하며, Vessel은 대형선과 소형선 모두를 포함하는 것으로 간주되고 있다.


#### 1) 선박건조 과정

선박은 일반 건축물보다도 규모가 훨씬 크고, 공정에서도 복잡하며, 수많은 기자재를 조립하여 움직일 수 있는 제품으로 탄생된다. 그리고 계획 생산이 아닌 선주로부터 주문을 받아 건조하게 되는 주문생산(OEM) 방식을 취한다.

선주는 발주를 하기 전에 건조할 선박의 종류와 크기, 항로와 속도, 국적 및 선급과 같은 기본적인 사항을 사전에 정해놓고 여러 가격을 선주 측에 제시해서 건조하게 된다.


#### 2) 선박 산업이 1등인 이유

언론에서 대한민국이 세계의 조선산업에서 1등하는 이유로 설계기술, 연구개발, 역발상 등을 이유로 들고 있다. 하지만 저자의 개인적인 생각으로는 현장 생산 기술자들의 능력이 아닐까 싶다.


**❶ 기술적 측면**

중국은 유럽, 일본, 미국 등과 비교를 하면 설계기술, 연구 개발, 특허 등 모든 면에서 떨어진다.

FPSO*의 설계는 대부분 미국의 설계회사에서 가져온다. 게다가 한국의 엔지니어를 고용하거나 설계 및 기술을 벤치마킹함으로서 간단히 해결한다.


**❷ 노동력 측면**

중국은 우리나라보다 아직까지는 저가의 노동력이 풍부하다. 그래서 지금 세계의 공장이 된 것이다. 전자제품은 물론이고 자동차 또한 대량으로 생산되고 있다.

베트남, 필리핀 등의 나라도 저가의 노동력이 풍부하다.

하지만 이러한 나라들의 조선산업이 크게 발전되지 못하는 이유는 기능공의 기초학력과 지식이 떨어지고, 책임감이 부족하며, 부지런하지도 않기 때문이다.

조선소는 규모가 워낙 크기 때문에 소수의 관리자가 전부 관리할 수 없다. 작업자 개개인의 양심과 사명감, 책임감, 우수한 기술이 없으면 안되는 것이다. 설사 배를 건조한다고 해도 품질 문제가 많이 발생하게 될 것이다.

---

*Floating Production Storage Offloading : 부유식의 원유 생산, 저장, 하역설비를 말하는 것으로, 석유시추선.

최근 중국에서 건조된 배가 제대로 인도되지 않는 것도 이런 문제 때문이라고 볼 수 있겠다.

반면에 한국 기능공들의 능력은 임금 대비 최고라고 할 수 있다.

전 세계의 여러 나라 중에 기능공의 기초학력이 우수하고 책임감이 크고, 부지런한 나라는 대한민국이 최고이기 때문에 결코 선박 제조 수주 실적만 가지고 중국이 우리를 따라올 수는 없을 것이다.


(2) 메모리 반도체 생산률

메모리 반도체는 정보를 저장하는 용도로 사용되는 반도체를 말한다. 반면에 비메모리 반도체는 연산, 논리 작업 등과 같은 정보처리를 목적으로 이용되는 반도체이다. D램, S램, V램, 롬 등이 메모리에 속하며, 중앙처리장치(CPU), 멀티미디어 반도체, 주문형 반도체(ASIC), 복합형 반도체(MDL), 파워 반도체, 개별소자, 마이크로프로세서 등 메모리 이외의 모든 반도체 비메모리 반도체에 속한다.

메모리 반도체는 인간의 기억, 기록 능력을 전자적 수단에 의해 실현하는 장치이다. 즉 컴퓨터의 과반수가 기억계로 이루어져 있는데 정보를 저장했다가 필요한 시점에서 빼낼 수 있는 장치를 메모리라고 한다.

메모리 분야는 짧은 기간 동안 많은 자본을 집중 투자하여 새로운 버전의 메모리를 대량생산하여 비교적 작은 이윤으로 대량 판매하는 시간 및 자본 집약적인 성격이 강한 산업으로, 우리나라가 주도해왔다. 그래서 경기 불황에도 불구하고 D램 반도체 세계 시장 점유율이 오히려 상승했다. 시장조사업체에 따르면 올해 D램 시장에서 S사는 매출 기준으로 역대 최대의 점유율로 1위를 지켰다고 한다.

D램과 낸드플래시 가격 상승세가 지속되자 반도체 업계는 증산에 나서기 시작했다.

S사는 이에 따라서 생산 라인을 풀가동하고 있다. 앞으로는 반도체 부문에 더 많은 투자금을 사용하겠다고 했다. 반도체 생산 라인을 새로 짓지는 않고 첨단 공정으로 전환해 생산성을 향시킬 계획이라고 한다.


(3) 초고속 인터넷 보급률

우리나라는 국토의 면적이 작기 때문에 전화국이 다른 나라에 비해 가까이 분포되어 있으므로 인터넷망 연결이 매우 쉽고, 안정적이고, 빠르다.

그렇기 때문에 다른 나라에서는 아직까지 모뎀, isdn 등을 쓰지만 우리나라는 거의 대부분이 ADSL, 혹은 VDSL, 케이블이다.

정보통신부에 따르면 지난 해(2009년) 말, 우리나라 인구 100명당 초고속인터넷 가입자 수는 17.16명으로 보급률 세계 1위며, 2위는 캐나다로 8.4명이고, 이하 스웨덴 4.96명, 미국 4.47명, 일본 2.23명이다. 따라서 OECD(경제협력개발기구) 회원국의 평균치인 2.9명에 비해서도 크게 앞서 있다.

이렇듯 우리나라의 초고속인터넷 보급률이 80%를 돌파하여 세계 1위의 초고속 인터넷 보급 국가가 되었다.

너무나도 인터넷을 일상적으로 사용하고 있으며, 'IT 강국 코리아'라는 얘기를 하는데, 해외에서 한국의 인터넷문화와 보급수준을 보는 시각은 거의 경이로워 할 정도이다.

우리나라의 인터넷속도가 2010년 이후에는 1Gbps가 될 것이라는 보도에 미국 네티즌들은 깜짝 놀라는 반응을 보였다고 한다.

우리나라 국민 특유의 역동성과 신속함을 좋아하는 성향이 빠르고 큰 파급력을 지니는 IT와 결합하여 시너지효과를 발휘했고, 이를 기반으로 여러 산업들도 크게 성장하게 된 것이다.

하지만 우리의 인터넷 질과 수준은 어느 정도인지 다시 한번 생각해봐야 할 문제이다.

### (4) 전 세계 휴대폰 5대 중 1대는 우리나라 제품

최근 애플사의 스마트폰 선점으로 다소 힘들기는 하지만 2005년에는 전 세계 휴대폰 시장의 80%를 5개 기업이 차지했는데 이 중에서 우리나라 기업이 각각 3위와 5위를 기록하며 22.1%를 점유하고 있다. 따라서 전 세계 휴대폰 5대 중 1대가 우리나라 제품이며, CDMA 휴대폰 시장에서는 세계 1위를 차지한다.

### (5) 양궁

일정한 거리에 있는 표적을 화살로 쏘아 맞히는 경기이다.

양궁의 뜻을 지닌 Archery는 다른 여러 지역의 민족이 사용하는 활을 뜻하기도 하나, 한국 고유의 국궁(國弓), 즉 궁도(弓道 : 궁술)와 구별하기 위해 양궁이라 한다.

1538년 무렵 궁도 애호가인 영국의 헨리(Henry) 8세가 영국 전역에 보급시켜 대회를 개최하는 한편, 차츰 유럽과 아메리카 대륙으로 수출하여 스포츠로 각광을 받았는데, 세계적으로 활성화된 것은 1930년대 이후부터이다.

우리나라 여자 양궁은 자타가 공인하는 세계 1위로 천하무적이다.

1988년 서울올림픽에서 양궁 단체전이 정식 종목으로 채택되었고, 그 이후로 현재까지 6연패를 달성했다. 때문에 사람들은 1위를 하는 것이 당연하다고 생각한다. 그래서 한국의 양궁선수들은 늘 부담이 되기는 하지만 무슨 일이 있어도 금메달을 차지해야 한다는 생각을 가지고 있다. 하지만 20년이 넘도록 한 종목에서 세계 최고의 자리를 지키는 것은 너무나 어려운 일이다.

어떤 학자는 우리나라 양궁의 성공 비결을 한국 여성들의 섬세한 감각이 유전적으로 계속 이어져 온 때문이라고 했다.

하지만 이렇게 선천적인 재능도 이유가 되지만 과학적인 시스템과 혹독한 훈련이 뒷받침하고 있기 때문이 아닐까라는 생각이 든다.

선수들은 너무나 열심히 연습을 하고, 최선을 다한다. 군부대에 들어가서 번지점프를 하기도 하고, 담력훈련을 하는 등 특수훈련을 받기도 한다고 한다.

이렇게 열심히 하는데 세계 최강이 안 될 수가 있겠는가!


(6) 바둑

아직까지 바둑의 기원에 대해 확실히 알려진 바는 없다.

하지만 여러 가지 설로 미루어 처음 시작된 나라는 중국이 가장 유력하다고 결론짓고 있다.

우리나라의 여류기사가 일본의 명인을 이긴 적이 있는 만큼 우리 국민들의 바둑에 대한 관심은 끊이지 않고 있다.

현재 세계 바둑 랭킹을 보면 4대 천왕이 모두 한국 사람이다. 이처럼 우리나라의 바둑이 세계 최강인 데에는 다음과 같은 이유가 있다.

첫째, 1984년 조훈현 9단의 응창기배 제패

1980년대 초반까지만 해도 한국 바둑 랭킹 1위인 조훈현 9단만이 최초로 창설된 국제 바둑대회인 응창기배에 참가할 자격이 주어졌다. 중국이나 일본에서는 6~7명 정도에게 참가자격이 주어졌음에 비추어 볼 때 우리나라의 바둑 실력이 국제적으로는 무시를 받았다는 증거이다. 하지만 여러가지 불리한 조건을 이겨내고 조훈현 9단이 응창기배를 쟁취함으로써 한국 바둑의 위상이 국제적으로 높아졌다.

뿐만 아니라 국내에서도 그 영향을 받아 다른 기사들도 분발하여 실력이 올라가는 효과가 있었다.

조훈현 9단은 제자 이창호 9단을 키워냈고, 그 이창호 9단이 세계 바둑의 일인자로 군림하고 있다는 사실도 조훈현 9단의 영향은 대단하다고 할 수 있겠다.

둘째, 신예 기사들의 놀라운 실력

예전에 비해서 한국의 바둑 프로기사들의 숫자도 늘어나고, 실력도 많이 향상되었다.

우리나라에서 갓 입단한 1~3단 사이의 기사들이 중국이나 일본의 9단 기사들에게 전혀 밀리지 않고 맞대응한다는 것은 그만큼 실력이 상향평준화되었다는 증거이다.

이러한 결과는 일본이나 중국과는 다른 '한국 기사들만의 자유로운 연구열'에 바탕을 두고 있다.

일본의 경우 제자는 선배나 스승의 가르침에 감히 토도 달지 못하는 학습문화를 가지고 있지만, 한국의 10대 중후반의 연구생이나 저단기사들은 스스럼없이 선배 고단자들에게 의문을 제기하고 연구를 같이 하는 분위기가 조성되어 있었기 때문에 실력이 향상될 수 있었던 것이다. 그리고 이창호 9단의 출현 이후 많은 집에서 자녀들을 어린이 바둑교실에 보내서 제2의 이창호를 꿈꾸는 경우가 많아졌는데, 이 역시 신예들의 경쟁심을 촉발시켜 실력이 더욱 좋아지게 한 원인이다.

결론적으로 가장 중요한 원인은 한국 사람들이 똑똑했기 때문이라고 저자는 생각한다.

### (7) 스피드 스케이팅과 쇼트트랙 그리고 여성 피겨 스케이팅

2010년 캐나다 밴쿠버 동계올림픽 때 한국은 피겨 스케이팅 여자 싱글 부문의 김연아를 비롯해 우리나라 최초로 스피드 스케이팅 부문의 모태범, 이상화, 쇼트 트랙 남자 이정수, 그리고 남자 5,000m 계주 선수들이 금메달의 주인공이 되었다.

쇼트 트랙은 실내 아이스링크의 트랙에서 펼치는 스피드 경기이다. 결승선을 눈앞에 두고 펼쳐지는 불꽃같은 막판 스퍼트에 박진감 넘치는 스릴을 만끽할 수 있다. 북아메리카에서 탄생하였고, 영국과 오스트리아에서는 오래 전부터 성행하였다.

폭발적인 순간 스퍼트, 상대 선수를 견제하는 팀플레이, 순간적인 기회 포착을 앞세운 레이스 운영능력 등이 승부에 결정적인 영향을 미친다. 스피드 스케이팅이 대부분 실외 링크에서 열리므로 바람의 저항을 이길 수 있는 강한 체력이 요구되는 데 비해 쇼트 트랙은 파워보다 테크닉이, 그리고 지구력보다 순발력이 요구된다.

우리나라는 4계절로 나뉘기 때문에 동계종목을 훈련하기는 다소 불리한 조건이다. 때문에 실내경기 이외에는 상대적으로 약체 국가이다. 봅슬레이, 스키, 크로스 컨트리는 거의 유럽 쪽에서 독식하는 것이 현실이다.

그런데, 쇼트 트랙은 언제나 훈련이 가능하다. 또 속도경쟁이 아니기 때문에 신체적인 조건에 많은 영향을 받지 않는다. 오히려 체구가 작은 것이 포지션을 잡는다거나 회전을 할 때 중심을 낮게 가져갈 수 있으니까 유리할 수도 있다.

예선 방식도 상위권을 기록한 선수를 뽑는 식으로 진행되기 때문에 1위를 위해서 힘을 쓰지 않는 것도 유리하게 작용을 한다고 본다.

결국 우리나라는 동계올림픽 같은 국제경기에서 어느 정도 성적을 내기 위해서는 전략적으로 유리한 종목에 당연히 치중할 수밖에 없는 것이다.

스피드 스케이팅과 운동방법은 거의 같으니 스피드 스케이팅을 했던 어린 선수들도 활용할 수 있기 때문에 비교적 선수 수급도 원활한 편이다.


(8) 기타

그밖에 에어컨, 김치, 헬멧, 선박, 해양 구조물, 석유제품, 무선 통신 기기, 반도체, 평판 디스플레이, 철강판, 합성수지, 자동차 부품, 원자력 발전소, 정수기, 낚싯대, 한방침, 임플란트 등 200여 개가 넘는다.

한국의 엄지족들은 휴대폰 문자메시지를 초당 7.25회를 친다. 그래서 1억 원 이상의 상금이 걸린 국가 대항 휴대전화 문자메시지 보내기

대회에서 한국 청소년들이 압도적인 실력을 선보이며 1위에 올랐다. 이는 한국인의 엄지손가락이 세계에서 가장 빠르다는 증거다.

이처럼 우리나라는 머리 좋기로 세계 1위이고, IT 강국이며, 스포츠에서도 누구에게도 뒤처지지 않는 최강의 나라이다. 물론 좋은 것에서만 1위를 하는 것은 아니지만 대한민국은 날마다 조금씩 성장해 나가고 있는 것이다.

앞으로 현재의 모습처럼 목표를 가지고 도전하고 실천한다면 우리나라가 조만간 세계 으뜸의 나라가 될 것이 분명하다.

## 2. 천재적인 발명가를 배출하여 노벨상을 타자

만일 우리나라가 빌 게이츠나 스티브잡스, 세이브게린, 레리페이지 같은 세계적 천재 발명가를 5명, 아니 3명만이라도 배출한다면 앞으로 100년 이상은 먹고 살 걱정을 하지 않아도 되는 세계 최고의 복지국가가 될 것이라는 것이 저자의 생각이다.

그런데 이런 천재들은 일반적으로 의사소통이 쉽지 않다. 때문에 종래의 주입식 교육으로는 그들의 천재성을 오히려 죽이는 결과를 초래하게 된다. 때문에 어릴 적부터 창의력을 키워 주어야 천재적인 발명가가 될 수 있다.

예컨대 발명 과목을 초등이나 중등학교의 정식 과목으로 채택하는 것도 바람직하다.

그리고 일본, 유럽, 미국 등 선진국의 천재 교육시스템을 연구해서 우리의 현실에 접목시키는 노력이 시급하다.

만일 빌 게이츠가 우리나라에서 태어났다면 과연 세계적인 마이크로소프트 사가 탄생하였을까?

우리나라에도 그런 천재 발명가가 나오지 말라는 법은 없지만 현재의 교육 제도나 사회 인식에서는 매우 어렵다는 생각이다. 때문에 그런 천재를 찾아 기르는 것이 교육의 목표가 되어야 하며, 정부와 학교, 산업체는 네트워크를 구성하여 이를 뒷받침 하는 데에 최선을 다해야 할 것이다.

최근 특허청이 KAIST, POSTECH(포항공대)과 공동으로 제2의 빌 게이츠가 될 꿈나무 18명을 선발했다.

이들은 차세대 기반 영재기업인으로 창의적 발명기업인으로 성장시키는 것이 목표다. 즉 혁신적인 기술을 창안해 부가가치를 창출하는 기업가로 육성시키는 것이다.

이들 미래 영재 기업인들이 그 목표를 달성하기 위해서는 다음과 같은 몇 가지의 조건이 충족되어야 한다.

### (1) 화려한 수상 이력보다 창의력이 우선적으로 평가되어야 한다

우리나라의 최고의 공과대학인 KAIST 와 POSTECH은 학생들의 수상 이력보다 창의적인 과제해결 능력에 주목했다.

학생들 대부분은 초등학교 때부터 영재교육원 발명반, 교육청 발명교실 활동 등을 해왔으며 각종 창의력 올림피아드, 한국 학생과학탐구대회 등에서 수상 경력을 가지고 있다. 이것만 가지고도 학교 시험성적에 관계 없이 모두 창의력이 뛰어난 학생들임을 알 수 있다.

이미 4건의 발명품을 특허 출원해 포스텍(POSTECH) 영재기업인에 합격한 것이 대표적이 사례이다.

### (2) 상황을 극복하는 창의적 문제 해결력을 높이자

KAIST 와 POSTECH은 지원자들의 재능이 주입식 교육의 결과인지, 자기주도 학습의 결과인지를 구분하는 잣대를 들이댔다.

그리하여 기존 영재학교 입시에 출제되는 수학퍼즐이나 과학실험 수행평가와는 다른, 답이 없는 시험을 실시했다.

기존 영재교육원, 영재학급, 발명교실 등이 아이디어를 짜내 모형을 만드는 데에 그쳤다면 영재기업인은 경영전략까지 고려해야 한다.

이 중 캠프전형에 참여한 L군은 건조한 환경에서도 잘 견디는 시아노박테리아의 광합성 기능을 활용, 이산화탄소를 대체에너지로 변환시키는 공장 건설 계획을 발표해 주목을 받았다. K양은 '주입식 교육을 받은 학생들은 논리적이지만 한 가지 관점으로만 문제를 파헤치는 경향을 보이는 반면 창의적인 학생들은 불가능해 보이는 상황에서도 다각적으로 고민하고 대안을 제시하는 태도를 보였다.'고 말했다.

(3) 기술, 기업, 기부 3박자를 갖추자

IP영재기업인은 초, 중, 고등 과정으로 나뉘어 1년 동안의 교육을 받는다. 이를 통해 영재성, 지식재산 전문, 학습, 기업가 등 네 분야의 역량을 기르는 것이다.

기업윤리와 사회 공헌을 배우는 데에는 마이크로소프트의 빌 게이츠, 애플컴퓨터의 스티브 잡스, 선마이크로시스템의 빌 조이가 모델이 된다. 이들은 창의적인 기술력으로 기업을 일구고 부를 쌓아 사회에 환원한 인물들이다.

또한 속진교육 대신 심화, 심성교육, 지식 이해 대신 프로젝트 수행, 특정 분야 집중보다 다분야 융합교육으로 교육이 이뤄질 것이고 일대일 기업인 멘토링, 국내외 인턴십, 창의 발명 인적 네트워크 구성, 사후 개인 관리 시스템 등을 통해 영재들의 현장 실무 능력을 키워 나가야 될 것이다.

(4) KAIST, 특허 출원으로도 석, 박사학위 취득 가능

KAIST가 2008년부터 반드시 논문을 내야 학위를 주도록 한 규정을 손질해 특허 출원만으로도 학위를 수여하기로 했다.

또 학생들이 세부적인 전공별 연구에 매몰되지 않고 제품 설계와 프로젝트 진행 등 기업경영 현장에서 필요한 실무능력을 갖출 수 있도록 하는 통합교육 과정을 도입키로 했다.

KAIST 교무처장은, '작년 말 학칙 개정으로 논문제출 외의 방식으로도(석·박사)학위를 받을 수 있는 길이 열려 있다.'며, '구체적으로 학생이 출원한 특허를 심사해 학위를 수여하는 방안을 추진하고 있다.'고 밝혔다. 또, '논문 쓰는 것도 중요하지만 모두가 논문만 쓰고 있는 것은 바람직하지 않다. 특허 출원에도 논문 제출만큼 깊이 있는 이론적 지식이 필요하기 때문이다.'고 설명했다.


(5) 학위 논문 대신 특허가 바람직하다

대부분의 대학교 석·박사 학위 취득 과정에는 반드시 학위논문을 써서 심사를 통과하게끔 되어 있다. 그러나 예술 분야에서는 논문을 대신 작품으로 심사를 하기도 한다.

나도 석사와 박사 논문을 쓰느라고 고생한 경험이 있지만 논문 쓰는 것이 여간 신경이 쓰이는 것이 아니다.

KAIST의 이 제도는 발명가를 떠나서 대학원 학생들에게는 매우 신선한 제도로서 특허를 득한 자에게 학위를 수여함이 바람직하다고 생각한다. 그러나 이 제도는 종래의 기술을 누구나 쉽게 베끼어서 출원할 수 있다는 단점이 있다.

그러므로 각 대학에서는 하루 빨리 이를 보완하여 논문과 대치할 수 있는 시스템을 구축하여야 한다.

특허는 논문 못지않게 세계적인 우수한 두뇌를 가진 전문가, 즉 특허청 심사관들의 객관적인 검증을 받는 것이므로 교수들의 논문심사에 비하여 결코 뒤지거나 모자람이 없다고 생각한다.

또한 등록된 특허는 새로운 기술로서 곧바로 인정받으며 무엇보다 부를 창출할 수 있는 사업화와 고용창출로 바로 연계될 수 있기 때문에 논문에 비하여 경제성이 앞서게 된다.

그리고 논문심사 시 수차례에 걸친 교수들의 심사에 대한 부담과 불편함을 해소할 수 있으며, 지금은 거의 사라졌지만 논문심사와 관련해서 벌어지는 대필을 비롯한 각종 비리나 표절시비에서 완전히 자유로울 수 있는 것이다.

논문은 어떠한 주제에 대해 자신의 학문적 연구결과나 의견, 주장을 일관성 있고 일정한 형식에 맞추어 체계적으로 쓴 글이다. 그리고 그 형식은 보통 제목, 요약(Abstract), 목차, 서론, 본론, 결론, 참고문헌 목록으로 구성된다. 여기에 부록이 붙기도 한다.

이러한 논문은 우선 분량이 특허에 비하여 많으며, 최소한의 연구성과를 토대로 하기 때문에 독창적인 저작물로 인정 받는다.

특히 학술논문은 증명된 것을 중심으로 기술하는 것이며, 다양한 연구로 해명된 현상과 그 기능 발현원리에 관해 비교적 상세하게 기술하게 된다.

여기에 반해 특허는 광범위한 권리를 확보하기 위한 것이며, 장래의 가능성을 포함하는 다양한 내용의 기술이 필요하다. 그래서 구체적인 용도까지 상세하게 언급하고 있으며, 그중에서도 실시의 예 등에 실증적인 설명을 하지 않는 것까지 '특허 청구범위'에 포함할 수가 있다.

특허등록의 3대 요건은 신규성, 진보성, 이용 가능성이다. 그렇다고 해서 특허가 모든 면에서 논문보다 우수하다고도 단정할 수는 없다. 그러므로 위의 KAIST처럼 다른 대학에서도 학위심사를 논문으로 할 것이냐, 특허로 할 것이냐를 학생들에게 선택하도록 해야 한다.

그리고 특허청은 우선심사나 초고속심사 제도를 적극 활용하여 3개월 안에 특허등록이 되도록 해주었으면 하는 바람이다.

또 논문과 특허 출원에 대해서 비교 분석하고 대국민의 특허에 대한 인식제고와 참여를 유도하여 우리의 특허를 세계화하여야 한다.


(6) 표절이 만연화된 우리 학생들

요즈음 학생들은 대학뿐만 아니라 중고교, 심지어 초등학생들까지 많은 학생들이 과제물을 아무렇지도 않게 인터넷에서 베낀다.

중고교에 다니는 우리 집 아이들도 선생님에게 과제물을 받으면 바로 컴퓨터 앞에 앉아서 인터넷 검색부터 하고, 연필로 쓰는 것을 매우 싫어한다.

인터넷을 이용하여 참고 자료를 찾아 과제물을 처리하는 것은 다양한 정보를 활용한다는 측면에서 보면 긍정적인 면이 있기도 하다.

그런데 자료를 수집하고 이용하는 데에 그치지 않고 남의 글이나 의견을 마치 자신의 것처럼 꾸미는 것이 문제다. 예전과 달리 단순히 친구의 과제물을 베끼는 수준이 아니라 인터넷에 있는 광범위한 자료를 쉽게 따오거나 짜깁기하여 제출하는 경우가 너무도 많다.

과거 우리 사회에서는 지재권(知財權)에 대한 개념이 매우 희박하여 남의 저작물에 대한 표절이 아무런 죄의식 없이 행해져 왔었다. 그러다보니 학자들이 연구 업적을 남기는 학술 논문에서조차 표절을 일삼아 '표절공화국'이란 오명까지 얻었으나 그 불명예를 아직도 벗어나지 못하고 있다.

자라나는 미래의 꿈나무들이 어릴 때부터 모든 과제를 인터넷에만 의존하여 남의 글을 버젓이 베끼거나 편집함으로써 자신의 창의성으로 풀어야할 과제물을 너무 손쉽게 해결하려는 나쁜 습관은 어려서부터 바로 잡아줘야 한다.

그리고 가정과 학교에서도 학생들에게 수시로 표절에 대한 사회적 문제를 알려주는 등 표절 예방 교육을 실시해야 한다.

또 수행평가나 과제물, 리포트 등을 점검할 때에 선생님들이나 교수님들은 표절 여부를 확인하여 명확하게 처리하여야 할 것이며, 포털 사이트에서도 남의 글을 무단으로 퍼와서 올리는 것을 당장 삼가하여야 한다.

특히 놀라운 것은 학생들의 순수 창의력 대회인 발명대회에서조차 종래의 기술을 인용이나 모방하여 상을 수상하는 경우가 종종 발생한다는 것이다.

남의 기술을 모방하여 상을 받는 학생들이 자라서 무엇이 될지 의문이며, 이런 모방을 어릴 적부터 아무 거리낌이나 죄의식 없이 하게 하는 부모들도 한심하기 짝이 없다.

저자는 얼마 전 이러한 문제의 시정을 발명진흥회에 제기하였으며, 우리나라의 모든 발명대회의 출품요건이 특허등록된 물품으로 제한되어야 해야 된다고 주장하였다.

이에 진흥회측에서는 그럴 경우 상을 받을 사람이 과연 몇이나 되겠냐고 되물었다. 그래서 학생 우선 심사제도(초고속)와 같은 제도를 만들면 되지 않느냐고 했더니 그것은 특허청 소관이라고 하였다.

### (7) 특허청은 발명가를 더욱 배려해야 한다

저자는 위에서 말했듯이 학생(대학원생 포함)출원은 적은 비용으로 우선 심사제도나 초고속 심사(3개월 내) 시스템을 반드시 구축해야 한다는 생각이다. 그리고 특허청은 다른 정부기관과 다르게 종사하는 직원들의 인건비와 관리비를 제외한 모든 잉여 비용은 특허 발전에 사용하여야 하며, 타기관처럼 이득을 발생시키지 않아도 된다고 생각한다.

또 현재의 특허등록 비용과 연차료도 계속적으로 인하하여 영세발명가나 학생발명가들의 부담을 줄여주어야 한다.

또 현재의 특허출원 감면대상자(현 특허 20건, 실용신안 20건, 디자인 20건)의 건수 제한을 속히 풀어 주어야 한다고 생각하며 오히려 감면을 확대 실시하여야 한다.

어차피 등록 후 3년부터는 매년 상당한 연차료를 등록권자에게 받기 때문에 감면 대상 제한을 풀어주어도 특허청은 결코 손실이 없다.

단, 어용출원자(무작위 출원자)들의 출원 건수를 조정하기 위하여 대규모로 출원하는 무작위 출원에는 별도의 보완이나 이를 막는 방어막을 형성하면 되는 것이니 크게 신경 쓸 필요가 없을 것이다.

아울러 대학원생에게도 출원료를 감면하여주어야 한다는 것이 저자의 지배적인 생각이다.

이렇게 보완하여 학생들이 자신이 발명한 것을 자신의 이름으로 특허도 출원하고, 명세서도 작성하면서 등록을 하게 되면 정말 많은 성취감을 맛볼 수 있는 좋은 기회가 될 것이다.

그리고 그러한 특허등록자를 대상으로 각종 발명대회를 개최한다면 한해에 수억 원이나 되는 비용과 유사 발명품 판단과정과 종래기술을 서치(search)하는 시간과 인력을 아예 없앨 수 있을 것이다.

전시회에서는 단지 등록된 특허의 기술성이나 시장성을 평가만 하면 되므로 심사 또한 매우 쉽게 이루어질 수 있고, 이곳에서 상을 수상하는 학생들은 포상도 더 크게 하는 등 정말 국가가 발 벗고 나서서 관리해야 한다.

상기 KAIST처럼 대학원생이 그간 배운 지식과 연구를 함축시킨 결과물로 작성한 특허등록을 학계에서 폭 넓게 인정하여 주어야 한다.

나아가 이 제도를 학부에까지 널리 시행함으로서 국민들의 특허에 대한 관심과 발명가들의 지위향상, 국민 1인1건 발명시대로의 도약, 특허를 사업화한 고용촉진 등 국가 경제발전에 한몫을 할 수 있는 좋은 제도이므로 학계에서는 모두 받아들여야 한다는 생각이다.

그를 위하여 지식경제부 소속의 특허청을 한 단계 격상시키면 좋을 것이다. 또한 특허청 산하에 발명방송국을 개국하여 발명교육, 발명제도, 그리고 발명품의 원활한 판매, 유통 및 창업 등을 주도하게 하는 것도 바람직할 것이다.

현재 청장이 수장인 특허청을 장관이 지휘하는 발명특허부로 만들고, 그 예하에 발명진흥청, 특허정보청 등으로 1단계 격상시키는 것도

1,000만 명 이상을 먹여 살리는 빌게이츠나 스티브잡스와 같은 훌륭한 발명가를 만들기 위해서는 해봄직하다는 것이 저자의 지배적인 생각이다.

## 3. 우리나라의 발명가의 현주소

안타깝지만 현재 우리나라에는 세계적으로 부와 이름을 날릴 만한 유명한 발명가가 없다.

수년에 어쩌다 누군가 무엇 무엇을 발명하여 얼마의 로열티와 기대 매출을 예상한다는 기사가 간간히 들려올 뿐인데, 그것도 기사에서 보도된 것처럼 마지막까지 성공한 사례는 매우 드물다.

그렇다면 우리나라 사람은 세계적인 발명가로써의 창의성과 기질이 과연 없는 것일까?

발명에 대한 재능과 기질을 갖는 사람은 계속 나오지만 실패율이 많은 것이 작금의 현실이다. 우리의 중소기업이 선진국의 중소기업에 비하여 오래토록 장수하지 못하고 망하는 현실과 일맥상통하는 것이기도 하다.

무엇보다 전문성을 가진 발명가들은 국가적인 큰 자산이며 미래에 개발될 큰 유전(油田, oil field) 이기도 하다.

인류 문명의 역사는 발명의 역사이고, 지금 우리가 누리고 있는 물질문명의 이기는 따지고 보면 모두 발명가로부터 시작된 것이다.

특히 우리 사회에서의 중견 발명가의 현실은 연예인이나 예술가나 학자들보다 그 위상이 비교도 되지 않을 정도로 낮고, 또 3류발명가나 1류발명가의 분류 구분조차도 없다. 소위 발명가란 사람들이 모두 하나같이 인생을 허비하고 있는 사회 부적응 자들로 비춰지고 있으니 말이다.

우리 주위엔 잘 나가는 직장까지 때려치우고 집안 구석에 틀어박혀 열심히 발명품을 만든답시고 생활고에 쫓기면서 평생을 소모하는 사람들이 굉장히 많다. 발명으로 특허를 취득하면 곧 바로 돈방석에 앉게 되는 것으로 생각하여 하룻밤에 63빌딩을 짓고 허물기를 수차례씩 하는 것이다.

저자 또한 발명가이지만 이제껏 살아오면서 수많은 발명가들을 만나 보니 그들에겐 일반사람들에게서는 볼 수 없는 특이한 몇몇 공통점이 발견되었는데, 그러한 것은 이제 변화해야 한다고 생각한다.


(1) 우리나라 발명가의 특징

첫째, 한결같이 자기도취와 망상에 빠져있는 경우가 많고, 대부분이 제도권 교육을 제대로 받지 못했다.

또한 고집은 웬만한 무쇠보다 더 단단하고, 쇠가죽보다도 더 질기어 한번 한다고 작정하고 나서면 어느 누가 아무리 만류하여도 도무지 먹히질 않게 된다. 하긴 그러한 옹고집이 아니고서는 당장 돈이 되지 않는 그런 힘든 작업에 밤낮으로 매달릴 사람이 없겠지만 자신이 발명한 제품이 조만간 대박을 터뜨리며 벼락부자가 될 것이란 막연한 기대가 우선시되는 현실이 안타깝다.

또 발명에 대한 교육을 제대로 받지 못한 탓으로 발명품이 곧바로 사업화되지 못하여 산업적으로 활용되지 못하고 있다. 설혹 시장 진입에 성공하였다 하더라도 후속적인 기획과 마케팅이 적절하게 뒷받침되지 못하여 기업의 파이를 키우기가 어렵게 된다.

둘째, 발명가들은 사물을 대하는 시각이 남달리 예리하고, 창의력과 상상력, 그리고 임기응변력이 아주 풍부하다.

모든 사물을 예사로이 보지 않을 뿐더러 그 보는 시각도 예사 사람과는 확연한 차이가 있고, 그들의 머릿속은 온갖 형태의 깃발이 형형색색으로 펄럭이며 뒤죽박죽 엉켜 있다.

그래서 그들은 늘 꿈을 꾸고 있는 듯 멍한 표정으로 지내며, 기본적인 의식주, 특히 복장이나 외모에 전혀 관심을 갖지 않는다.

셋째, 밤낮의 구분이 없고 현실감이나 정보력, 경제관이 뒤진다.

밤에는 깨어 있고 낮에는 자는 경우가 많으며, 발명과 관련 없는 일반 사람들과의 만남을 꺼려한다. 그러다보니 현실감이 없을 수밖에 없어 사회 부적응자로 취급받는 것이 어쩌면 당연할 수도 있다. 자신의 식구들은 제대로 먹고 입고 사는지, 애들은 교육을 받고 있는지, 도무지 자신의 발명품 외에는 모든 것이 관심 밖이다.

결국 보편적 눈으로 볼 때엔 기인, 괴인, 웃기는 눈요깃감으로 전략할 수밖에 없으며 코믹한 컨셉트로 안성맞춤인 것이다.

그러나 그들의 내면을 들여다보면 때 묻지 않은 순수함과 거짓을 모르는 진솔함이 있으며, 심한 경우 결벽증도 갖고 있다.

때문에 각고의 노력과 인고의 세월을 보내어 어렵사리 훌륭한 발명품을 창조해내고도 정작 실용화 단계에서 실패하여 죽 쒀서 개주는 경우가 비일비재하다.

일반적으로 발명으로 돈을 번 사람은 그 발명품을 바탕으로 강력한 마케팅이나 기획력이 있어 돈을 번 것이다.

발명은 반드시 특허를 받아야 되는데 특허는 기본적으로 사업권에 대한 로열티를 받거나, 자신이 창업하는 것을 기본으로 한다.

또한 타인이 기술에 대한 영업권을 침해하는 행위와 동일 상품과 부실상품으로 인한 제품의 가치가 하락하는 것을 방지해야 한다. 이러한 일로 인해서 대다수의 발명자는 정말 힘들고, 어렵고, 고단하다. 물론 제품의 생산과 판매에 대한 노하우를 가지고 있는 사람은 성공하겠지만 위에서 말한 것처럼 아무런 기반 없이 단지 특허나 아이디어 하나로 큰 돈을 번다는 것은 부단한 노력과 그에 따르는 종합적 대책 없이는 매우 힘든 일이다.

이런 발명가들을 보면 가슴이 아프지만 저자도 이런 경우를 겪은 터라 깊은 연민의 정을 느끼게 된다.

요즘 같은 물질만능주의와 한탕주의가 만연하는 비도덕적인 세상에서 그들의 때 묻지 않은 순수함과 이글거리듯 타오르는 창의력과 정열이 마치 까마득한 옛날의 신화가 되살아나 다가오는 듯하여 어린 시절 읽었던 무작정 파랑새*를 찾으러 떠난 찌르찌르와 미찌르 남매의 파랑새라는 동화에서처럼 발명가들의 삶이 나의 가슴을 뭉클하게 하는 것이다.

언론사에서는 이러한 발명가들의 어두운 면을 들추어내어 시청자들의 눈요기와 웃음거리식으로 취급하는 것은 우리나라의 수많은 발명가들의 위상을 실추시키며 국가 발명산업과 국민들의 무한한 창의력을 저해하는 결과를 가져올 수 있다는 것을 유념해서 보도에 신중해야 한다.

---

＊파랑새(L' Oiseau bleu) : 벨기에 작가 마테를링크의 동화극.

# Ⅲ. 나의 발명과 창업 이야기

## 1. 나의 창업

나의 창업에 대하여 책을 쓰면 아마 열 권은 족히 될 것이지만 여기
서는 짧게 요약하여 저술하고자 한다.

때는 1994년 12월, 다년간 다니던 산업용 정수 장치를 주로 취급하
던 회사가 경영난에 문을 닫자 퇴직금도 받지 못하고 갑자기 실업자가
된 나는 깊은 좌절에 빠졌다.

그 당시 아내는 임신 8개월 상태였고, 보증금 1,000만 원에 월세를
30만 원씩 지불해야 했는데 저축은 고작 200만 원이 전부였다. 신문을
보고 여러 곳의 회사에 입사원서를 접수했지만 가보면 모두 건강식품
이나 출판물 등의 판매직이었다

두 달 후면 아이도 태어나는데 한심하게 놀고 있는 나 자신의 모습
이 정말 싫었다.

만삭인 아내가 힘들어할까봐 매일같이 의상을 차려 입고 출근을 하는 척하면서 자신과의 힘든 싸움을 하며 그렇게 지내고 있었다.

하루는 마음을 달래려 자주 가던 관악산에 올라갔다가 내려오면서 이 생각 저 생각 하던 중 구두가 돌부리에 걸려 앞으로 꼬꾸라지고 말았다. 그 바람에 입고 있던 옷들을 죄다 흙으로 망치고 말았다.

나는 속으로 '정말 되는 일 없군!' 하며 툭툭 옷을 털며 일어서려다가 '악!' 하는 소리와 함께 다시 주저앉아야 했다. 엎친 데 덮친 격으로 왼쪽 발목을 접질린 것이었다.

어쩔 수 없이 얼마 간을 풀밭에 앉아 있다가 쩔뚝거리며 산을 내려와 근처 한의원에 들러서 베드에 누워 발목에 침을 맞는데, 간호사가 '원장님, 환자 물 얼마나 넣을까요?' 라고 묻자 침을 놓던 원장은 '어, 8,000cc 넣어!' 라고 하는 것이었다.

나는 침을 다 맞고 치료비를 계산하면서 궁금해서 간호사에게 물었다.

"아까 원장님이 8,000cc라고 하던데 그 물을 어디에 넣는 거요?"

간호사는 한약 달일 때 탕기에 붓는 수돗물의 양이라고 하였다.

순간 뭔가 스치는 생각이 들었다

'맞아, 바로 이거야!'

당시에는 대다수 한의원에서 한약을 수돗물을 바로 받아서 약을 달였다. 수돗물에는 물을 소독할 때 넣는 염소와 낡은 배관 송출과정에서 흙이나 녹 등의 이물질이 함유될 수 있어 약을 달이는 물로는 결코 좋은 물이 아니었다.

동의보감의 허준은 좋은 약을 달이기 위하여 동트기 전 새벽녘에 풀잎에 맺힌 이슬을 모아서 약을 달였다는 것을 책에서 본 것 같이 생각났다.

### (1) 사업 시작 및 배경과 에피소드

그 후 나는 수일에 걸쳐 관련 자료를 찾아가며 약을 달일 수 있는 한의원용 대용량 정수기를 개발하기에 착수했다. 다행히 전에 직장에서 배운 지식이 많은 도움이 되었다.

소요처가 될 시장을 조사한 후 아내의 만류를 무릅쓰고 허름한 월세방에 사업자등록을 하고나서 전화 하나 달랑 놓고 배불뚝이 아내를 경리로 삼아 나이 30의 어린 나이에 멀고도 험한 사업을 시작했던 것이다.

먼저 제품 카탈로그를 찍고, 부품을 구하고, 전국의 한의원 주소를 어렵게 입수하여 만삭인 아내와 함께 8,000여 곳에 일일이 주소를 쓰고 우편번호를 찾아 우표를 붙이는 작업을 밤새 손이 부르트도록 하여 일주일만에 한방용 정수장치 개발 및 판매광고지를 발송하였다.

7일이 지나자 '꿈은 이루어진다.' 라는 말처럼 열화와 같은 반응이 일어났다. 마침 모 기업의 낙동강 페놀사건*도 터지고 보니 탕수(湯水: 약을 달이는 물)의 깨끗한 물의 필요성이 한의사의 욕구에 들어 맞게 되었던 것이다.

---

✳ 페놀사건 : 1991년 3월 14일 경상북도 구미시 구포동에 있는 두산전자의 페놀원액 저장 탱크에서 페놀수지 생산라인으로 통하는 파이프가 파열되어 30톤의 페놀 원액이 옥계천을 거쳐 대구 시민들의 상수원 취수장으로 흘러듦으로써 수돗물을 오염시킨 사건. 당시 취수장을 오염시킨 페놀은 계속 낙동강을 타고 흘러 밀양과 함안, 칠서 수원지 등에서도 잇따라 검출되어 부산, 마산을 포함한 영남 전 지역이 페놀 파동에 휩쓸리게 되었다.

특히 기억에 남는 것은 부산에서 주문이 들어와 설치를 해주고 시운전을 한 후 대금의 반을 받고 대전쯤 올라 오는데 장모님으로부터 집사람이 출산 진통이 와서 병원에 갔다는 전화를 받았다. 나는 드디어 나의 2세가 태어난다는 기쁨에 쉬지 않고 운전하여 서울 톨게이트 매표소를 막 들어오는데 휴대폰으로 부산의 그 원장님의 목소리가 들려왔다. 기계가 전혀 작동하지 않는다는 것이었다.

나는 전원과 수도의 원수 유입구를 살펴보라고 했지만 이상 없다고 하며 큰소리로 당장 오라고 다그쳤다.

나는 지금 서울에 도착하였고, 집사람이 출산 중이라고 말했지만 그는 막무가내로 그럴 거면 기계를 떼가라고 성화였다. 나는 할 수 없이 눈물을 머금고 즉시 차를 돌려 다시 부산으로 향했다.

부산에 도착하니 어느새 밤은 깊었는데 한의원에는 기다리겠다던 간호사도 없었다. 나는 황당하였다. 그러나 여관에 가기도 그렇고 해서 차에서 잠을 청했으나 잠은 오지 않고, 남편도 없이 혼자 진통을 겪고 있을 집사람 생각에 내 신세가 너무도 한심하게 느껴졌다.

새벽 2시쯤, 어머님으로부터 득남 소식을 듣고 너무 기뻤지만 집사람에게는 한없이 미안했다.

다음 날 아침 9시에 한의원이 문을 열었고, 나는 서둘러 정수장치를 살펴보니 이상이 없어서 전기를 테스터로 점검해보니 전원 공급이 안 되었다. 순간의 허무함이라니……! 알고 보니 콘센트의 차단기가 불량이었다.

그 깐깐한 원장님은 10시가 넘어서야 출근을 했다. 나는 인사를 하고 누전 차단기에 이상이 있어서 기계 작동이 안 되었다고 하니까 다른 차단기는 문제가 없는데  왜 그 차단기만 문제냐고 오히려 따지는데, 도저히 대화의 상대가 안 되었다.

생각 같아선 기계를 떼버리고 욕이라도 한번 시원하게 해주고 싶은 마음이 굴뚝 같았지만 참는 게 이기는 거고, 득남의 기쁨도 있고 해서 전파사에 가서 누전 차단기를 사다가 교체하여 주었다. 그리고 간호사에게 조용히 물어보니 평소에도 그 차단기가 자주 고장나서 떨어지곤 했다고 하였다. 차단기만 올려주었으면 되는 일이었는데 정말 씁쓸한 마음이었다.

그 후에도 돈을 아끼려 봉고차 시트를 눕히고  침낭 속에서 자고 휴게실에서 세면을 하고 휴일도 없이 혼자서 전국을 무대로 죽도록 뛰다 보니 그 결실이 금방 나타났다.

전 직장생활의 월급 10갑절 이상을 며칠만에 만져보던 날, 나와 집사람은 부둥켜안고 기쁨의 눈물을 흘렸다.

그 후 번듯한 사무실도 갖추게 되고, 여직원과 7명의 직원을 채용하여 사장님 소리를 듣는 꿈같은 일이 나에게도 생기게 되었다.

불과 1년 만에 아파트 32평 전세로 가게 되고, 저축액도 생기고, 좋은 차도 사게 되니 행복한 나날이 시작되었다.


(2) 치과용 워터 시스템의 개발 동기

그러던 중 나와 집사람이 사랑니를 빼게 되어 동네 치과병원에 갔다. 사랑니를 뺀 다음날, 두 사람 모두 마치 왕사탕을 문 것처럼 볼이 부풀어 오르고 열이 났는데, 특히 집사람은 증세가 더 심하여 밤에 잠도 못 잘 지경이었다.

그래서 다음날 병원에 다시 가서 원인을 따졌더니 원장님은 드라이 소켓*에 걸렸다는 전문 용어를 쓰면서 면역력이 약해서 세균에 감염이 되어서 그러는 것이라며 약과 주사를 주었다.

치료가 끝나고 화장실에 가서 소변을 본 후 손을 씻는데 건물이 오래 돼서 수도관에 녹이 슨 탓으로 다량의 녹물이 나왔다. 나는 거기에 착안하여 연구를 시작했다. 잘 아는 한의사의 소개로 고마우신 치과의사를 만날 수 있었고, 그분으로부터 치과 용수의 중요함을 알게 되었다. 즉 치과에서 환자를 치료할 때는 물과 공기를 가지고 하는데 물의 용도는 핸드 피스*의 사용이라고 했다.

치과용 드릴은 1분에 수십만 번 회전하며 치아를 깎아내거나 천공을 시킨다. 이때 치아와의 마찰로 발생하는 열을 식혀주는 핸드 피스와 쓰리 웨이 실린지*에는 물이 필수적으로 쓰인다. 그밖에 입을 헹굴 때에도 사용한다.

특히 핸드 피스라는 드릴은 거의가 수입제품이고, 대당 가격도 한 개에 100만 원이 넘는 고가이며, 내부 관의 지름이 1mm 이하이므로 오염된 물을 사용하면 관이 막히게 되어 수명을 다하게 된다.

그리고 이 제품은 유닛 체어*가 필요로 하는 압력 2.5kg~3.0kg을 자동으로 정확하게 맞추어 준다.

---

* 드라이 소켓(alveolar osteitis, dry socket): 피가 응고된 것이 떨어지거나, 완전히 아물지 않거나, 응고가 안 된 것. 그 원인은 아직 밝혀지지 않고 있다. 흡연을 하거나, 침을 뱉거나 빨대를 사용하는 것, 악기를 연주하는 것 등, 즉 상처 부위의 압력을 크게 바꾸는 것이 그 원인이 될 수 있다.

* 핸드 피스 : 충치 따위를 깎을 때 쓰는 기계

* 실린지 : 치아를 건조시키거나 세척하기 위해서 쓰이는 기구

* 유닛 체어(UNIT chair) : 치과 진료용 의자

나의 발명품이 세상에 나오기 전에는 워터탱크, 즉 콜라탱크를 사용하여 환자를 치료하였는데, 워터탱크는 소독이나 청소를 할 수가 없으며 콤프레셔*의 공기 동력으로 물을 밀어 내어 사용하기에 그 물의 중요성을 인식하게 되었다.

1997년, 나는 즉각 개발에 착수하여 이듬해에는 치과용 압력수 공급장치를 국내와 해외 18개국에 특허 출원하고, 시제품을 출시하여 치과와 화학시험연구원에서 실험 후 만족한 데이터를 얻어 시판에 들어갔다.

그러다보니 자금과 인력이 부족해서 중기청에서 특허사업화 자금 1억 원이란 거액을 저금리로 지원받았다.


(3) 영업 및 판매

상기하였듯이 본 제품이 전무하던 치과병원 시장에 센세이션(sensation)을 일으켰다. 마케팅은 주로 치과의사들이 구독하는 「치의신문」 등에 광고를 하였고, 각 치과대학 동창회 및 학회를 세일 타깃으로 하여 발로 뛰고 머리로 파는 영업을 하였다.

출시되자마자 이 제품만 월 30~40대가 팔려 직원들도 20명 이상이나 늘게 되었고, 국가의 도움으로 어엿한 공장시설도 갖추게 되었다.

그 후 국내와 미국에서 특허등록이 되었고, 그 도움으로 신기술개발 벤처기업으로 인정받았다. 그래서 기업 부설 연구소도 인가가 나고, 수출 유망 중소기업등록과 병역 특례 업체로 등록이 되어 고학력

* 콤프레셔 : 에어탱크에 공기를 압축시켜 저장시켜 놨다가 진료를 하면서 소모하고 다시 저장하기를 반복하는 기계

직원들을 저임금으로 활용할 수 있었고, CE 마크도 받게 되어 연 매출 20억 가량을 달성하였다.

그러나 관리에서 결정적 문제점이 하나둘씩 발생하였다.

본 제품이 서울 경기 지역에서만 판매되는 것이 아니라 전국적으로 판매되는 까닭에 영호남의 먼 지역에서 주문이 들어올 때가 문제였다. A/S를 해주어야 할 경우가 발생하면 처음에는 이미지를 좋게 하기 위해 직원들이 보름씩 영호남의 중심부에 기거하면서 해주었고, 급하면 서울에서 비행기를 타고 가는 일도 허다하였다. 그리하여 서둘러 영남과 호남, 대전에 현지 직원을 채용하여 지사를 설립하게 되었다.


(4) 추락하는 것은 날개가 없다

인사가 만사, 기업경영은 오로지 사람과의 싸움이다.

이렇게 발명특허를 받은 제품을 창업과 연계하여 순조롭게 발전시켜 나가자 회사를 더욱 키우고픈 야욕이 생기게 되었다. 그래서 인력을 충원하느라고 전에 내가 다니던 직장의 영업부 직원 K가 마침 놀고 있어서 이사로 영입해왔으며, 어느새 직원이 40명이나 되는 중견기업으로 발돋움하였다. K이사는 기독교 신자로서 나중에 목회자가 되는 것이 꿈이라고 하였다.

그는 이러저러한 이유를 달아 기존의 직원들을 계속 해고시키고, 자신이 데려온 같은 교회인으로 점차 바꾸어갔다. 그러자 자연히 기존의 직원들과는 보이지 않는 알력과 갈등이 점차 커져갔다. 그들은 아침에 출근하면 자기들끼리만 모여서 기도를 하였고, 퇴근할 때도 그랬으며, 일요일에는 부모가 돌아가셔도 움직이지 않으니 그리 알라고 하였다. 그러다 보니 회사가 점차 이상한 모습으로 변해가고 있었다.

그러던 중 어느 날, K이사가 내 방에 오더니 갑자기 이상한 서류를 하나 주는 것이었다. 제목을 보니 '동업계약서'라고 쓰여 있었다. 자신이 나의 회사에 와서 일조를 하였으니 자신에게 30%의 지분을 주고 동업자로 인정하여달라는 것이었다.

혼자 며칠을 고민하다가 경험과 연세가 많은 거래처 사장님께 자문을 구하자 그분은 일언지하에 말도 안 되는 소리라며 당장 정리하라고 했다. 그는 공짜로 일한 것이 아니라 월급을 받았고, K이사 월급이면 더 능력 있는 사람 2명을 쓸 수 있다는 얘기도 했다.

나는 K이사에게 동업은 어렵다고 했더니 그럼 회사를 관두겠다고 하며 자신이 데리고 온 공장장과 기타 직원을 모두 데리고 일괄 퇴사해 버렸다.

K이사가 나간 지 3개월도 채 안되어 내가 만든 제품의 모방품이 시중에 나돌았다. 불루 오션에서 레드 오션으로 무한 경쟁이 시작된 것이다.

그때의 배신감은 이루 말할 수가 없었으며, 지금도 다시는 보고 싶지 않은 사람들이다. 인사관리를 잘못하여 곤란한 지경에 이르렀던 것이다.

나는 나의 제품이 특허등록 제품인지라 K이사의 D회사를 특허법 위반으로 소송을 제기하게 되었는데, 그때 지인의 소개로 한 변리사를 만나게 되었다. 후에야 알게 되었지만 그는 변리사의 명의만 빌려서 변리업무를 하는 사람이었다.

특허송사를 단 한번도 진행해보지 않은 그 사람은 무조건 민형사상으로 검찰과 법원에 고소를 해놓고 나에게 거액을 요구했다.

어떠한 사건이든지 처음에 대응을 잘하여야 하고, 특히 특허분쟁은 처음에 대응을 잘해야 한다는 것을 그때는 몰랐다.

경험이 전혀 없는 대리인에게 일을 맡기고 중간에 보니까 문제가 많은 것 같아 뒤늦게야 특허전문 변호사인 K씨에게 다시 의뢰했으나 그때는 이미 늦어 있었다. 우여곡절 끝에 어렵게 법원의 가압류 명령을 받아 집달관과 함께 K이사의 사무실에 갔더니 사업자를 모르는 사람으로 바꾸어놓아 압류를 할 수가 없었다.

그때 K의 사무실에는 K와 K의 부인, 그리고 공장장과 그밖에 나의 회사에서 나간 많은 직원들이 있었는데 그들은 나를 경멸의 눈초리로 쳐다보고 있었다.

K는 법원 집달관에게 자기는 월급 받는 사람이고, 사장은 따로 있는데 외출 중이라고 하며 가압류를 피해갔다.

그후 3년에 걸쳐서 길고긴 법정싸움을 하였으나 초기대응을 제대로 못한 나는 공동발명자 중 1인의 출원에 의한 무효라는, 사실과 전혀 다른 어이없는 판결을 받았다.

내가 발명하고도 공동발명이라는 이유로 재판에 패소를 하였는데, 비록 나와 다투는 적이긴 했지만 그때 피고의 대리인(변리사)의 실력이 정말 대단하였고, 변리사의 능력이 중요하다는 것을 실감하였다.

그 후 대법원에 상고를 하였는데 하필이면 담당변호사 사무실이 이사를 하느라 15일 안에 상고 이유서를 보내지 못하여 특허법원에서 종지부를 찍었고, 현재 특허는 아무런 존재가치가 없게 되었다

그 후로 K를 비롯하여 좁은 치과병원 시장에 10개가 넘는 정수처

리 업체가 난립하게 되니 수요는 없는데 공급만 많아져 자연히 과다경쟁으로 레드오션(Red Ocean) 시장이 되고, 점차 쇠퇴기를 맞이하게 되었다.

나를 추락하게 만든 문제의 수중분만기

그러던 중 우연히 알게 된 모 의과대학 P교수가 수중분만기가 앞으로 유망할 것 같으니 개발해보라는 건의를 받아 연구 끝에 생산한 결과 그 무렵 잘 나가는 톱 탤런트 C씨의 분만이 나의 수중분만기로 분만하게 되어 방송으로 보도되었다. 그런데 그 수중분만기는 크기가 웬만한 욕실에는 꽉 찼고, 중량이 무려 500Kg이나 되었다.

그 기계를 만드는 데 들어가는 금형, 전기장치, 컨트롤, 히터 등을 포함한 비용은 내가 그때까지 번 돈과 집을 담보로 한 대출, 주위의 사람들의 돈을 모두 끌어와도 부족할 정도여서 그야말로 돈 먹는 하마였다. 그런데도 나는 시장 흐름을 몰랐기에 무모하게 기계를 완성하여 시장에 내놓았다. 그리고 의사들이 모이는 학회에도 꾸준히 쫓아 다니고, 홍보도 열심히 하였으나 아예 수요가 없어 단 2대를 팔고 사업을 접게 되었으며, 그간 만들었던 제작품은 고아원과 양로원에 기부하는 것으로 정리하였다.

그러다보니 그간 벌었던 돈을 다 탕진되었고, 주위 사람들에게 거액의 빚까지 지게 되었다.

결국 특허 소송 초기에 제대로 대응을 못하였고, 귀가 얇은 탓에 후속 아이템을 잘못 선정하는 바람에 2차 도약은 커녕 구렁텅이에 빠져서 사업은 슬프게도 가파른 사양길에 들어서게 되었다.

그로 말미암아 직원들의 급여와 세금, 그리고 거래처에 채무가 밀리게 되어 회사가 문을 닫아야 할 지경이 되자 제일 먼저 세무서와 4대보험, 은행에서는 연체 금액에 대한 채권 확보에 돌입하였다.

세금 압류와 채권자와 직원들이 한꺼번에 돈을 달라고 닦달하였으며, 협박전화는 물론이고 심지어 집에까지 쳐들어오는 사람도 있었다.

사람은 진정 어려워져봐야 진심을 알 수가 있다고 하였던가.

그간 친했던 거래처 채권자들은 법원에 가압류를 신청하였고, 직원들은 한꺼번에 노동부에 밀린 급여를 비롯하여 퇴직금, 시간외 수당, 연월차비 등을 모두 정산하여 달라고 진정을 하여 날마다 법원으로, 노동부로 불려다녔으나 별 뾰족한 대안이 없었다 .

지금은 달라졌지만 그때 노동부에서는 회사가 정상적일 때에는 '사장님, 사장님' 하며 대우를 해주더니 회사가 어려워지고 임금 체불 진정이 계속 들어오니 호칭이 ○○○씨로 바뀌고, 태도 또한 관공서답게(?) 매우 딱딱해졌다. 심지어 언제까지 해결을 못하면 검찰에 넘긴다는 등 범죄자 취급을 하는 느낌도 받았다. 물론 급여를 지급하지 못한 나의 잘못이 가장 크지만…….

그땐 정말로 삶이 피곤하여지고 인생의 회의가 느껴졌다. 특히 내 밑에 있을 때 간이라도 빼줄 것처럼 굽실거리던 모 부장의 말이 나의 폐부를 찔렀다. 그는 '우리들 급여는 안 주고 당신만 잘 먹고 잘 살면 돼?' 라고 반말로 대들었다.

나는 돈이 없으니 돈을 융통할 때까지만 기다려 달라고 했지만 그 친구는 집이라도 팔아서 주어야 할 것 아니냐며 뼈 빠지게 일 시켜놓고(사실은 매출이 없어 거의 날마다 놀고 있었음) 월급을 떼먹을 거냐고 협박하기에 이르렀다. 나는 사정이 너무 안좋기에 시간 외 수당과 연월차비에 대한 진정은 빼주면 안되겠느냐고 사정하자 거기에 대한 이자까지 민사로 청구하겠다고 하였다.

세상은 참 그랬다. 거래처는 물론이고 직원들 급여도 정산을 못하여주는데 사장이 과연 저만 잘살겠다고 돈을 빼돌릴 수가 있을까? 사업자에게는 집보다 사업체가 우선인데 말이다.

나는 날마다 술이 없으면 잠을 못 이루었고, 잠을 자면 악몽과 가위눌림에 시달렸다. 전화도 아는 전화 아니면 받지를 못했다. 결국 5년 동안 금연한 담배도 다시 피게 되었다.

그러나 한가지 의료장비 사업을 하면서 무엇보다 힘든 것이 앞에서 말한 A/S 라는 것을 깨닫게 되었다.

다 그렇지는 않지만 어떤 의사들은 A/S가 조금만 늦으면 난리를 쳤다. 툭하면 인터넷에 올리겠다, 소보원에 고발하겠다, 불매운동을 하겠다는 등의 엄포를 놓았다.

서울과 경기지방 3,000곳의 병원을 직원 7명이 감당하다보니 어떨 때는 포천에서 평택까지 왕복하여야 하는데 차는 막히고, 시간은 없고, 그 고충을 말로는 다할 수 없을 정도였다. 대기업의 A/S망처럼 그 지역에 국한하면 좋으련만 소기업 입장에서 동네마다 A/S지사를 둘 수도 없는 형편이었다.

이 땅의 사장들은 정말 불쌍하다.

회사를 경영하자면 하루도 쉼 없이 혼자서 판단하고 결정해야 하는, 물론 직원들과 머리를 맞대고 해결할 때도 있지만, 일상이 너무 피곤하며, 스트레스가 생겨도 누구에게 위로도 받지를 못한다.

그리고 직원이 잘못을 저질러도 사장이 모두 책임을 떠맡아 처벌을 받아야하며, 자칫 회사가 어려워지거나 문을 닫으면 모든 책임을 사장 스스로 져야하므로 재기불능의 상태가 되기까지 한다.


(5) 은나노침 특허로 다시 재기하다

그렇게 어려운 생활을 하루하루 엮어나가는 과정에도 희망은 있었다.

회사가 어렵게 되기 전에 코엑스의 국제 의료기 전시회에 출품을 한 적이 있었다. 그때 옆의 부스에 한방용 침을 만드는 회사가 입점해 있어 관심을 갖게 되었다.

마침 방송에서 한방 침을 맞은 후 감염이 되었다는 보도가 있었다.

'감염이라, 그럼 감염을 막는 침을 만들자! 그러려면 침 자체가 항균력을 가져야 한다. 항균력을 갖춘 물질로는 어떤 것이 있을까?'

해답은 은이 가장 매력적이었다.

제조공정도 까다롭지 않고, 항균력도 계속 지속되고, 침의 품질도 높일 수 있고……. 그래서 은나노침을 연구 개발하여 특허명세서를 직접 작성, 특허청에 제출하였다. 그런데 특허심사 기간 중에 위에서 기술한 대로 회사가 어려워졌던 것이다.

나는 서둘러 사업계획서를 만들어 그간 알고 지내던 지인들을 찾아갔더니 특허가 완료되지 않았다고 모두 고개를 저었다.

특허청 심사관에게 빨리 특허 결정을 해달라고 애걸하여 보았지만 먼저 출원한 제품부터 순차적으로 해야 하는데 앞으로도 2~3개월이 걸릴 것 같다고 하였다. 게다가 하자가 발생하면 6개월까지도 늦어질 수 있다는 것이었다.

과연 그때까지 살아남을 수 있을까?

실제로 은나노침의 특허는 심사관의 말대로 한 번의 의견 제출서와 보정과정을 거쳐 7개월이 훨씬 지나서야 등록이 되었다.

그 7개월의 고통을 어떻게 글로써 모두 표현할 수 있겠는가!

나는 거의 반 노숙자 신세가 되었고, 결국은 집에도 못 들어가고 초라한 고시촌에서 생활을 하여야 하였다. 마치 앞에서 거론한 고집 센 발명가처럼 말이다.

나는 곧바로 특허 나오면 보자던 사람들을 찾아갔다. 뒤늦게 지면에서나마 오늘의 내가 있게 해준 분들과 특허청에 진심으로 고개 숙여 감사한다.

나는 침을 만들기 위한 사업계획서를 작성하여 제출한 결과 투자업체가 갑자기 3~4군데나 생겼다. 그들은 서로 자기와 계약하자고 제의하였다.

전화위복이라 했던가! 아니면 하늘이 무너져도 솟아날 구멍이 있다는 말이 맞는 것일까! 정말 행복한 고민이었다.

나는 그중에 한의사 모임을 택하여 투자를 받았다. 나는 그분들에게 진심으로 감사를 드리며 조만간에 투자금의 몇 곱절을 보상하여 주기 위하여 열심히 뛰고 있다.

그 후에 내가 개발한 은나노침은 한의사들의 공동개발로 인체에 무해한 은을 사용하였고, 특히 나노(10-9m)사이즈의 은 나노 파티클은

항, 살균력이 수십~ 수백 배가 증가했다. 살균력을 지닌 은나노침은 나노 사이즈로 침체에 증착되어 보관이나 시술 중에 항 살균력을 유지 발휘하도록 하였다.

또한 침 시술 시 알코올 솜으로 손을 닦으면 완벽한 소독이 되지 않지만 은나노침을 사용하면 종래의 이러한 문제점을 해결할 수 있었다.

이처럼 은나노침은 기존의 침들보다 우수한 효능을 가지고 있다.

그러면 지금부터는 은나노침의 개발과정에 대해 좀 더 이야기를 하고자 한다.

은나노침은 의료기기로 분류되기 때문에 당국의 허가 없이는 팔 수가 없었다. 생각지도 않은 복병이 숨어 있는데 그것은 침의 제조 문제와 식품의약안전청의 의료기 허가 문제, 또 동물 및 임상실험 문제였다.

허가를 받는 일이 정말 힘이 들었고, 동물실험도 결코 만만치 않았다.

### 가. 은나노침 제작과정

원자재 구매　　와이어 롤1차 은나노 증착 및 건조공정

침병 생산공정

침병 절단 공정

침병 세척 및 건조공정

침체 조립공정

침 연마공정

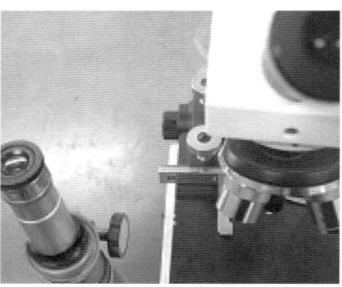

1차 검사공정

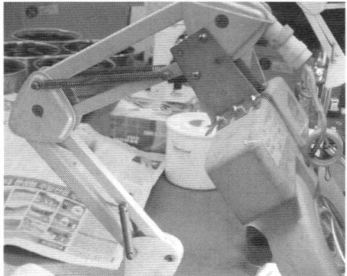

2차 검사공정

포장 및 케이스 투입

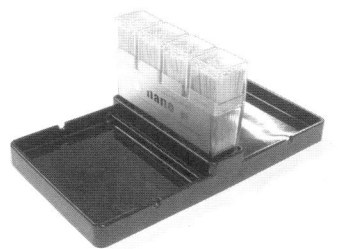
은나노 호침 완성

은나노 장침 완성

## 나. 은나노침의 장점

**❶ 은나노 침이 효과적인 질환**

- 뛰어난 지방분해 효과
- 치료효과 증진
- 뛰어난 항, 살균 효과
- 시술 용이성 증진
- 무자극성 및 안정성

**❷ 항균력과 동물 실험 결과**

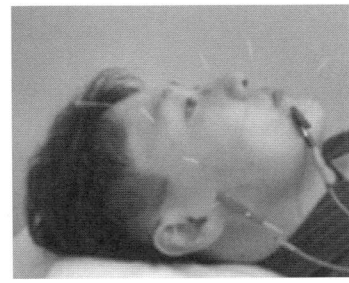
구안와사, 삼차신경통

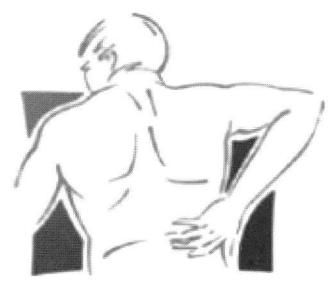
요통(디스크)

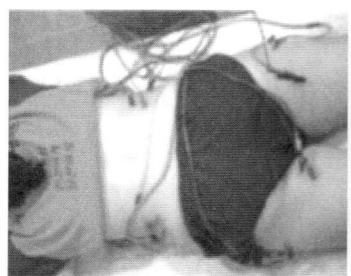
비만(지방 분해 침)

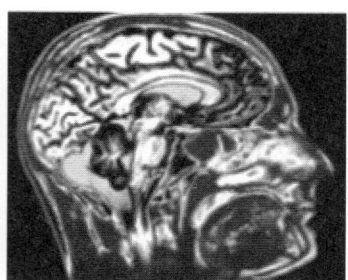
중풍, 두통

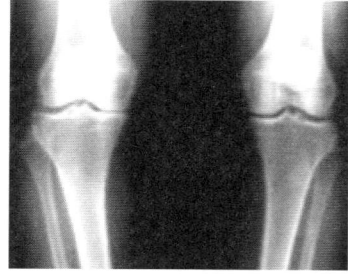
퇴행성관절염

탈모, 주름 제거

한국 화학시험연구원에 의뢰하여 대장균과 황색포도상구균에 대한 항균력 시험 결과, 24시간 경과 후 대조시료에 비해 시험시료는 99.9% 이상의 감소율을 나타내어 대장균과 황색포도상구균에 대한 은나노침의 항균 활성력이 좋은 것으로 평가되었다.

### ❸ 침 포장의 개선

은나노침은 종래의 비닐포장 대신 침 끝이 상하지 않는 고급투명 특수수지로 제작된 용기에 다량의 침을 손쉽게 사용할 수 있도록 포장을 개선(700개들이 포장, 175×4)하여 유통 시 발생하는 습도문제와 오염 및 시술 소요 시간을 단축하였다.

**❹ 침첨(針尖)**

침첨, 즉 침의 끝을 특수 고분자 물질로 연마하여 표면을 매끄럽게 함으로써 자침 시 피부 저항이 줄어들어 통증을 감소시켰다.

시험기간 중 사망 동물 및 일반증상에서 시험물질의 적용에 기인된 어떠한 이상소견도 관찰되지 않았으며, 시험물질 노출 종료 후 적용부에서의 홍반, 가피 및 부종 등의 자극성이 관찰되지 않아서 일차 피부자극지수는 0.0으로 평가되었다.

New Zealand White계 토끼에 실험한 결과 은나노침에 대한 피부 적용은 홍반, 가피 및 부종 등을 유발하지 않았으므로, 본 시험 물질의 피부 자극성은 비자극성(Negligible)인 것으로 판단되었다.


**❺ 급성 독성실험**

ICR계 마우스(21~23g, 수컷 10마리, 4주령)로 구성하고, 검체 4g당 멸균 생리식염수 20㎖의 비율로 하여 121℃에서 1시간 동안 용출한 액을 시험물질로 하였다. 따로 멸균 생리식염수를 이용하여 같은 방법으로 음성 대조물질을 만들어 시험물질과 대조물질을 각 체중 1kg당 50㎖의 투여용량으로 하여 1회용 syringe(26 Gauge)를 이용하여 정맥 내로 주사하였다.

시험물질 투여 후 72시간 동안 관찰한 결과 모든 투여군에서 사망 동물은 관찰되지 않았으며, 대조군을 포함한 모든 투여 동물에서 투여와 관련된 어떠한 이상증상도 관찰되지 않았다. 또한 생존 동물의 부검 결과 특이한 병리학적 소견은 인정되지 않았으며, 시험기간 중 시험 동물에 대한 체중변화에 있어서도 모든 동물에서 정상적인 것으로 관찰되었다.

이상의 결과로부터 은나노침의 추출물에 대한 마우스의 급성 정맥 독성시험을 투여 용량인 50㎖/kg B.W.로 설정하여 주사 직후와 주사 후 4, 24, 48 및 72시간에 따라 관찰하였는데 시험물질 투여군에서 대조물질 투여군과 유의성 있는 생물학적인 반응을 보이지 않았으므로 적합한 것으로 판단되었다.

**❻ 피내 반응실험**

121℃에서 1시간 동안 은 나노 침 4g당 20ML 비율로 멸균 생리식염수와 면실유에 각각 용출한 액을 검액을 만들어, New Zealand White Rabbit 수컷 2마리에 1㎖주사기를 이용하여 토끼의 척추를 기준으로 한 측 10개소에는 극성 용출물 5개소와 극성 대조용매 5개소, 반대 측에는 비극성 용출물 5개소와 비극성 대조용매 5개소에 각각 0.2㎖씩 피내 주사하였다.

피부반응의 평가는 평가표에 따라 동물마다 각 관찰 시간대별로 홍반과 부종의 평균 점수를 계산하여 홍반과 부종의 평균 점수를 합한 후 12(2animals×3scoring periods×2scoring categories)로 나누었다. 대조물질을 주사한 부위도 같은 방법으로 평가하였다.

시험물질의 점수에서 대조물질에 대한 점수와의 차인 일차 자극지표를 계산하여, 그 값이 1.0 이하이어야 한다.

**다. 은나노침의 결론**

한국 화학시험연구원에 의뢰하여 은나노침이 인체에 직접 접촉되어 발현될 수 있는 유해성, 안전성 여부를 판단하기 위해 실험용 쥐와 토끼 등의 동물을 대상으로 피부 자극시험, 급성 독성시험, 피내 반응시험, 중금속 검사를 실시한 결과, '피부에 대해 비자극', '유의성 있는 생물학적 반응 없음', '피내 투여 시 자극 없음', '중금속 검출 안 됨'으로 평가되었다.

상기와 같은 하나의 제품을 만들기 위한 절차를 진행하는 데 정말 머리가 아팠고 힘들었으며, 특히 인체에 적용하는 의료기기는 허가 과정이 매우 힘들었다.

저자가 발명한 은나노침에 대하여 다소 장구하게 설명한 것 같아 독자들에게는 송구하다.

그러나 이러한 장점을 가진 나의 기사회생 발명품인 은나노침이 확대가 되어 국민보건에 이바지하여야 하고, 특히 어려울 때 아무것도 없는 나에게 다시 일어설 수 있게 한 한의사 투자가님들의 고마움에 비한다면 당연히 홍보를 하여야 할 것이다. 앞으로 한의원 가서서 침 맞으실 때는 꼭 '은나노침'을 맞으시라고.

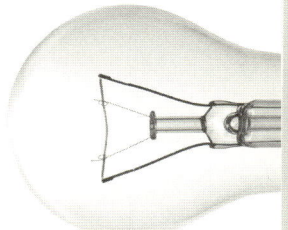

# 2장
# 발명의 실제

# Ⅰ.지금은 발명시대

## 1. 발명 기법

  21세기 정보화·다양화·전문화를 특징으로 하는 사회에서는 급속히 발달되고 있는 첨단 과학기술로 인하여 지식과 정보들이 기하급수적으로 끊임없이 창출되고 있다. 이러한 사회에서 인류는 지금까지 경험하지 못했던 새로운 문제에 무수히 당면하고 있으며, 사회와 국가는 이를 해결할 수 있는 우수한 인재를 요구하고 있다. 이미 여러 선진국들은 새로운 아이디어 창출 능력의 우수 인재를 최대로 계발하기 위하여 교육개혁을 경주하고 있으며, 영재교육에 관심을 모으고 있다. 이와 같이 영재교육은 우수 두뇌 집단 양성에 목적을 두고 있으며, 개인적 측면, 교육적·사회적 측면, 국가적 측면 의 세 가지로 구분하여 설명될 수 있다.

## (1) 개인적 측면

영재교육은 어린 영재들에게 탁월한 잠재능력을 나타내게 되는 재능분야를 계발(啓發)*시켜 줌으로써 자기성취를 최대로 이룰 수 있는 학습기회를 제공해 주려는 데 있다.

영재들은 계발 학생들과 달리 독특한 소질이나 잠재능력을 지니고 있으며, 자기의능력을 최대로 발현하고 싶은 욕구를 갖고 있다. 또 지적 호기심이 강하여 발견과 발명의 기쁨을 경험하고 싶어 하는 학생들이다. 그러므로 영재아들은 자아실현을 위해서 잠재능력이나 소질, 창의성을 발휘할 수 있는 교육환경을 필요로 한다. 영재들의 이러한 독특한 심리적 욕구는 곧 영재성 표출의 원동력이 되며, 그러한 영재성을 백분 표출할 수 있도록 교육적 배려를 함으로써 영재들이 자아실현을 이룰 수 있다.

## (2) 교육적 · 사회적 측면

영재교육은 기존의 지식을 단순히 소모하는 것이 아니라 고부가 가치의 새로운 지식을 창출해낼 수 있는 고급 두뇌를 지닌 영재들을 육성해내는 데 그 목적이 있다. 그래서 인간의 새로운 질을 개선하고 현대 사회에서 직면하는 문제들을 지혜롭게 해결하도록 도움을 주려는 것이다. 특히 영재들이 창의적 지혜를 발현하여 인간의 정신문명과 물질문명을 발전시킴으로써 삶의 질을 향상시키게하고, 또한 자신의 능

---

\* 계발(啓發) : 지능을 깨우쳐 열어준다는 뜻으로, 문답을 통하여 자발적으로 이해하게 하여 지식을 향상시키고 창의와 자조심(自助心)을 길러 주는 교육방법을 이르는 말.

력과 관심분야에 적합한 교육 환경과 교육 프로그램을 통해 잠재능력을 최대로 계발함으로써 헌법 제 31조에서 모든 국민은 교육을 받을 권리를 가진다고 규정하고 있다. 즉 누구나 균등하게 교육받을 기회균등주의(機會均等主義)*를 채택하고 있는 것이다.

### (3) 미래를 위한 영재교육

우수한 인적 자원만이 국가의 발전과 번영의 원동력이므로 영재교육은 국가의 미래를 위한 투자 대상이다.

영재들에게 적절한 유형의 영재교육 프로그램과 학습경험을 제공해줌으로써 과학, 예술, 정치 등등의 모든 분야에서 지대한 공헌을 하게 될 차세대의 지도자들을 육성해야 한다. 그래야 문명에 획기적인 발전을 도모할 뿐만 아니라 삶의 질을 가일층 고양시킬 수 있는 것이다.

다시 말하면 국가의 문화예술 발전, 경제발전, 과학발전, 의·약학 발전, 첨단 산업 분야의 발전 등은 전적으로 영재들의 조기발굴, 조기교육에 달려 있으며, 이런 점에서 영재교육의 필요성과 당위성은 아무리 강조해도 부족하지 않을 것이다. 이러한 목적 하에 추진되는 영재교육은 일반 지적 능력, 특별 영역의 적성, 창의적·생산적 사고력, 리더십, 시각 공간예술, 정신운동의 6개 영역에서 이루어져야 한다.

그 가운데 창의적 사고력과 특별영역에서 영재성을 보이는 학생들을 대상으로 특별히 실시할 수 있다. 따라서 발명 영재교육은 영재교

---

*기회균등주의(機會均等主義) : 국적에 따른 차별 없이 모든 국가의 국민에게 국제간의 통상이나 다른 사항에 관하여 균등한 이익을 얻을 수 있도록 경쟁의 기회를 주자는 외교정책상의 주의.

육에서 제시하는 영재성의 영역으로서 이상에서 제시한 영재 교육의 세 가지 목적을 공유해야 할 것이다.

지금까지의 우리나라 발명교육은 학생들의 흥미를 높이고 관심을 유발하며 발명 인구의 저변 확대 측면에서 오랜 기간에 걸쳐 노력을 기울여 왔지만 재능, 또는 잠재력 계발의 발명 영재교육 측면에서는 많은 노력을 기울이지 못한 것으로 고찰된다.

이와 같은 실태는 현재 전국적으로 운영되고 있는 발명반, 발명공작교실 소속 학생들의 18%만이 소질과 적성을 고려하여 선발되고 있다는 연구결과에서 확인할 수 있다.

현행 발명교육을 개선하기 위한 방안으로서 발명영역, 즉 과학, 또는 기술영역의 적성과 창의성에서 영재성을 발휘하는 학생들을 선발하고 이들에게 적합한 교육을 제공하는 교육체제에 도입할 수 있다. 즉 발명영재의 개념을 정립하고 이를 기초해서 학생들을 선발하고, 선발된 학생들에게 적절한 교육 프로그램을 제공한다면 발명교육의 성과를 증진시킬 수 있을 것이다.

따라서 발명영재교육의 목적은 개인적, 교육적·사회적, 국가적 측면의 세 가지 방향으로 설정될 수 있다.


### (4) 발명 영재교육을 위한 세 가지 방향

### 1) 개인적 측면

발명에 소질이 있는 영재들을 조기에 발굴하여 잠재력을 계발할 기회를 제공함으로써 능력을 최대한 발휘할 수 있고, 궁극적으로 보다 질 높은 개인의 삶을 추구하게 하는 것을 목적으로 한다.

## 2) 교육적 · 사회적 측면

교육기회 균등의 실현과 사회 기여 기회 제공이라는 점이다.

## 3) 국가적 측면

발명영재의 고부가 가치성에 입각하여 국가의 미래를 위한 효과적인 투자라는 점이다. 결론적으로 발명영재교육은 개인이 가진 잠재력의 계발과 국가, 사회를 위한 우수인력의 육성이라는 점에서 일반적인 영재교육과 철학 및 목적을 공유한다. 아이디어와 문제 해결력이 각광받는 지식기반사회에서 발명영재의 기여도가 주목받는 만큼 미래를 위한 효과적인 투자라는 측면에서 발명영재교육의 중요성을 인식할수 있다.

## (5) 발명의 10대 기법

### 1) 더해(+) 보자

수학의 가장 기본적 셈이 '더하기(+)'이듯 발명에서도 가장 기본적인 것이 '더하기(+)발명'이다. 글자 그대로 더하기만 하면 된다.

물건 + 물건과 방법 + 방법 두 가지 형식이 있다.

새로운 물건과 방법이 아니라 원래 있던 것과 방법들을 서로 더하기만 하면 되는 것이다. 창조란 이미 있는 소재를 새롭고, 가치 있게 조합하는 뜻도 가지고 있다.

미국의 가난하고 어린 화가 하이만은 연필 끝에 지우개를 달아 세계적인 발명가가 되었다. 옛날의 전화기는 수화기와 송화기가 따로 떨어져 있었는데, 지금은 수화기와 송화기를 한 데 모아 편리하게 사용할 수 있다.

이 밖에도 냉동과 냉장이 함께 사용 가능한 냉장고, 전자 기능을 합친 자동 세탁기, 보온 가능한 전기밥솥, 라디오와 시계를 합한 제품, 목걸이 겸용 시계, 책장과 책상을 합친 가구, 상의와 하의를 더한 원피스, 신발과 스케이트 날을 합친 스케이트 전용화, 여러 가지 색깔의 색을 합한 삼색 볼펜, 책상과 의자를 합한 책걸상 등 두 가지 물건을 더하여 새로운 기능을 갖게 된 편리하고 유익한 물건은 수없이 많다.

최근에는 이런 두 가지 기능뿐만 아니라 세 가지, 네 가지 이상의 기능을 더한 발명품이 쏟아져 나오고 있다.

시계에 전자계산과 간단한 오락까지 겸하도록 한 제품이 인기를 얻고 있고, TV에 비디오 기능은 물론 노래방 기능까지 겸한 것, 노래와 영화를 한꺼번에 보고 메모 기능과 사진 작업까지 가능한 MP3 플레이어, 샴푸에 린스의 효과와 트리트먼트 효과, 비듬제거를 더한 복합 기능의 샴푸도 엄청나게 개발되고 있다.

상의+치마=원피스　　빨강+파랑+검정　　노래+영화+메모+사진　　책상+의자=책걸상
　　　　　　　　　　=삼색 볼펜　　　　=mp3

### 2) 빼(-) 보자

발명은 재미있는 것이다. 더하지 않고 둘에서 하나를 빼도 엄청난

발명품이 될 수 있다. 우리나라의 경우, 발명가의 수는 적지만 한 사람의 발명가가 최하 10건에서 최고 5백 건의 발명을 했다고 한다.

실제로 빼기 발명으로 성공한 예를 살펴보자.

시멘트 블록에는 2~3개의 공간이 있다. 이것은 시멘트가 적게 들어가 경제적이고 가벼우면서도 수명은 더 길다고 한다.

머리빗을 생산하는 한 회사도 빼기 발명으로 성공했다. 이 회사는 머리빗 자루에 구멍을 내서 걸이기능은 추가하면서 반대로 재료는 10%나 절감할 수 있었다. 그런데 매출은 30%나 증가했다고 한다.

추를 없앤 시계와 설탕을 넣지 않은 무가당 과일 주스 등도 빼기 발명의 대표적인 예이다.

이 밖에도 튜브 없는 타이어와 연통 없는 난로, 지붕을 뺀 자동차, 선을 없앤 컴퓨터 마우스, 씨 없는 수박 등 수많은 빼기 발명의 사례가 있다.

주변을 둘러보면 아직도 빼기 발명의 대상이 많이 있다. 필요 없는 것은 아예 없는 편이 편리하고 경제적이다.

하지만 그렇다고 해서 무조건 빼면 안 된다. 빼내서 모양이 나빠지거나 기능이 떨어지지는 않는지 고려해가면서 발명을 해야 한다.

자동차-지붕=오픈카

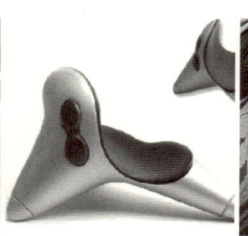
연필처럼 사용하는
무선마우스

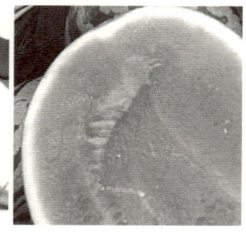
수박-씨=씨 없는 수박

### 3) 모양을 바꾸어 보자

모양을 바꾸는 것도 발명이다.

산업재산권은 특허·실용신안·디자인·상표 등 네 가지로 분류되는데, 여기에서 모양은 디자인에 해당된다. 모양이 아름다운 것도 발명인 것이다.

사람들의 아름다움에 대한 관심은 어제나 오늘이나 항상 변하지 않는다. 때문에 최근 세계 각국의 수출시장은 성능 못지않게 디자인도 중요시 하고 있다.

'보기 좋은 떡이 먹기도 좋다'고 했듯이 디자인이 아름다우면 그만큼 잘 팔리는 상품이 된다는 것은 당연한 일이다.

디자인도 특허청에서 산업재산권 등록을 마치면 특허와 실용신안처럼 독점사용이 가능해진다. 잘 팔리는 물건들은 모두 디자인등록이 되어 있다.

TV·세탁기·냉장고·선풍기·라디오 등의 가전제품은 물론이고, 주전자·물 컵·쟁반·접시·냄비·찻잔에 이르기까지 유명회사는 독점생산을 위해 디자인등록을 해놓고 있다.

모양을 바꿈으로써 성공한 예는 많다.

유선형 만년필을 만든 파카는 디자인으로 세계적인 '만년필 발명왕'이 되었다. 당시 유선형의 디자인은 비행기와 자동차에까지 채택될 정도로 유행했다.

디자인은 물건의 모양뿐 아니라 옷감의 무늬도 해당된다. 아름다운 무늬를 도안했으면 그것도 디자인 출원이 가능하다.

좀 더 독특하고 새로운 무늬를 도안해 보는 것이 좋을 것이다. 현대인들은 더욱 새롭고, 다양한 모양을 원한다.

| 독특한 모양의 전화기 | 아름다운 주전자 | 귀여운 냉장고 |

### 4) 용도를 바꾸어 보자

현재 사용하고 있는 물건을 다른 곳에도 사용할 수 있다. 좋은 아이디어는 다른 곳에도 쓸 수 있다는 것이다. 이것은 발명인으로서는 초보적인, 그러면서도 가장 중요한 기법 중의 하나이다. 주전자의 주둥이를 떼어내서 물뿌리개로 대신 쓴다든가, 전등을 살균 램프로 활용하는 방법 등이 용도 바꾸기 기법으로 만든 발명품들이다.

최근 미국에서 초음파를 이용하여 종이의 조성을 바꾼 초음파 펜이 제품화된 것도 용도 바꾸기 기법의 좋은 예이다.

세상에는 이중적 가치를 지닌 것들이 너무나 많이 존재하고 있다.

인간의 손에 의해 가공이 되면 보석으로서 가치를 인정받는 존재라 할지라도 돼지우리에 버려져 짓밟히는 일들이 허다한 것이다. 짓밟히고 있는 보석을 찾아내어 새로운 가치를 부여하는 것, 이것이 바로 발명가에게 주어진 소임이며 권리이다.

다른 용도를 찾는 건 간과해서는 안 될 중요한 발명기법 중 하나다. 하나의 줄기를 가진 나무에서 예측할 수 없는 많은 나무 가지가 뻗어 나가듯 한 가지 사물에도 많은 특성이 숨겨져 있기 때문이다. 그 숨겨진 특성을 밝혀내서 사용할 줄 아는 사람만이 성공을 보장받는 것이다.

선풍기→환풍기　　　주전자→물뿌리개　　　온도계→체온계

### 5) 반대로 해보자

현재 사용하고 있는 물건들이 반드시 편리하거나 실용적이지는 않다.

모양, 크기, 방향, 수, 성질 등 무엇이든 반대로 생각하거나 거꾸로 하면 더 좋은 효과를 얻을 수도 있는 것이다. 이와 같이 사용하고 있는 물건을 거꾸로 세운다던가, 만드는 방법을 거꾸로 했을 때 생활에 편리를 제공해 주는 발명 기법을 반대로 하기 기법이라 한다.

이렇게 반대로 생각하여 성공을 거둔 예는 의외로 많다.

방향은 발로 조절하고, 후진은 손으로 하는 세발자전거! 기존의 것을 반대로 생각하여 만든 이 발명은 크게 성공을 하여 일본에 생산 전량을 수출하기도 했다.

일본에서는 공중에서 회전하는 팽이가 발명되었다. 땅에서 회전하는 것을 반대로 하여 공중에서 돌도록 한 것이다.

벙어리장갑은 양말에서 비롯되었고, 발가락 양말은 장갑에서 비롯되었다고 한다. 시계의 숫자 배열을 반대로 한 시계, 시침과 분침의 길이가 반대인 시계 등 많은 사람들의 호기심을 자극하며 호응을 받고 있는 발명품도 있다.

화장품이 잘 나오게 하기 위하여 거꾸로 세운 화장품, 나뭇결이 한쪽으로 쪼개지는 것을 착안하여 반대로 겹쳐 붙인 합판, 늘어나는 스프링의 성질을 바꾸어 줄어드는 스프링으로, 거꾸로 가는 시계(초침이 가장 작은 시계), 발로 방향을 조작하는 장애인용 자동차, 단추(지퍼)가 앞쪽에 있는 옷을 뒤쪽에 있는 옷으로 만드는 등 이 밖에도 너무나 많은 발명품들이 있다.

거꾸로 된 화장품용기   양쪽 문이 열리는 냉장고   숫자가 움직이는 시계        발가락양말

### 6) 크게 해보자

작은 것을 크게 하는 기법은 기존의 물건을 크게 만들어서 더욱 간편하고 편리하게 하는 방법이다.

예를 들어 이불 같은 큰 빨래를 간단히 해결할 수 있도록 만들어진 대형 세탁기나 많은 양의 음식물을 저장할 수 있는 대형 냉장고, 초대형 화면으로 즐거움을 더해 주는 TV 등이 작은 것을 크게 한 발명 기법이다.

세척 효과를 2~3배로 늘린 절약형 세제들도 있다. 효과를 2배 이상으로 높인 것들은 세제뿐 아니라 식초나 화학조미료 등에서도 찾아볼 수 있다.

바람개비를 크게 만들어 풍차로 변형하거나, 증기기관을 확대하여
증기 기관차로 발명한 경우도 있다.

냉장고→대형냉장고    증기기 →증기기관차    바람개비→풍차

### 7) 작게 해보자

큰 것을 작게 하기 기법은 기존의 큰 물건을 소형으로 만들거나 압
축하여 보다 편리하게 쓰도록 만들어 내는 기법이다. 또 같은 물건의
부품이나 덩치를 최대한 줄임으로써 경제적인 이익도 얻을 수 있다.

최근의 첨단과학 분야인 반도체산업, 전자산업 등에서 부품 수와
크기를 작게 하는 방법이 활발히 연구되고 있다.

요즘은 초소형 차가 보급되어 많은 사람들의 호응을 얻고 있다. 라
디오, MP3를 비롯한 전자사전, 노트북, 핸드폰 등의 전자기기 또한
휴대하기 편한 크기로 작아지고 있고, 텔레비전도 불과 10여cm의 휴
대용이 등장했으며, 손목시계도 작고 얇은 것이 유행하고 있다.

긴 우산을 2단, 3단으로 접는 우산을 만들고, 접이식 의자와 책상
또한 간편하게 하기 위해 소형화 한 것이다.

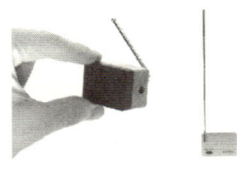

초소형 1인용 자동차        초소형 냉장고        초소형 나무 라디오

### 8) 새로운 아이디어를 활용하자

남의 아이디어를 활용하여 효과적으로 이용하는 발명 기법이다. 이는 차용법이라고 불리는데, 최근 아주 많이 이용되고 있다. 남의 아이디어를 빌린다는 것은 그다지 많이 생각하지 않아도 되는 장점이 있다.

남의 특허를 모방하는 것은 법으로 금지되어 있으나, 아이디어를 활용하여 새로운 발명품을 만드는 것은 실용신안 제도로 장려하고 있다. 이미 특허로 등록되어 있는 기술이라도 보다 좋게 개선하면 실용신안등록이 가능하다. 이 때문에 특허를 대발명이라고 하고, 실용신안을 소발명이라고 하기도 한다.

파리 잡는 끈끈이를 보고 바퀴벌레를 잡는 끈끈이를 만들어 대박을 내고, 먹이를 먹으러 들어간 쥐를 잡는 틀을 보고 마찬가지로 바퀴벌레를 잡는 틀을 만들어 내어 큰 이익을 얻었다고 한다. 스티커 우표를 보고 스티커 봉투를 만들어 낸 것도 비슷한 예이다.

위와 같이 남의 아이디어를 활용하는 기법이 성공할 수 있는 비결은 거기에 새로운 것을 더하고 그 아이디어를 응용하여 좀 더 편리하게 발명한다는 점에 가치가 있으며, 주의할 일은 최초의 발명자에게 폐를 끼치는 것이어서는 안된다는 것이다.

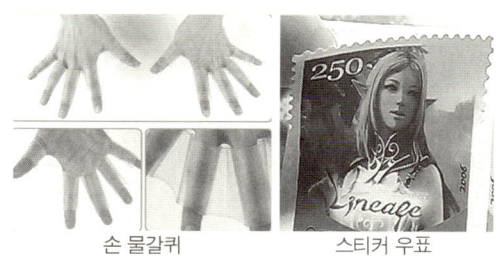

손 물갈퀴          스티커 우표

### 9) 재료를 바꿔보자

물건의 재료를 바꾸는 것도 큰 발명이다. 지금 사용하고 있는 재료
를 바꾸어 지금보다 더 좋은 성능을 가진 물건을 발명하는 방법으로,
비교적 손쉬운 기법이다.

종이컵 · 나무젓가락 · 플라스틱그릇 · 비밀음료용기 등 수많은 발
명이 재료만을 바꾼 발명품이다.

장갑도 고무장갑 · 가죽장갑 · 털장갑 · 나이론장갑 · 비닐장갑 · 면
장갑 등 여러 재료의 장갑이 있다.

재료를 바꿀 때는 엉뚱한 것도 좋다. 대표적인 성공의 예로는 종이
컵이 있다. 종이는 물에 젖는다는 것은 누구나 다 아는 사실이다. 그렇
기 때문에 누구도 종이로 컵을 만들 생각조차 하지 않았다. 하지만 아
무도 생각지 않은 그런 기발한 아이디어에서 이루어진 발명이야말로
현재 만인의 사랑을 독차지하고 어디에서든 없어서는 안되는 필수용
품으로 자리 잡고 있다.

배드민턴공의 깃털을 새의 깃털에서 채취하여 그 값이 매우 비쌌
기 때문에 이것의 재료를 값싼 플라스틱 깃털로 바꿔서 대박 발명을
한 경우도 있다.

그러나 무조건 재료를 바꾼다고 발명이 되는 것은 아니다. 재료를 바꿈으로써 더욱 편리하고 유용해서 소비자의 사랑을 받을 수 있는 것이라야 성공한 발명이라 할 수 있다.

털장갑과 가죽장갑          셔틀콕          유리컵과 종이컵

### 10) 색깔의 특성을 응용하자

색의 응용은 그 자체로써 아이디어가 된다. 매력적이며 화려한 변신이 가능하고, 한계가 없다.

색은 인간의 심리와 밀접한 관계를 맺고 있어 때로는 안정시키는 효과를 주기도 하고, 색을 통해 의사를 전달 할 수도 있고, 상대방의 기분을 감지할 수도 있다.

파레트 안에서 몇 가지 색만으로 무한한 색을 만들어 낼 수 있는 것처럼 인간의 창의력과 만나면 무한하게 뻗어 나갈 수 있는 것이 색이고, 때문에 발명가가 이에 관심을 갖는 것은 당연하다.

색을 이용한 아이디어는 얼마든지 찾을 수 있다.

예를 들면 열쇠와 자물쇠인데 시중에서 판매되고 있는 것들만 봐도 모두 한가지 색으로 전혀 차별성이 없이 다 똑같기만 하다.

아마 영화에서 많이 보았을 것이다. 어딘가에 갇혔을 때 자물쇠를 풀기 위해 같은 색의 열쇠 꾸러미를 찾아가며 자물쇠의 맞는 열쇠를 찾는 모습 말이다. 만약 자물쇠와 열쇠가 같은 색이라면 그렇게 고생하지 않을 텐데 말이다.

또한 어두운 곳에서 열쇠를 찾는 것은 매우 짜증스러운 일이다. 이런 경우 염료에 야광이나 형광도료를 섞어서 칠한다면 열쇠를 찾는 일이 수월할 것이다.

그밖에도 온수와 냉수의 표시, 형광색 작업복, 교통 표지판, 야광띠, 시계, 가구 등이 있다.

이처럼 색은 제품에 새로운 생명을 불어 넣는 신기한 존재 같다.

색깔 있는 열쇠

온수, 냉수 표시

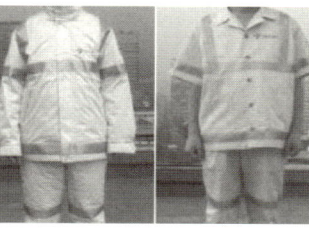

형광색 작업복

이와 같이 현대를 살아가는 우리에게는 발명의 혜택을 받지 않은 분야는 찾아 볼 수 없을 정도로 없고, 발명의 힘을 빌리지 않고 움직이는 분야도 거의 없다.

특히 우리나라의 국제경쟁력을 높이고, 경쟁력 있는 사회를 만들기 위해 끊임없이 새로운 아이디어를 창출하고, 창의력 개발에 힘써야 한다.

조금만 더 앞을 보고 생각해 보면 독자 여러분들도 발명이라는 멋진 보물을 차지하는 행운을 얻게 될 수 있을 것이다.

## 2. 발명교육 – 발명으로 과학고·대학가기

### (1) 발명교육이란?

발명에 대하여 우리 말 사전에는 '전에 없었던 물건 또는 방법을 새로 만들어 냄'우리 말 큰 사전이라고 설명하고 있다. 한편, 특허법에서는 발명을 '자연 법칙을 이용한 기술적 사상의 창작으로 고도의 것'이라고 규정하고 있다. 그러면 이러한 규정을 근거로 무엇을 발명으로 보아야 할까?

첫째, 자연법칙을 이용하는 것.

둘째, 기술적 사상의 창작품.

셋째, 단순한 공작이 아니라 고도의 아이디어 및 지식의 집합체일 것.

즉 발명은 자연과학적 원리를 바탕으로 한 기술적이고 종합적인 창작 활동이라고 할 수 있다.

### (2) 발명교육의 필요성

오늘날 국제 경쟁사회에서는 새로운 아이디어가 생명이다. 따라서 앞으로 그 나라의 발전과 미래는 얼마나 많은 아이디어를 가지고 있느냐에 따라서 좌우되기 때문에 모든 나라가 앞을 다투어 새로운 아이디어를 개발하고 있다.

2차대전 패망국인 일본이 지금 세계의 경제를 주름잡고 있는 것도 새로운 아이디어로 특허를 무려 80만 개 이상을 가지고 있기 때문이다.

우리 민족 또한 옛날부터 세계적으로 우수한 발명정신을 가지고 있다.

이순신 장군은 세계 최초로 거북선을 만들었으며, 해시계와 물시계를 발명한 장영실은 우리 역시에 빛나는 훌륭한 발명가이다. 하지만 옛날에는 이런 발명가들과 기술자들을 좋지 않게 생각했던 인습 때문에 발명활동이 계속 활발하게 이루어지지 못하기도 했다.

그렇지만 우리들은 조상들의 우수한 두뇌를 이어받았기 때문에 오늘날 세계 기능올림픽대회 등에서 우수한 실력을 뽐내고, IT산업 분야에서도 세계 최첨단을 가고 있다.

이러한 이유로 발명은 꼭 필요한 것이고, 발명교육은 창의성을 기르는 효과적인 교육이기 때문에 더욱 활발하게 교육이 이루어져야 한다.

교육과정에서는 교육을 통하여 추구해야 할 인간상을 '21세기를 주도할 자주적이며 창의적이고 도덕적인 한국인'으로 정하고 있다. 그만큼 우리 교육에서 학생들의 창의성을 높이는 교육이 중요하다는 뜻이다. 학교에서 학생들에게 발명 활동에 참여할 수 있는 기회를 제공하는 것은 창의성 교육에 많은 도움이 되기 때문이다.

현재 우리나라의 특허 출원은 일본, 미국, 중국에 이어 세계 4위이지만 산학연이 머리를 맞대고 창의력을 발산시키면 머지않아 일본을 앞지르고 세계 1위의 발명왕국을 이룩할 수 있을 것이다.

# "우리도 특허전문가를 키우자" (전자신문 2009. 10. 29)

지식재산(IP) 발굴과 보호에 국제적 관심이 갈수록 고조되는 가운데 국내에서 처음으로 관련 전문가를 양성하기 위한 대학원 석사과정이 개설됐다. 최근 해외 특허 사냥꾼의 특허 매입과 국제적 연구 성과 귀속 주체 문제가 국제적 이슈로 부상하면서 이번 전공과정 개설이 IP산업 육성에 활력을 불어넣을 것으로 기대된다.

현재 특허청의 지원으로 KAIST와 홍익대학교가 관련 과정 개설을 준비 중이며 국내에서는 서울대가 처음으로 과정 운영에 들어간다.

서울대가 이번에 개설하는 과정은 IP 발굴 · 보호 · 활용 · 협상 · 소송 등 IP 전 분야에 걸친 전문가 양성과정으로 강의와 서울대 '기술과법센터'를 통한 실무실습 교육훈련에 초점을 맞출 예정이다.

특히 국제화를 위해 미국 실리콘밸리 소재 산타클라라대학 등과 IP 공동학위과정(LL.M.)을 운영하고 2011년부터는 미국 버클리대학과 지적재산권을 위한 국제적인 교육 및 연구센터인 프랑스 CEIPI와도 공동학위과정을 확대 운영할 계획이다. 산타클라라대학과의 공동 과정을 마치면 서울대 법학석사와 미국 산타클라라 로스쿨 IP전공 법학석사를 동시에 수여받게 된다.

전공 분야는 크게 지식재산 분야 · 경영 분야 · 과학기술 분야로 나누며 지식재산 분야는 지식재산권법 · 특허소송 전략 · 저작권 실무 등을, 경영 분야는 지식재산 사업화 · 경영학개론 등을, 과학기술 분야는 과학기술과법 등을 각각 다룬다.

국내외에서 정규 학사과정을 마치면 법학 전공이 아니더라도 지원이 가능하며 3년 이상 IP 경력자는 우대한다. 1차 모집 정원은 15명이다.

서울대의 이번 IP 석사과정 첫 개설은 올 들어 교육과학기술부·지식경제부·특허청은 물론이고 국가경쟁력강화위원회에서도 IP의 창출, 보호, 활용 논의가 활발히 진행되고 국제 시장에서 특허 보호 및 침해 문제가 심각한 수준에 이르렀기 때문이다.

이른바 '특허괴물'에 의한 무차별적인 국내 특허 침해가 이루어지면서 이를 보호하기 위한 국가 차원의 IP 전문 인력 양성도 시급해졌다.

더욱이 지식재산의 국제화로 국제 공동연구 및 인력 교류가 활발해질수록 연구 성과의 귀속 문제도 국제적 소송으로 비화할 조짐을 보이고 있다. 세계 수준 연구중심대학(WCU) 등을 통한 캠퍼스 국제화도 급속히 진행돼 직무 발명 및 권리 귀속에 대한 계약 및 법적 검토가 필요하다고 서울대 측은 설명했다.

서울대 측은 "국제 IP전문가를 양성하기 위해서는 외국에 3년 이상 체류해야 하기 때문에 현실적으로 어려운 상황에서 민간 전문가를 국제 전문가로 교육하고자 하는 국내기업 수요도 급증했다."며 "서울법대 기술과법센터를 중심으로 실무실습을 강화하고 향후 로스쿨과 연계한 발전 방안을 마련할 것"이라고 말했다.

### (3) 발명교육의 목표

발명교육의 목표는 우리나라 교육과정이 기대하는 인간상과 다가오는 지식기반 사회가 요구하는 인간상을 중심으로 설정되어야 한다.

### 1) 총괄 목표

인간과 자연 현상의 이치와 원리를 밝히는 데 호기심과 열정을 갖고 자연과 인간에 대한 기초적이고 기본적인 지식과 새로움에 대한 흥미와 개척 정신을 길러 개인과 사회의 발전을 위하여 고부가가치를 끊임없이 창출할 수 있는 인간을 기르는 데 목표를 둔다.

### 2) 구체적 목표

발명교육은 자주적 · 도덕적 인격의 형성과 아울러 창조적 사고력과 고차적인 발명기능의 육성으로 미래사회의 행복을 보장하고 국가 사회에 공헌할 수 있도록 다음과 같은 구체적 목표를 갖는다.

① 인간과 자연에 대한 기초적이고 기본적인 원리를 이해하게 한다.

발명은 자연과 인간에 대한 과학적 지식을 바탕으로 이루어진다. 그러므로 기초과학의 이해는 발명의 기초가 되고, 여기에 창조적 사고력이 동원될 때 발명은 성취가 된다.

② 진보와 발전에 대한 호기심과 욕구를 키우고 창조의욕을 고취한다.

발명의 가치를 이해하고 발명의 결과에 대한 즐거움을 포용하게 함으로써 창조의욕을 북돋우고 아이디어를 개발하고 공유하는 협력적 태도를 기른다.

③ 잠재된 창의성을 계발할 수 있는 환경을 조성하여 탐구능력과 추리 능력을 길러 자기생활과 사회를 새롭게 개선하고 발전시킬 수 있는 창조적인 능력과 필요한 정보를 수집 정리 활용함으로써 고부가가치를 창출할 수 있는 힘을 기른다.

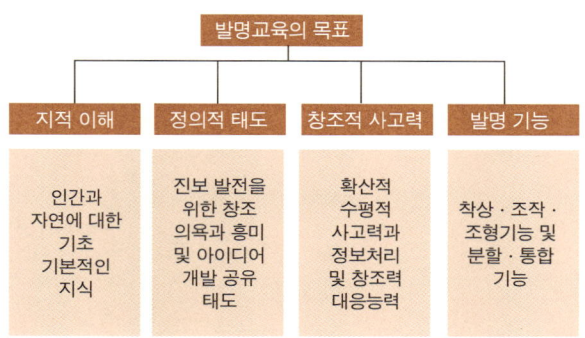

(4) 발명교육의 내용

발명교육은 위에서 살펴본 발명교육의 목표를 구현할 수 있는 내용이어야 한다.

- 자연과 인간에 대한 기초적이고 기본적인 지식을 체계적으로 학습할 수 있는 내용.
- 진보된 발전에 대한 호기심과 의욕을 고취하고, 창조적으로 사고하고 탐구하는 신지식인을 기르는 내용.
- 발명과 창조의 바탕이 되는 확산적 사고력과 수평적 사고력을 기르고, 정보를 수집하고 정치 분석 활용하는 힘을 기르는 내용.

– 착상과 조작과 조형 및 분할과 통합하는 기능과 인터넷 기능을 신장하는 내용.

1) 자연과 인간에 대한 기초 기본 지식

발명 교육의 목표를 구현하기 위한 기초과학의 지식은 초 · 중 · 고등학교의 자연과 과학과 교육과정에 잘 나타나 있다.

**❶ 초등학교**

| 학년<br>내용 | 3학년 | 4학년 | 5학년 | 6학년 | |
|---|---|---|---|---|---|
| 물질 | 여러 가지 물질 | 혼합물의 분리 | 용해, 산과 염기의 성질 | 분자, 산소와 이산화탄소 | 환경오염과 자연보존 |
| 운동과 에너지 | 수평잡기, 전기와 전구 | 전기회로, 빛의 나아감, 열과 물체의 변화 | 힘과 연모, 물체의 위치와 운동 | 전류와 자기장, 에너지 | |
| 생명 | 동물의 한 살이, 식물의 한 살이, 연못의 생물 | 작은 생물, 생물과 환경 | 식물의 구조와 기능, 몸의 운동과 성장 | 영양과 건강 | |
| 지구 | 날씨, 돌과 흙 | 지층과 화석, 강과 바다 | 날씨의 변화, 우주속의 지구 | 움직이는 땅, 계절의 변화 | |

**❷ 중학교**

| 학년<br>내용 | 1학년 | 2학년 | 3학년 |
|---|---|---|---|
| 운동과 에너지 | 힘과 운동<br>- 힘의 크기와 방향<br>- 힘의 합성과 평형<br>- 힘과 물체의 속력 변화 | 전기와 자기<br>- 음양의 법칙<br>- 전류의 작용<br>- 전기 에너지와 그 이용 | 일과 에너지<br>- 일<br>- 역학적 에너지의 보존<br>- 에너지의 전환<br>- 에너지의 이용 |
| 물질 | 물질의 특성과 분리<br>- 물질의 특성<br>- 혼합물의 분리 | 물질의 구성<br>- 화합물<br>- 원소<br>- 물질의 구성과 규칙성 | 물질의 반응<br>- 이온<br>- 산 · 염기<br>- 산화 · 환원 |

| | | | |
|---|---|---|---|
| 생명 | 주변의 생물<br>- 생물의 구조와<br>  생활양식<br>- 식물의 분류<br>- 동물의 분류 | 생물의 구조와 기능<br>- 식물의 구조와<br>  기능<br>- 동물의 구조와<br>  기능<br>- 건강 | 유전과 진화<br>- 생식과 발생<br>- 유전 법칙 자연<br>  환경과 우리 생활<br>-쾌적한 환경 |
| 지구 | 지각의 물질<br>- 지표와 지각변동<br>- 지질시대의 환경 | 대기와 물의 순환<br>- 복사<br>- 대기와 물, 해수<br>- 날씨 | 지구와 우주<br>- 지구의 운동<br>- 지구, 달, 태양<br>- 별, 은하, 우주<br>  자원의 이용 |
| 관찰 | 물질, 식물의 구조, 동물의<br>구조,<br>원생동물, 광물,<br>암석, 화석 | 불꽃 반응,<br>식물의 기관, 세포 | 이온, 세포 |

❸ 고등학교

| 영역 | 내용 | |
|---|---|---|
| 물질 | 물질의 반응성<br>공통성을 가지는 원소 | 발열 반응과 흡열 반응<br>반응 속도에 영향을 끼치는 요인 |
| 물질 | 물질의 반응성<br>공통성을 가지는 원소 | 발열 반응과 흡열 반응<br>반응 속도에 영향을 끼치는 요인 |
| 에너지 | 열<br>태양에너지<br>전기에너지 | 화학 에너지<br>생물 에너지<br>에너지의 흐름과 보존 |
| 생명 | 영양과 건강<br>자극과 반응 | 생식, 유전 |
| 지구 | 지각 물질과 지각 변동<br>지질 연대<br>해양 | 일기와 기후<br>태양계 탐사와 별 |
| 환경 | 자정 작용<br>생물농축<br>산성비<br>오존층 | 온실 효과<br>역전층<br>소음<br>방사능 |

이상과 같이 교육과정에서의 과학교과 지식영역의 내용 체계는 초등학교에서는 물질·운동과 에너지·생명·지구로 나뉘어져 있고, 중학교는 운동과 에너지·물질·생명·지구·관찰로 나뉘어 있으며, 고등학교는 물질·힘·에너지·생명·지구·환경으로 분류되어 있다.

### 2) 호기심 및 창조 의욕의 고취와 탐구태도 육성

발명교육의 정의적인 목표 구현을 위한 지도 내용은 다음과 같이 정리할 수 있다.

| 지도 내용 | 초등학교 | 중학교 | 고등학교 |
|---|---|---|---|
| 흥미와 호기심 | 자연의 신비에 대한 호기심, 흥미와 관심의 증진 | 자연의 원리에 대한 호기심과 원리를 터득할 때의 즐거움 | 자연의 이치와 원리에 대한 흥미와 호기심 |
| 창조의욕 | 작은 일이라도 스스로 찾아서 성취할 때의 기쁨 감지 | 발명에 대한 성취감, 새로움을 찾은 뒤의 만족감 | 변화와 진보에 대한 성취감의 고취, 발명에 대한 성취감 |
| 관찰과 탐구 태도 | 스스로 깊이 관찰하는 습관을 기르는 학습 | 자율적 탐구 | 관찰과 실험을 통하여 각종 자료를 해석하고 미래를 예측 |
| 동기 육성 | 발전에 대한 욕구 뉴턴적 사고 | 유턴적 사고 | 우주개혁의 꿈 미래를 향한 창조적 자기 혁신 |
| 아이디어 공유태도 | 협력의식 육성 | 공동체 의식 육성 | 공동체 의식 심화 |

### 3) 창조적 사고와 정보처리 능력 신장

사고에는 논리적 사고와 창조적 사고가 있다.

논리적 사고는 수직적 또는 수렴적 사고라고 하는데 우리가 흔히 말하는 비판력, 판단력, 분석력은 논리적 사고를 바탕으로 한다.

한편, 창조적 사고력은 수평적 또는 확산적 사고력이라고도 한다. 창조적 사고는 상상력이며, 직관적 또는 순발적 사고다.

발명교육에서는 창조적 사고를 신장시키는 것이 중심 과제가 된다.

창조적 사고력을 기르려면 생각하는 연습과 훈련을 많이 해야 한다. 빨리, 그리고 폭넓게 생각하는 연습, 새로운 것을 깊게 생각하는 훈련을 많이 해야 한다.

사람은 누구나 왼쪽 뇌와 오른쪽 뇌를 가지고 있는데 창조력은 오른쪽 뇌와 관계가 있다. 따라서 창조력은 모든 사람이 태어날 때부터 가지고 태어나는 보편적인 능력이다. 그리고 대개 천부적으로 타고난 능력은 가만히 두어도 저절로 자라나기도 한다. 산과 들에서 풀이나 나무들이 아무도 돌보지 않지만 잘 자라는 것과 마찬가지다. 그러나 교육을 통하여 신장시켜야 왕성하고 크게 성장할 수 있다.

창조력을 신장시킬 수 있는 교육의 내용은 다음과 같다.

- 수평적 사고력 훈련
- 확산적 사고력을 신장할 수 있는 활동
- 오른쪽 뇌의 기능을 발달시키는 훈련
- 입체적 사고력 훈련
- 인터넷 조작 능력 신장

정보처리능력은 홍수처럼 흘러가는 흩어진 정보를 선택하고 수집하고 분석정리 활용하는 능력을 길러야 하는데, 인터넷 능력이 이를 대표하므로 컴퓨터 교육이 선행되어야 한다.

### 4) 발상, 제작, 조형기능 육성

발명은 자연법칙을 이용하여야 하고 기술적 문제로서의 창작성이 있어야 하며, 고도한 기술이 있어야 한다.

이와 같이 발명은 궁극에 가서는 기능에 의하여 완성이 된다. 그러므로 발명교육에서는 발명품을 제작하고 조작하는 기능을 길러 주어야 한다.

그래서 발명교육은 과학교육뿐 아니라 공작, 기술 교육과도 깊은 관련을 가지고 있다.

### 5) 발명과 창의성

발명은 이 세상에 없던 것을 새로 만들어 내거나 생각해 내는 것이라고 앞에서 정의하였다. 이 세상에 없는 새로운 것을 만들려는 시도는 인간의 '생각'에서 시도되고 일련의 시행착오를 거친 뒤 새로운 발명품으로 완성된다. 이와 같은 남다른 생각을 하는 과정을 흔히 창의성이라고 말한다. 창의성이 어떤 계기로 새로운 무엇을 만들 때 발명으로 나타난다. 이와 같은 관점에서 볼 때, 창의성은 곧 발명 능력의 전제 조건임과 동시에 상당 부분 발명과 같은 개념으로 인식될 수 있다.

창의성은 과거에는 예술 분야를 중심으로, 지능과는 다른 것으로, 특정한 인간만이 지니는 특성으로 간주되었지만, 오늘날에는 선천적으로 타고난 특정인에게만 주어지는 것이 아니라 보통 사람들도 후천적인 노력을 통해 학습되어질 수 있다고 인식하고 있다.

그러므로 창의성을 계발하기 위해서는 창의성의 본질에 대한 이해를 바탕으로 창의성 교육에 대한 올바른 인식에 초점을 두어야 할 것이다.

창의성은 '새롭고 적절한 산출물을 생성해 낼 수 있는 능력', 즉 '새롭고 적절한 것을 만들거나, 생각하거나, 표현할 수 있는 가능성을 향상시키는 방향으로 한 인간의 동기, 태도, 능력, 기법이 지속적으로 통합하는 과정에서의 그의 전체적인 특성'으로 정의한다.

### 6) 발명 교육과 학교 교육의 관계

학교 교육은 학생들이 10년, 20년 후 미래 사회에 꼭 필요한 사회인이 되도록 준비하는 것이다. 미래 사회는 첨단 기술 사회로, 모든 분야에서 고도의 지식을 지닌 창의적이고 능동적인 인간을 필요로 한다. 이런 점에서 발명교육은 창의성을 개발하기 위한 직접적이며 실천적인 수단이다.

### 7) 대한민국의 인재상

현재 우리나라에는 발명과 관련한 것은 물론이고 각종 분야에서 뛰어난 재능을 가진 인재들이 많이 자라나고 있다.

이에 맞춰 창의적 인재육성이란 슬로건 아래 다양한 분야에서 인재를 육성하고 있다.

## (3) 발명으로 진학하기

특허나 각종 발명대회의 수상경력 등으로 대학을 갈 수 있는 시대가 도래 하였다.

현재 우리나라의 몇몇 대학들도 발명자 전형, 특기자 전형 등으로 입학의 폭을 넓히고 있으며 그로 인해 대학 입시생들의 발명 능력 또한 발전되어 가고 있다. 즉 성적보다 발명 특기활동에 따라 특허권 소지 학생은 10년, 각종 발명경진대회 5년 이내 수상학생에게 특례입학 자격을 부여해 주는 것이다.

또 발명특기생에게 가산점 20% 부여(내신 가산점 부여) 하고 있으며, 발명실적으로 서울대를 비롯하여 80여 개 대학에서 특례입학을 실시하고 있다

다음은 발명과 관련하여 각종 입시 전형 및 발명으로 과학고, 대학에 진학한 사례를 소개한다.

### 1) 발명으로 과학고 진학하기

#### 한성과학고등학교

전국 과학전람회 최우수상 이상 또는 교육과학기술부 주최 전국학생과학발명품경진대회 금상 이상 또는 특허청 주최 대한민국학생발명전시회 금상 이상 입상자로서, 교과 석차 백분율이 다음 조건을 모두 갖춘 자.

* 외국에서 수학한 자, 조기졸업예정자로 특정 학기의 성적이 없는 경우
  같은 학년의 다른 학기 성적, 다른 학년의 동일 학기 성적순으로 적용한다.

| 교과 | 조건 |
|------|------|
| 수학 | 3학년 1,2학기의 석차백분율의 평균이 상위 10% 이내 |
| 과학 | 3학년 1,2학기의 석차백분율의 평균이 상위 10% 이내 |

## 세종과학고등학교

### (모집인원)

| 전형 구분 | | 모집 인원 | | |
|-----------|-----|-----------|------|------|
| 모집 정원 내 (160) | 특별 전형 | 한국수학(2차시험)·물리·화학·생물·천문·지구과학 올림피아드에 참가하여 은상 이상을 수상한 자 | 수학 분야 | 18명 이내 |
| | | | 과학분야 | 29명 이내 |
| | | 한국정보(경시부문) 올림피아드에 참가하여 동상 이상을 수상한 자 | 정보 분야 | 5명 이내 |
| | | 전국과학전람회에 서울특별시 대표로 참가하여 최우수상 이상을 수상한 자 | 지원 자격을 만족하는 자 전원 | |
| | | 전국학생과학발명품경진대회에 서울특별시 대표로 참가하여 국무총리상 이상을 수상한 자, 또는 대한민국학생발명전시회에 참가하여 국무총리상 이상을 수상한 자 | | |
| | | 국제 수학 ·과학·정보 올림피아드(IMO, APMO, IPhP, IChO, IBO, IESO, IAO, IJSO, IOI)에 한국 대표로 선발 된 자 | | |
| | | 서울특별시교육청 관내 소속 중학교장이 추천한 자 | 25명 이내 | |
| | 일반 전형 | 모집 정원(160명)에서 특별 전형, 영재교육원수료자 전형, 특별장학생 전형 합격자를 제외한 인원 | | |
| | 영재교육원 수료자 전형 | 서울특별시교육청 관내 중학교 재학 중 영재교육진흥법에 따라 설립·운영되는 중학생 영재교육원에서 수학, 과학, 정보 중 한 분야를 1년 이상 수료 또는 수료 예정인 자 | 14명 이내 | |
| | 특별장학생 전형 | 국민기초생활보장법 제5조에 따를 수급권자의 자녀 | 5명 이내 | |
| 모집 정원 외 (7) | 특례입학 대상자 전형 | 모집 정원 외로 모집 정원의 2% 이내 | 3명 이내 | |
| | 국가유공자 자녀 전형 | 모집 정원 외로 모집 정원의 3% 이내 | 4명 이내 | |

**(지원자격)**

| 구분 | 지원자격 |
|---|---|
| (1) 중학교 재학 중 국제 수학·과학·정보 올림피아드(IMO, APMO, IPhO, IChO, IBO, IESO, IAO, IJSO, IOI)에 한국 대표로 선발 된 자 | 중학교 2학년 1학기, 2학년 2학기, 3학년 1학기, 3학년 2학기 수학·과학 교과석차백분율의 평균이 상위 10.00% 이내인 자<br>(조기진급한 졸업예정자는 중학교 3학년 1학기, 3학년 2학기, 조기졸업예정자는 중학교 2학년 1학기 수학·과학 교과석차백분율의 평균이 상위 5.00% 이내인 자) |
| (2) 중학교 재학 중 한국 수학(2차 시험)·물리·화학·생물·천문·지구과학 올림피아드에 참가하여 은상 이상을 수상한 자 | |
| (3) 중학교 재학 중 정보(경시부문)올림피아드에 참가하여 동상 이상을 수상한 자 | |
| (4) 중학교 재학 중 교육과학기술부(또는 과학기술부)주최 전국과학전람회에 서울특별시 대표로 참가하여 최우수상 이상을 수상한 자 | |
| (5) 중학교 재학 중 교육과학기술부(또는 과학기술부)주최 전국학생과학발명품경진대회에 서울특별시 대표로 참가하여 국무총리상 이상을 수상한 자, 또는 특허청 주최 대한민국학생발명전시회에 참가하여 국무총리상 이상을 수상한 자 | |
| (6) 소속 학교장의 추천을 받은 자 | 중학교 2학년 1학기, 2학년 2학기, 3학년 1학기, 3학년 2학기 수학·과학 교과석차백분율의 평균이 상위 2.00% 이내인 자<br>(단, 졸업자, 검정고시 합격자, 비교평가내신자, 조기진급한 졸업예정자, 조기졸업예정자는 지원할 수 없다.) |

**서울과학고등학교**

**(지원 자격)**

중학교 재학생, 졸업생 및 이에 상응하는 자격을 갖추고 수학 또는 과학 분야에서 뛰어난 재능과 잠재력이 있다고 인정되는 자로서 학교장·지도교사·담임교사 또는 영재교육진흥법에 의거하여 설치·운영되는 영재교육기관의 장·지도교사·담임교사 등의 추천을 받은 자

| 구분 | | 지원자격 |
|---|---|---|
| 특<br>별<br>전<br>형 | (1) 중학교 재학 중 서울특별시교육청 주최 수학, 과학 경시대회에서 동상 이상 또는 서울특별시 교육청 주최 대회를 거쳐 서울시 대표로 참가한 전국 수학, 과학 경시대회에서 장려상 이상을 수상한 자 | 중학교 2학년 1학기, 2학년 2학기, 3학년 1학기의 수학, 과학 과목의 석차백분율이 각각상위 15.00%이내인 자(조기진급자는 중학교 3학년 1학기, 조기졸업예정자는 중학교 2학년 1학기 수학, 과학 과목의 석차백분율이 각각 상의 15%이내인 자) |
| | (2) 중학교 재학 중 정보통신부 주최 한국정보올림피아드 (경시부문)에 서울특별시 대표로 참가하여 장려상 이상을 수상한 자 | |
| | (3) 중학교 재학 중 과학기술부 주최 전국과학전람회에 서울특별시 대표로 참가하여 최우수상 이상을 수상한 자 | |
| | (4) 중학교 재학 중 과학기술부 주최 전국학생과학발명품 경진대회에 서울특별시 대표로 참가하여 국무총리상 이상을 수상한 자, 또는 특허청 주최 대한민국학생 발명전시회에 참가하여 국무총리상 이상을 수상한 자 | |
| | (5) 국제 수학, 과학, 정보올림피아드에 한국대표로 참가한 자 | |
| | (6) 소속 학교장의 추천을 받은 자 | 중학교 2학년 1학기, 2학년 2학기의 수학, 과학 과목의 석차백분율이 각각 상위 3%이내이고, 3학년 1학기의 수학, 과학 과목의 석차백분율이 각각 상의 2%이내인 자(단, 검정고시 합격자, 비교평가 내신자, 조기진급자, 조기졸업예정자는 지원할 수 없다) |
| 일<br>반<br>전<br>형 | (7) 중학교 재학중 서울특별시 교육청 주최 수학, 과학 경시대회에서 장려상 이상, 또는 각 시, 도교육청 주최 대회를 거쳐시, 도 대표로 참가한 전국 수학, 과학 경시대회에서 장려상 이상을 수상한 자 | 중학교 2학년 1학기, 2학년 2학기, 3학년 1학기의 수학, 과학 과목의 석차백분율이 각각 상위 15%이내인 자(조기진급자는 중학교 3학년 1학기, 조기졸업예정자는 중학교 2학년 1학기 수학, 과학 과목의 석차백분율이 상위 15%이내인 자) |
| | (8) 중학교 재학중 정보통신부 주최 한국정보올림피아드 (경시부문)에 장려상 이상을 수상한 자 | |
| | (9) 중학교 재학중 과학기술부 주최 전국과학전람회에서 특상이상을 수상한 자 | |
| | (10) 중학교 재학중 과학기술부 주최 전국학생과학발명품경진대회 또는 특허청 주최 대한민국학생발명전시회에서 금상 이상 또는 특별상을 수상한 자 | |
| | (11) 위항에 해당되지 않는 자 | 중학교 2학년 1학기, 2학년 2학기의 수학, 과학과목의 석차백분율이 각각 상위 10%이내이고, 3학년 1학기의 수학, 과학 과목의 석차백문율이 각각 상위 7%이내인 자(조기진급자는 중학교 3학년 1학기, 조기졸업예쩡자는 중학교 2학년 1학기 수학, 과학 과목의 석차백분율이 각각 상위 7%이내인 자 |

(전형 방법)

다음과 같은 4단계의 전형을 거쳐 선발한다.

- 1단계 전형 : 학생 기록물 평가

  *제출된 학생기록물에 의한 영재성 평가

  *영재성이 있다고 판단되는 자를 2단계 전형 대상자로 선발

- 2단계 전형 : 영재성 및 수학(修學)능력 평가

  *수학 · 과학의 영재성 및 수학능력 평가

- 3단계 전형  창의적 문제해결력 평가

  *수학 · 과학 분야의 창의적 문제해결 능력을 평가

  *종합적 사고력 평가

- 4단계 전형 : 과학 캠프

  *과제수행능력 평가 및 심층면접을 통해 과학적 탐구력과 태도, 인성 등을 종합적으로 평가

  *최종 선발


**경기과학고등학교**

(전형 방법)

다음의 각 단계별로 일정 수의 학생을 선발한다.

- 1단계 전형 : 영재 소양 평가

  *제출된 학생 기록물에 의한 영재성을 평가한다.

- 2단계 전형 : 영재 기초 평가

  *영재성 및 수학능력을 평가한다.

- 3단계 전형 : 영재 심화 평가

  *수학, 과학에 대한 종합적 사고력, 창의력 문제 해결 능력 등을 평가한다.

■ 4단계 전형 : 캠프 및 심층면접

*캠프(2박3일)를 통해 탐구과제에 대한 문제해결력, 과학적 태도, 창의성, 리더십, 인성 등을 종합적으로 평가한다.


## 경기북과학고등학교

(전형 방법)

■ 경기도 수학 · 과학경시대회 전형


※ 다음 중 1개항에 해당하는 자.

❶ 중학교 재학 중 경기도교육청 주최 경기도수학 · 과학경시대회에서 은상 이상 입상자로 중학교 학교생활기록부 상의 2학년 1학기, 2학년 2학기, 3학년 1학기, 3학년 2학기 중간고사의 수학, 과학 교과 석차백분율이 각각 상위 30%이내인 자.

❷ 중학교 재학 중 경기도교육청 주최 경기도수학 · 과학경시대회에서 동상 입상자로 중학교 학교생활기록부 상의 2학년 1학기, 2학년 2학기, 3학년 1학기, 3학년 2학기 중간고사의 수학, 과학 교과 석차백분율이 각각 상위 15%이내인 자.


## 장영실과학고등학교

(전형 방법)

■ 1단계 전형 : 205점

가) 평가 방법 : 서류 전형

나) 선발 방법 : 내신성적과 수상실적을 합산하여 정원의 3배수 선발

다) 1단계 전형 배점 (205점) : 내신성적(200점) + 수상실적(5점)

■ 2단계 전형 : 305점

　가) 평가 내용 : 수학, 과학의 창의적 사고력, 문제해결력을 평가

　나) 평가 방법 : 창의적 사고력 검사지와 실험보고서에 의한 평가

　다) 선발 방법 : 1단계 성적, 2단계 성적을 합산하여 선발

　라) 창의성검사 배점(100점) : 수학(40점) + 과학(60점)


## 각종대회 입상자 전형 방법(15%)

### 전형요소별 배점 : 수상실적(5점)

※ 수상실적이 동일한 경우 교과성적(200)우수자 순으로 선정한다.

※ 2011학년도 입학전형부터 대회(부문)별 합격정원은 최대 40%로 선정
　예정.

| 대회명 | 대회규모 | 수상등급 | 원서상 표기등급 | 점수 |
|---|---|---|---|---|
| 수학 · 과학 경시대회(부산 광역시교육청) | 부산시 대회 또는 광역시/도 대회 | 최우수상 | 최우수상 | 4.5 |
| | | 금상 | 금상 | 4 |
| | | 은상 | 은상 | 3 |
| | | 동상 | 동상 | 2.5 |
| | | 장려상 | 장려상 | 2 |
| 과학 올림피아드(KPHO, KCHO, KBO, KAO, KESO) | 정국대회(본선) | 최우수상(대상) | 최우수상 | 5 |
| | | 금상 | 금상 | 4.5 |
| | | 은상 | 은상 | 3.5 |
| | | 동상 | 동상 | 3 |
| | | 장려상 | 장려상 | 2.5 |
| 수학 올림피아드(KMO) | 2차대회(전국) | 금상 | 금상 | 5 |
| | | 은상 | 은상 | 4 |
| | | 동상 | 동상 | 3.5 |
| | | 장려상 | 장려상 | 3 |

(※ 대한수학회, 한국물리학회, 대한화학회, 한국생물교육학회, 한국지구과학회, 한국천문학회 주최)

| 대회명 | 대회규모 | 수상등급 | 원서상 표기등급 | 점수 | |
|---|---|---|---|---|---|
| 한국정보 올림피아드 (경시 및 공모 부문) | 전국대회(본선) | 대상 | 최우수상 | 4 | 3.5 |
| | | 금상 | 금상 | 3 | 3 |
| | | 은상 | 은상 | 2.5 | 2 |
| | | 동상 | 동상 | 2 | 1.5 |

**광주과학고등학교**

(특별 전형)

광주광역시 소재 중학교의 2009년 2월 졸업 예정자로서, 3학년 2
학기 성적(조기졸업자는 2학년 2학기 성적)이 생활기록부에 기록되어 있
는 자로, 중학교 2학년 1학기와 2학기 및 3학년 1학기와 2학기의 국
어, 영어, 수학, 과학 교과의 석차백분율(석차는 중간 석차를 적용함)의
전체 평균이 상위 5% 이내인 자로 아래의 특별전형 A, B의 조건에 각
각 해당하는 자.)

■ **특별전형 A**(영재교육 이수자)

중학교 재학 중 광주광역시과학교육원 영재교육원과 전남대학교
부설 영재교육원을 각각 4학기 이상 이수하거나, 양 과정을 통합하여
4학기 이상 이수한 자(이수예정인 자 포함).

■ **특별전형 B**(올림피아드 입상자)

중학교 재학 중 다음 각 호의 하나에 해당하는 자.

가) 한국수학(2차), 물리, 화학, 생물, 지구과학, 천문올림피아드(전
국단위)대회에서 동상 이상으로 입상한 자.

나) 한국정보올림피아드(전국단위)대회에서 은상 이상 입상한 자.

다) 과학기술부 주관 전국과학전람회에서 국무 총리상 이상 입상
한 자.


**경남과학고등학교**

(전형 방법)

■ 1단계 전형

서류전형

- **2단계 전형**

  창의적 문제해결력 검사

- **3단계 전형**

  사고력 측정 구술 고사

  가) 평가 방법 : 서류 전형

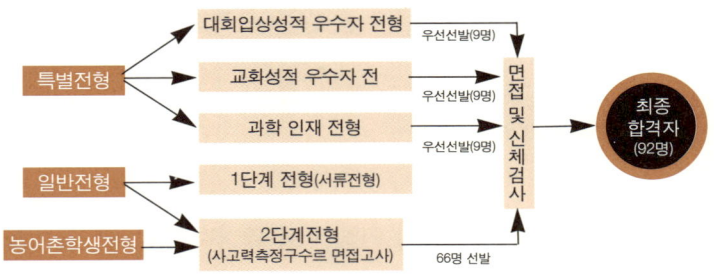

**울산과학고등학교**

- **1단계 전형**

  **1단계 전형의 요소별 배점**

  교과성적(250점)+가산점(10점)+수학능력검사(50점) =310점

- **2단계 전형**

  **2단계 전형 대상자 선정 방법**

일반 전형 지원자와 특별 전형 탈락자를 대상으로 모집 인원[1단계 전형의 특별전형 합격자(예로 25명)를 제외한 인원(예로 35명)]보다 적을 때는 전원 최종합격자로 선발하며, 지원자가 모집 인원을 초과하는 경우 1단계 전형의 원칙에 따라 산출한 성적으로 2배수(예로 70명)를 2단계 전형 대상자로 선정한다. 이 때 1단계 전형에서 2배수의 끝 등위에 동점자가 있는 경

우, 모두 2단계 전형을 실시한다.


## 2단계 전형(창의성검사)

① 배점 : 1단계 전형 성적(310점) + 창의성검사(50점) = 360점

② 창의성검사의 평가내용 : 중학교 교육과정 범위 내에서 수학(25점) 및

과학(25점)의 창의력을 측정할 수 있는 문제로 구술평가한다.

③ 동점자의 처리 : 1단계 특별 전형과 같은 방법으로 처리한다

울산광역시교육청 관내 중학교 졸업자 및 2009학년도 졸업예정자(2010년 2월)와 이에 준하는 자 중 남녀 구분없이(20명, 3학급)을 선발한다.

| 전형구분 | 모집인원 | |
|---|---|---|
| 특별 전형 | 울산광역시교육청 관내 소속 중학교장의 추천을 받은 자 | 11명 이내 |
| | 중학교 재학 중 국제과학올림피아드대회[국제 수학올림피아드(IMO), 국제물리올림피아드(IPhO), 국제화학올림피아드(IChO), 국제생물올림피아드(IBO), 국제천문올림피아드(IAO), 국제지구과학올림피아드(IESO), 국제정보올림피아드(IOI), 국제중등과학올림피아드(IJSO)]에 한국 대표로 참가한 자 | 참가자 전원 |
| | 과학올림피아드대회[한국수학올림피아드(KMO), 1차 전국 및 2차, 한국물리올림피아드(KPhO), 한국화학올림피아드(KChO), 한국생물올림피아드(KBO), 한국천문올림피아드(KAO), 한국지구과학올림피아드(KESO), 한국정보올림피아드(KOI), 한국중등과학올림피아드(KJSO)]에서 중등부 동상 이상 입상자 | 7명 이내 |
| | 중학교 재학 중 전국과학전람회에서 특상 이상 입상자, 전국학생과학발명품경진대회 및 대한민국학생발명전시회에 참가하여 은상 이상 입상자 | |
| | 중학교 재학 중 영재교육진흥법에 의거하여 설립 인가된 영재교육기관에서 정규과정을 수료하였거나 수료 예정인 자 | 5명 이내 |
| | 조기졸업예정자 | 2명 이내 |
| | 중학교 재학 중 영재교육진흥법에 의거하여 설립 인가된 영재교육기관에서 정규과정을 수료하였거나 수료 예정인 자 | 5명 이내 |
| | 조기졸업예정자 | 2명 이내 |

## 2) 발명으로 대학가기

아래 학교들은 우수한 인재들은 수시모집 특기자 전형을 통해 입학시켜 종합적인 영재교육을 실시하고 있는 대학들이다.

| 대학명 | 특기분야 | 지원자격 |
|---|---|---|
| 인하대학교 | 특별재능 및 특이경력 | • 발명 및 특허권 취득<br>-특허 취득, 실용신안 취득, 상표(의장)등록 취득<br>• 벤처 및 창업 관련자<br>• 본교가 인정하는 대회에서 3위(국제대회는 4위)이내 수상실적 보유자<br>- 대한민국학생발명전시회(특허청)<br>- 전국과학전람회(과학기술부)<br>- 전국학생과학발명품경진대회(과학기술부)<br>- 한국청소년디자인전람회(산업지원부, 한국디자인진흥원)<br>- 국제창의력올림피아드 |
| 한양대학교 | 재능우수자 전형 | • 전국 과학 전람회<br>• 전국 학생 과학 발명품 경진대회<br>• 대한민국 학생발명 전시회<br>- 위 대회 모두 동상 이내 개인입상자<br>• 대한민국 청소년 발명 아이디어(과학) 경진대회<br>- 장려상 이내 개인 입상자 |
| 숭실대학교 | 특기자 특별전형 (IT) | • 전국학생과학발명품경진대회(교육과학기술부주최)<br>• 전국과학전람회(교육과학 기술부주최)<br>• 대한민국학생발명전시회(특허청)에서 장려상 이상 수상한 자 |
| 세종대학교 | 일반특기자 전형 | • 전국학생과학발명품 경진대회 장려상 이상 입상자 |
| 한국산업 기술대학교 | 기능 및 발명특기자 전형 | • 대한민국학생발명전시회 장려상 이상 수상자 |
| 울산과학 기술대학교 | 재능우수자 특별전형 | • 전국과학전람회<br>• 전국 학생과학 발명품 경진대회<br>• 과학콘텐츠 대상<br>• 대한민국 학생발명 전시회<br>• 학생 창의력 올림피아드<br>- 위 대회 모두 장려상 이내 수상자 |

| 공주대학교 | 각종 대회 수상 특기자 | • 학생발명전시회(특허청주최) 장려상 이상 수상자<br>• 전국과학전람회, 전국학생과학발명품경진대회 장려상 이상 수상자 |
|---|---|---|
| 한성대학교 | 특기자 전형 | • 전국 과학전람회(과학기술부)<br>• 국제 과학 올림피아드(과학기술부)<br>• 전국 규모 과학 경시대회(과학기술부)<br>• 대한민국 학생 발명 전시회(특허청) |
| 서울산업 대학교 | 우수발명자 특별전형 | • 대한민국 학생발명전시회 입상자(특허청)<br>• 창의력 올림피아드 입상자(특허청)<br>• 특허 및 실용신안권 취득자 |
| 전북대학교 | 독자적 기준에 의한 특별전형 | • 전국 과학 전람회<br>• 전국 학생 과학발명품 경진대회<br>• 대한민국 학생발명 전시회<br>• 전국 학생 발명 창작 경진대회 |
| 부산대학교 | Premier-PNU | • 전국 과학전람회<br>• 전국 학생 과학발명품 경진대회<br>• 대한민국 학생 발명 전시회<br>• 전국 학생 창의력 올림피아드 |
| 연세대학교 | 특기자 전형 | • 국제 올림피아드 또는 국내 올림피아드 입상자 |
| 홍익대학교 | 특별전형 | • 전국과학전람회 우수상 이상 |
| 성균관 대학교 | 자기추천자 전형 | • 발명 및 특허권, 경진/경시대회 입상, 특이경력, 수상실적각종 임명장 및 전문자격증 등과 관련된 전 분야 |
| 원광대학교 | 발명가 전형 | • 학생기간 중 특허권, 의장권 등 출원하여 획득한 자<br>• 행정기관, 언론기관, 본 대학에서 인정하는 단체에서 주최한 별명 대회 개인입상자 |
| 이화여자 대학교 | 특별재능 우수 전형 | • 본교가 인정한 각종 대회 수상자 또는 특정분야에 탁월한 능력이 있는 자 |
| 숙명여자 대학교 | 숙명글로벌 리더 전형 | • 특정 분야에 뛰어난 자질을 보유한 자로서 해외에서 개최된 저명한 국제대회 입상실적이 있는 자 |

※ 위의 내용은 학교사정에 의해 수시로 달라질 수 있음.

### 3) 꼴찌 에디슨, 공부왕 되다

## 카이스트의 괴짜발명왕 '황○○'

— 카이스트 (전자 전산 학부) 석사과정

'고교 때 32명 중 32등. 지금은 발명특허 33건 취득.

놀러만 다니다 고교 때 정신 차려 벼락공부로 진학.'

이것이 황 군의 약력(?)이다.

그는 '사람과 사람 사이, 사람과 기계 사이를 따뜻하게 이어주고 싶다.'라는 생각으로 광운대 컴퓨터 소프트웨어학과을 졸업한 뒤 KAIST 문화기술대학원을 선택했고, 디지털 인터렉션 디자인DMD 연구실에서 HCI(Human Computer Interaction)를 공부하고 있다. HCI는 인간과 컴퓨터의 상호 작용을 위한 새로운 인터페이스(Interface) 설계 및 사용성 평가(Usability Test), 시스템 설계 및 사용자 모델을 디자인하는 학문이다.

전산학, 인지과학, 인간공학 등 다양한 영역과 문화기술학제(interdisciplinary)도 함께 연구하고 있다. 이는 전산학의 관점에서 시스템을 설계하고 이를 바탕으로 문화의 대상이자 근원인 인간에 대해 평가하는 일이다.

인터페이스란 무엇인가?

인간과 사물, 사물과 사물 사이를 가상적이나 물리적인 매개체를 사용해 보다 쉽게, 편리하게 사용자와 상호 작용할 수 있도록 연구하는 것이다.

황 군은 인간 중심의 아날로그적인 인터페이스 개발에 관심이 많다.

보통 사람의 눈, 또래의 눈으로 보면 황 군은 분명 '괴짜'이자, '변종'이다. '꼴찌'에서 '최고'를 넘나들었을 뿐인 인터아날 '발명 박사'다.

부산이 고향인 그는 광남초–대현중–양운고를 다니는 동안 춤추고, 노래하고, 게임하고, 공부는 나중에 하는, 하고픈 일만 하는 학생이었다. 당연히 여느 아이들과 똑같은 사춘기와 청소년기를 보냈다.

그러나 다시보면 '남다른 아이'였다. 공부는 하지 않고, 놀러만 다닌 탓에 학교 공부는 늘 뒷전이었다. 성적은 바닥을 치기 일쑤였다. 32명 중 32등을 한 때도 있었다.

대학 입시를 준비하느라 눈코 뜰새 없어야 할 고교 2학년, 황 군은 친구랑 서울에 놀러 가고픈 마음에 노트 한 권을 '대한민국 학생발명 전시회'에 보냈다. 컴퓨터 게임을 하고, 과학책을 보다가 떠오른 것들을 틈틈이 모아둔 '아이디어 북'이었다.

'혹시?'하고 냈는데 놀랍게도 장려상을 받았다. 서울 갈 기회를 잡았다.

"공부를 해야겠다고 마음 먹었어요. 내신은 가망이 없었으니까 수능에 매달려야 했지요. 선생님에게 말해서 야간자율학습을 빠지는 대신 학원에 다녔어요. 중학교 과정부터 다시 시작했어요. 그 때가 고 2였어요."

노는 데 정신이 팔려있을 때 수능점수는 총점이 170점대였다. 잠줄이고, 책상에 엉덩이를 붙이고 앉아 죽기 살기로 노력했더니 354점까지 수직 상승했다. 자신감이 생겼다.

주차장에 모여 브레이크 댄스를 추던 일, 개그맨이 되겠다고 친구와 함께 방송국에 찾아갔던 일, 연극부에서 창작극의 주연을 맡았던 일들이 모두 잊지 못할 추억이 됐다.

때마침 광운대에 '발명 특기자' 전형이 있었다. 컴퓨터로 뭔가 해보고 싶었던 황 군은 수능 50%, 수상 경력 50%를 반영하는 광운대에 응시해 당당하게 합격했다. '꼴찌의 기적'을 만들어 낸 것이다. 그러나 한계가 있었다. 워낙 수학이 딸려 공대 수업을 따라갈 수 없었다. 결국 1년간 휴학한 뒤 다시 공부했다.

"지금도 기초가 부족해 애 먹을 때가 많아요. 그럴 땐 도서관이나 컴퓨터 안에서 관련 서적이나 정보를 찾아 다시 공부해요. 미적분도 대학에 와서 배웠어요. 대학입시도 마냥 놀기만 했던 중학교 공부부터 다시 했던 것이 주효했던 것 같아요."

하고 싶은 일을 하니까 신이 났다. 대학시절 별명이 '에이뿔(A+)'이었다. 어릴 때 습관이 살아났다. 이리저리 주무르고, 뚝딱뚝딱 두드리면, 요모조모 새로운 무엇이 만들어졌다. 너무 재미 있었다.

황 군은 '현대판 장영실'이다. 최근 '가상 손가락'을 특허 출원하는 등 23일 현재 발명특허가 모두 33건. 시간이 가면 갈수록 특허는 늘어날 것이 분명하다. 발명이 멈출 수 없는 본능이기 때문이다.

"어릴 때부터 뭔가를 만드는 것을 좋아 했어요. 초등학교 때 보드 게임을 만들어 수업 시간에 뒷자리에서 친구들과 함께 놀았던 기억이 나요. 한번은 점심시간에 무술영화를 만들겠다고 애들을 불러 모아 감독 놀이를 하며 놀았는데 빨간 물감을 특수효과라고 쓰다가 옷을 다 버려서 선생님께 혼났던 기억도 있어요. 어쨌든 뭔가를 내 손으로 만들 수 있다는 것, 그것을 사용하는 사람들이 즐거워하는 것에 흥미와 보람을 느끼고 있어요."

그는 대학 3학년 때 퀄컴공모전에 출품해 입상했다. 그 덕에 본사 견학의 기회를 얻어 다시 한번 발명에 대한 꿈을 키웠다. 지금 인터넷에 황 군의 성적표가 나돌고 있다. '양'이나 '가'로 도배한 어릴 때 성적표다.

"어느 날 중학교 동창부터 사촌동생, 카이스트의 친구들까지 여러 명의 지인이 '인터넷에 네 성적표가 있다.'고 알려줬어요. '혹시' 했는데 아니나 다를까 사실이었어요. '사이 좋은 사이트'에 잠시 올렸던 자료들이 누군가에 의해 전파된 거죠. 처음에는 너무 놀랐고, 아직 뭔가 이룬 것도 없는 탓에 너무 부담스러웠어요. 삭제 요청도 여러 번 했어요. 그런데 제가 할 수 있는 일이 아니었어요."

그의 이야기를 듣고, 보고 난 뒤 다시 열심히 공부하게 되었다는 학생들의 메일과 응원 메시지가 많이 늘었다.

황 군은 부산 출신이다. 야구에 관심이 많다. 어릴 때 수련했던 유도를 다시 하고 싶지만 '친구 따라 강남 간다'는 속담처럼 짬이 나면 사직구장을 찾아가 고향 팀을 응원한다.

광운대를 나온 그는 '광운대는 서울대를 이길 수 없지만 광운대 학생은 서울대 학생을 이길 수 있다.'고 했던 은사 천장호 교수의 말을 가슴 속에 새기고 있다.

그는 막무가내로 도전하고, 경쟁하고, 싸움하지 않는다. 또 다른 경쟁을 낳는 '넘버 1'보다 '단 하나 Only 1'이 되길 바라고 있다.

### 4) 카이스트 입학 사례
카이스트는 2010학년도 입시에서 처음으로 '학교장 추천 전형'을 통해 150명의 학생을 선발했다. 즉 전국 651개 일반계 고교에서 1명씩 학교장 추천을 받은 뒤 전임 입학사정관 6명과 교수 입학사정관 34명, 한국은행총재 등 사회 저명인사 입학사정관 6명이 직접 해당 고교를 방문해 면접을 진행한 후 300명을 선정했고, 이어 2단계 심층 면접을 통해 최종 합격자 150명을 선발했다.

이는 총정원 970명의 15.5%에 해당하는 숫자로, 이중에는 농어촌 지역 학생 16명과 저소득층 학생 15명이 포함됐다. 또 국내특허를 다수 출원한 고등학생부터 각종 로봇대회에서 우승한 실업계 고교생 등이 포함됐다.

합격자들을 지역별로 서울과 경기, 인천 등 수도권 지역 학생이 53.3%(80명), 타 지역 학생이 46.7%(70명)를 차지했고, 남학생 60.0%(90명), 여학생 40.0%(60명)로 나타나 KAIST에 현재 재학 중인 여학생의 비율인 23%보다 17%나 더 많은 것으로 나타났다.

또 150개 고교 중 91개 고교는 2006년 이후 처음으로 KAIST 합격자를 배출한 것으로 알려졌다.

한편 '고등학생 발명가'로 인정 받아 최종 선정된 학생들에는 6월 초 중소기업청 주관 벤처창업경진대회에서 친환경생태방음벽과 보행자무단횡단 방지시설 등 다양한 창업계획서를 제출해 우수상을 받은 P군과 로봇 경진대회에서 과학기술부 장관상을 받은 부산 대진정보통신고 J군 등이 포함됐다.

KAIST 관계자는 '공교육을 정상화시키자는 취지에서 올해 처음으로 학교장 추천전형을 실시하게 됐다.'면서 '학교장 추천 전형을 통해 창의성과 잠재력이 있는 인재들이 다양하게 발굴되길 기대한다.'고 말했다.

중에는 역경을 극복하거나 특정분야의 영재성을 보인 학생이 다수 포함돼 있다. 60여 개의 로봇대회에서 우수한 성적을 얻고, 로봇분야를 전문적으로 공부하기 위해 일반계고에서 실업계 고교인 대진정보통신고로 전학까지 간 조 군 학생, 중소기업청 주관 벤처창업경진대회 우수상, 서울시 시민상 등을 수상하고 국내 특허를 다수 보유하고 있는 서울 백암고 박 군 학생, 고교 수준의 수리 · 과학 논술집, 수학이론 해설집 등 2권을 펴낸 한일고 K군 학생 등이 그들이다.

어머니와 함께 매달 한번 씩 양로원에서 봉사활동을 한 동국대 사범대부속고 O군 학생, 동료 학생들에게 수학과목을 2년 동안 가르친 경혜여자고 Y양, 세계 창의력 올림피아드와 유니세프 세계 청소년 기후변화 포럼 한국대표로 활동한 신성여고의 학생도 눈에 띈다.

## (4) 국내 과학 관련 발명대회

### 대한민국 학생 발명 전시회

**개요**

전국에 재학 중인 초 · 중 · 고 및 대학생들을 대상으로 발명품을 응모하여 최고 대통령 상까지 시상하는 순수 학생들만을 위한 발명품 전시회.

**목적**

㉮ 어린학생 시절부터 창의력을 계발하고 발명의 일상 생활화를 유도.

㉯ 미래의 고도 산업 사회에 주역이 될 발명의 꿈나무들을 발굴 · 양성.

**주최** : 특허청, 조선일보사

**주관** : 한국 발명 진흥회, 각 시 · 도 교육청

**출품자격** : 전국 초 · 중 · 고 · 대학교 재학생

**접수시기** : 매년 3~4월

**출품규격** : 가로 100cm 세로 100cm 높이 100cm 무게 30kg 이내

**출품 시 유의사항**

　─ 학교당 출품 건수는 30건으로 제한함.

　─ 공동발명은 2인 이하로 제한함.

　─ 신청 접수일 이전에 특허, 실용신안, 의장권 등 산업재산권의 출원, 또는 등록된 작품도 출품 가능. 단, 과거에 본 대회 및 기타 기관 주최 대회에 출품된 발명품 및 동일 연도에 개최되는

타 기관 대회 출품작은 접수 불가.

**시상내용**

- 대통령상 1명(장학금 100만원)  국무총리상 1명(장학금 100만원)
- 특별상 2명(장학금 각 100만원)  금상 8명(장학금 각 30만원)
- 은상 22명(장학금 각 20만원)  동상 50명(장학금 각 10만원)
- 장려상 90명(장학금 각 10만원)  입선 300명 내외
- 특별부분 4명(동상이상 수상학생 중 초·중·고·대 각 1명)  단체상 2명

**수상자 특전**

**학생**

- 창의력 계발 캠프 참가
- 상급 학교 입학 시 특례 입학 대상(대학수시모집 지원자격, 과학고 가산점 부여는 시행 대학 또는 고등학교의 입학 전형에 따름)

**교사**

- 해외연수, 국내연수 기회 부여


- 상급학교 진학 시 특별전형 및 가산점 부여 학교

* 특 : 특별전형    일 : 일반전형    가 : 가산점

• 고등학교

서울과학고(특, 가)  한성과학고(일, 가)  경기과학고(일)  인천과학고(특, 가)  충북과학고(특, 가)  대전과학고(특)  충남과학고(가)  대구과학고(가)  경북과학고(일, 가)  경남과학고(일, 가)  전북과학고(일)  광주과학고(특, 가)  제

주과학고(일, 가)

- 대학교

서울대(동상 이상) 연세대 고려대 공주대 한양대 강릉대 상지대 한림대(3위 이내) 배제대(장려) 세종대(장려상 이상) 단국대 상명대(장려상 이상) 서울여대 숭실대(장려상 이상) 중앙대(동상 이상) 경원대(장려상 이상) 명지대 한국산업기술대 항공대 한국기술교육대(장려상 이상) 호서대 군산대(3위 이내) 원광대(장려상 이상) 전북대(장려상 이상) 전주대(3위 이내) 목포대(3위 이내) 순천대(장려상 이상) 여수대 조선대 계명대 상주대 인제대 한국해양대(장려상 이상)

## 전국 학생과학발명품 경진대회

**목적**

전국의 초 · 중 · 고 학생들에게 과학발명 활동을 통하여 창의력을 개발하고 과학에 대한 탐구심 함양과 어릴 때 부터 자연을 슬기롭게 이용할 수 있는 힘을 길러주기 위함.

**주최** : 과학기술부, 동아일보사

**주관** : 국립중앙과학관

**후원** : 교육인적자원부, 환경부, 중소기업청, 특허청, 한국과학문화재단

**출품부문** (5개부문)

전국학생과학발명품 경진대회 규정 제3조

**출품자격** : 전국학생과학발명품 경진대회 규정 제4조

– 전국 초 · 중 · 고등학교의 재학생

| 출품부문 | 설명 |
|---|---|
| 생활과학부문 I | 일상 가정생활에 직접 활용이 가능한 생활용품으로서 널리 보급할 가치가 있는 창작품(실내에서 활용 가능품) |
| 생활과학부문 II | 주로 일상 가정 생활 밖에서 직접 활용이 가능한 생활용품으로서 널리 보급할 가치가 있는 창작품(실외에서 활용 가능품) |
| 학습용품 부문 | 학생들의 학습활동에 필요한 학용품으로서 널리 보급할 가치가 있는 과학 창작품 |
| 과학완구 부문 | 어린이들의 정서순화, 지능계발 및 교육적 효과를 높일 수 있는 완구로서 널리 보급할 가치가 있는 과학창작품 |
| 자원재활용부문 | 폐자원을 효과적으로 활용하여 자원절약, 에너지개발 및 환경보존사업에 기여하고 널리 보급할 가치가 있는 과학 창작품 |

**출품할 수 없는 작품** : 전국학생과학발명품 경진대회 규정 제6조

– 국내.외에서 이미 공개되었거나 발표된 작품.

– 출품자가 직접 창안한 연구한 작품이 아닌 작품.

– 과학적 가치가 없다고 인정되는 작품.

– 인체에 해로운 영향을 줄 수 있다고 인정되는 작품.

* 표절작, 대리작, 중복응모, 기 입상자 등 기타 정당하지 못한 작품을 출품한 자는 5년간 출품제한 및 입상 취소.


**출품작품의 규격**

가로 90cm, 세로 90cm, 높이 90cm 이내

* 상기 규격을 초과하거나 특수시설을 요하는 작품(단상 전압 200V 이상, 전력 1kW 이상, 3상 전력을 요하는 작품 등)은 출품원서 제출시 별도 승

인을 받아야 하며, 승인받지 않은 작품에 대해서는 전기사용 및 작품배치 등이 일부 제한될 수 있음.

**구비서류**

- 출품원서(소정서식) 1부
- 작품 내용 요약서(소정양식, A4 1면) 1부
- 작품 설명서(A4 규격, 30면이내, 좌철제본). 30부
- 작품 설명서 및 작품 내용 요약서 디스켓 또는 CD(아래한글작성) 1부)
- 출품 학생이 직접 작성한 작품설명표(소정서식) 1부
- 시.도 교육감 또는 교육 과학 연구원장 추천서 1부
- 학교 단체장 추천서 1부

출품학생이 직접 작성한 과학탐구일지를 작성하여 작품반입시 전시대 위에 비치하여야 함.

\* 모든 서류는 출품원서 접수 시 제출하여야 하며, 제출된 서류는 일체 반환하지 아니함.

\* 작품 설명표 및 작품은 지정된 날짜에 지정장소의 전시대에 부착 및 진열하여야 함.

**출품원서 배부 및 접수**

■ 원서배부

배부처 : 시.도 교육과학연구원(교육정보연구원.과학원, 어린이 회관)

■ 원서접수

접수처 : 국립중앙과학관(과학행사과)

**작품 출품 시 유의사항**

— 각 시.도 교육청 및 교육과학연구원(교육정보연구원.과학원,어린이
   회관)이 개최하는 지역별 학생과학발명품 경진대회를 반드시
   거쳐야 함.
— 출품자 전원은 면담심사에 출석하여 작품설명 및 질의응답에
   응하여야 함.
— 작품은 개인 작품이어야 함.


**작품심사 개요 및 절차**

— 작품은 과학발명에 대한 지식과 경험이 풍부한 자로 구성된 작
   품심사협의회에서 심사함.
— 작품이 본인 자신의 창작에 의한 것인지 확인한 수 작품의 창
   의성, 실용성, 경제성 등에 중점을 두어 심사함
— 작품은 "출품부문"에 따라 부문별로 심사함.
— 작품은 수준을 고려하여 금상 이하는 초/중등부로 분리하여 심
   사. 시상함.
— 출품학생에 대한 면담심사를 할 때 지도교원은 심사장에 출입
   할 수 없음.
— 작품의 결과보다 탐구과정에 중점을 두어 심사함.


**심사기준 및 배점**

**창의성. 탐구성**

— 작품의 선정, 작품의 제작 과정.

- 문제 해결 과정에서의 작품의 절대적 우수성보다 본인 수준에 적합한 작품인지 여부.
- 작품 아이디어의 독창성.
- 작품 제작과정에서 도출된 문제 해결 시 창조적. 탐구적인 노력 및 능력 정도.

**실용성**

- 작품의 일상생활에서의 실제적 응용.
- 기존의 작품 또는 제품과 비교하여 개선. 발전시킨 정도.
- 작품이 일상생활에 기여할 것으로 기대되는 효과.

**참여성**

- 학생이 직접 작품 제작과 출품 과정(작품탐구일지 작성 등).

**경제성**

- 작품의 제작 및 활용

| 본심사(100점) | | | | | | |
|---|---|---|---|---|---|---|
| 1차-서류심사(30점) | | | 2차-면담심사(70점) | | | |
| 창의·탐구성 (15) | 이론적 타당성 (10) | 실용성 (5) | 창의·탐구성 (30) | 이론적 타당성 (15) | 실용성 (10) | 노력도 (15) |

※ 본 기준 및 배점은 심사협의회에서 일부 수정·보완될 수 있음

**시상 내용**

대통령상, 국무총리상, 금상, 은상, 동상, 장려상, 학교단체상, 과학발명 탐구 장려금 지원.

- 학교단체상은 우수한 작품을 출품하고, 과학발명지도에 가장 의욕적인 학교 중 각 시.도 별로 1개교를 해당 교육감 또는 교

육과학연구원(교육정보연구원.과학원.어린이회관)장이 추천.

— 종합성적 우수교육과학연구원 선정은 금상 이상 10점, 은상 2점, 동상 1점으로 계산한 총점을 출품 작품수로 나눈 평균점으로 함.(단 대통령상과 국무총리상 수상 시.도는 제외)

**수상자 등에 대한 특전**

— 해외 과학기술선진국 견학 지원.

— 특허 출원시 무료 변리 지원(대통령상 및 국무총리상 수상작품)

— 대학 특별전형 자격 부여.

— 우수수상 고등학생에게는 대학특별전형 입학자격 부여.

— 우수 수상자는 국제과학경진대회 참가 지원.

서울특별시과학전시관에서 시행하고 있는
각종 발명경진대회에 관한 개최요강

*개최 일시는 다르므로 본문에 참고하지 않음

**목적** : 우리나라 과학기술의 진흥과 국민생활의 과학화 촉진

**주최** : 교육과학기술부

**주관** : 국립중앙과학관

**후원** : 농림수산식품부, 지식경제부, 환경부

**출품부문(8개 부문)** : 전국과학전람회규칙 제4조

물리, 화학, 동물, 식물, 지구과학, 농림수산, 산업 및 에너지, 환경

**출품자격:** 전국과학전람회 규칙 제5조

초·중·고등학교의 학생, 교원 및 일반인(대학생 포함. 단, 외국인은 찬조 출품할 수 있음)

학생부 : 초등학생부, 중학생부, 고등학생부

교원 및 일반부 : 유치원·초·중·고등학교 교원 및 일반인(대학생 포함)

　　ー작품의 제작자가 출품 전에 사망한 때에는 그 유가족이 작품을 출품할 수 있음.


　　ー출품할 수 없는 작품: 전국과학전람회 규칙 제7조

· 국내·외에서 이미 공개되었거나 발표된 작품. (지역대회 원서접수일 기준으로 공개된 작품은 출품할 수 없음)

· 출품자가 직접 창안하여 연구한 것이 아닌 작품.

· 과학적 가치가 없다고 인정되는 작품.

· 인체에 해로운 영향을 줄 수 있다고 인정되는 작품.

※표절작, 대리작, 타 대회 출품작 및 기 입상작 등을 출품한 자는 5년간 동 대회 참가제한 및 입상취소 등의 제재조치 부과할 수 있음.


**출품작품 규격**

· 가로 120Cm, 세로 90Cm, 높이 140Cm이내

※상기 규격 초과 작품에 대해서는 작품배치를 제한하며 감점할 수 있음.

※단상 전압 220V 이상, 전력 1㎾ 이상 및 3상 전력을 요하는 작품은 출품원서 제출시 별도 승인을 받아야 하며, 승인받지 않은 작품에 대해서는

작품배치 및 전기사용을 제한함.

**출품절차**

　　ー구비서류

　・ 출품원서(소정서식) 1부

　・ 지도교원 인적사항(소정서식, 학생작품에 한함) 1부

　・ 작품설명서(A4 30쪽 이내, 좌철제본) 1부

　・ 작품요약서(소정서식, A4 1매) 1부

　・ 작품설명서 및 작품요약서 수록 CD(한글2002작성) 1장

　・ 시·도 교육감 또는 교육과학연구원(교육정보과학원, 과학교육원, 과학전시관)장 추천서(학생 및 교원에 한함) 1부

※작품설명표 및 작품은 작품 반입일에 지정장소의 전시대에 부착·진열하여야 함.

※학생작품의 경우, 출품학생이 직접 기록한 과학탐구일지를 전시대 위에 비치하여야 함.

※제출된 서류는 반환하지 아니함.


**작품반입 및 진열**

　　ー장소 : 국립중앙과학관 특별전시장

※ 단, 일반인 작품은 예선심사(서류심사)를 통과한 작품에 한함.

　　ー작품 출품시 유의사항

학생 및 교원은 각 시·도 교육청 및 교육과학연구원 등이 개최하는 지역별 과학전람회를 반드시 거쳐야 함.

※ 일반인(대학생포함) 출품자는 국립중앙과학관이 주관하는 예선심사

(서류심사)를 받아야 함.

※ 개인작품은 1인, 단체작품(예시:과학반 등)은 2인 이상이 참여한 것으로 하며 수상실적 증명을 위해 단체명에 성명을 별도 명시.('07년부터 단체작품 인원 2인으로 변경)

※ 개인 및 단체 2인 출품자 전원은 면담심사에 참석하여 작품설명 및 질의답변에 응하여야 함. 단, 단체인 경우 3인이상 출품작품은 대표자만 참석 가능.

※ 행정자치부의 정부 포상지침에 의거 '07년부터 단체작품의 상장은 단체(팀)명으로 1장만 지급(대표수상). 단, 개인 명의의 수상실적 증명서는 발급 가능.

※ 응모자의 변경은 불가함.

※ 종료후 출품자에게 개별 배송함

**작품심사 개요 및 절차**

※ 작품은 과학기술 지식과 경험이 풍부한 자로 구성된 작품심사협의회에서 심사함.

※ 작품이 본인 자신의 창작에 의한 것인지 확인한 후 작품의 창의·탐구성, 이론적 타당성, 실용성 등에 중점을 두어 심사함.

※ 작품은 출품부문에 따라 부문별로 심사함.

※ 작품의 수준을 고려하여 학생부의 특상 이하는 초/중/고등학생부로 분리하여 심사·시상함.

※ 심사는 작품설명서에 의한 서류심사와 작품설명 및 질의·답변을 통한 면담심사를 병행함.

※ 작품심사는 작품의 우수성과 함께 연구과정에 비중을 두어 심사함.

※ 일반인의 예선심사는 작품설명서에 의한 서류심사로만 실시하며 예선 심사에 통과한 작품에 한하여 본선 심사시 작품설명 및 질의 · 답변을 통한 면담심사를 실시함. (본선 1차 심사 점수는 예선심사 점수로 대체함)

### 배점

#### (1) 학생 과학 작품

| 본심사(100점) | | | | | | |
|---|---|---|---|---|---|---|
| 1차-서류심사(30점) | | | 2차-면담심사(70점) | | | |
| 창의·<br>탐구성<br>(15) | 이론적<br>타당성<br>(10) | 실용성<br>(5) | 창의·<br>탐구성<br>(30) | 이론적<br>타당성<br>(15) | 실용성<br>(10) | 노력도<br>(15) |

※ 본 기준 및 배점은 심사협의회에서 일부 수정 · 보완될 수 있음

#### (2) 교원 및 일반인(대학생 포함) 과학 작품

| 본심사(100점) | | | | | |
|---|---|---|---|---|---|
| 1차-서류심사(30점) | | | 2차-면담심사(70점) | | |
| 창의·<br>탐구성<br>(15) | 이론적<br>타당성<br>(10) | 실용성<br>(5) | 창의·<br>탐구성<br>(35) | 이론적<br>타당성<br>(20) | 실용성<br>(15) |

※ 본 기준 및 배점은 심사협의회에서 일부 수정 · 보완될 수 있음

### 심사기준

#### 창의성 · 탐구성

　　－작품의 우수성과 함께 출품자 학력(초중고 및 일반) 수준에서
　　　의 창의성 · 탐구성 반영

　　－과학적 착상(출품자의 아이디어)의 독창성

－문제해결을 위한 접근방법 및 접근과정에서의 창의성ㆍ탐구성

(이론적 타당성)

－작품의 목적, 과정, 결론의 명확성 여부

－작품을 뒷받침하는 자료와 결론의 확실한 제시(실용성)

－수요창출효과

－문제점의 해결이 가능하며 종전방식과 비교하여 개선과 발전정도

－학문적 가치, 경제성, 현실성 여부(노력도)

－작품 제작과 출품과정에 학생의 노력 및 직접 참여 정도(탐구일

지 실적 등을 반영)

**시상내역**

| 상명 | 시상자 | 대상 | | 수량 | 상금 | 비고 |
|---|---|---|---|---|---|---|
| 대통령상 | 대통령 | 학생부 | | 1점 | 1,000만원<br>(지도교원 500만원 포함) | 학생부 지도교원에게<br>대통령 표창장 수여 |
| | | 교원ㆍ일반부 | | 1점 | 1,000만원 | |
| 국무총리<br>상 | 국무총리 | 학생부 | | 1점 | 500만원<br>(지도교원 250만원 포함) | 학생부 지도교원에게<br>국무총리 표창장 수여 |
| | | 교원ㆍ일반부 | | 1점 | 500만원 | |
| 부문별<br>최우수상 | 교육과학기술부장관<br>농림수산식품부장관<br>지식경제부장관<br>환경부장관 | 학생부 | | 6점 | 각 100만원<br>(지도교원 각 50만원 포함) | 8개 부문 중 대통령상,<br>국무총리상 수상부문<br>을 제외한 6개부문 |
| | | 교원ㆍ일반부 | | 6점 | 각 100만원 | |
| 특상 | － | 학생부 | 초/중/<br>고 | 96점 | 각 40만원<br>(지도교원 20만원 포함) | 초/중/고<br>분리심사 |
| | | 교원ㆍ일반부 | | | 각 40만원 | |

| 우수상 | – | 학생부 | 초/중/고 | 98점 | 각 20만원<br>(지도교원 10만원 포함) | |
|---|---|---|---|---|---|---|
| | | 교원 · 일반부 | | | 각 20만원 | |
| 장려상 | 교육과학기술부장관<br>농림수산식품부장관<br>지식경제부장관<br>환경부장관<br>과학기술관련 학회,<br>단체 및 정부출연<br>연구기관장 등 | 학생부 | | 입선 | 장려금<br>(후원금액에따라한정지급) | 특별후원기관 |
| | | 교원 · 일반부 | | 입선 | – | |

**수상자에 대한 특전**

- 해외 과학기술문화 체험 연수 지원(대통령상, 국무총리상 수상자 및 지도교사. 단, 단체출품자 수상자는 2인에 한함)

- 대학 특별전형 자격 부여(한국과학기술원 학사과정 1차전형 면제 : 대통령상, 국무총리상을 수상한 고등학생)

- 일반대학 특별전형 자격 부여(해당 대학 입시요강 참조)

  - 특허출원시 무료 변리 지원(대통령상 및 국무총리상 수상작품)

  - 우수 수상자는 국제과학경진대회 참가 지원(수요 발생 시)

  - 교원 수상자에게는 연구실적 평정점 부여(각 시 · 도 교육청)

  - 대통령상 수상작품은 국립중앙과학관에 기증하여야 함.

  - 수상작품에 관련된 저술 등에 관한 판권은 주최 측에 귀속됨.

  - 기타 자세한 사항은 국립중앙과학관 과학교육팀에 문의하시기 바람.

· 주소 : 대전광역시 유성구 구성동 32–2(우편번호 : 305–705)

· 전화 : (042) 601–7937, 7942

· FAX : (042) 601–7945

· 홈페이지 : www.science.go.kr

이외에도 발명품경진대회, 학생탐구발표대회, 청소년과학탐구대회, 대한민국 특허기술대전, 특허기술상, 전국학생상상화 및 캐릭터 그리기 대회, 전국학생창의력 올림피아드, LG사이언스 홀의 생활과학 아이디어 등의 여러 대회가 있는 바 자세한 내용은 해당기관의 홈페이지를 방문하면 알 수 있다.

### 주요 관련 발명 사이트

**한국학교발명협회 (http://www.kasi.org)**

전국 182개의 발명교실운영, 발명교사직무연수, 대한민국학생창의력올림피아드, 발명상상화캐릭터디자인그리기, 세계DI대회, 시도지회운영, 사이버발명교실, 전국교원발명연구논문대회, 발명교육자료개발/보급 등의 사업을 하고 있다.

**사이버국제특허아카데미(http://www.ipacademy.net)**

지식재산권 전문교육포탈사이트로 특허청과 한국발명진흥회에서 운영하고 일반인 및 청소년 대상으로 별도의 사이트를 구성하여 교육 운영하고 있다.

온라인정규과정, 열린학습교육, 오프라인과정으로 구성되어 있으며, 온라인 정규과정의 일반정규과정과 열린학습교육과정은 초급, 중급, 고급과정으로 분류되어 있다. 온라인 정규과정의 일반정규과조정은 수료후 발명진흥회장 명의의 수료증이 나온다.

### 국립중앙과학관 (http://www.science.go.kr)

전국의 초,중,고생들에게 과학발명 활동을 통하여 창의력을 계발하여 주고, 과학에 대한 탐구심 함양과 어릴 때부터 자연을 슬기롭게 이용할 수 있는 힘을 길러주기 위하여 과학기술부와 동아일보사가 공동 주최하고, (주)한국야쿠르트가 후연하는 과학경진대회.

전회분의 자료가 생활과학1, 생활과학2, 학습용품, 과학완구, 자원재활용의 5가지 영역으로 DB 화 되어 있다.

### 특허청 (http://www.kipo.go.kr)

산업재산권을 적기에 보호함으로써 산업기술개발을 촉진하고, 산업재산권 행정의 체계를 구축하여 기술경쟁 시대에 대처하기 위해 설립되었다. 주요기능으로 기술적 창작물에 대한 심사 및 특허권 부여, 산업발전과 국가경쟁력 향상을 위한 다양한 발명진흥시책 수립,시행, 특허권 등 국민의 권리보호를 위한 관련 법령, 제도검토, 개정운영, 특허쟁송과 관련된 국민의 권인 보호를 위한 특허심판제도 운영, 특허심사적 국제화를 추진한다.

### 전국발명교육연구회 (http://www.inv.or.kr)

발명사업으로 한국 학생창의력올림픽을 개최하여 발명 지도에 필요한 안내자료 등이 수록되어 있다.

**한국사이버발명교육센터 (http://www.koci.or.kr)**

발명교실네트워크, 발명이야기, 사이버발명교실, 사이버발명대회, 지식재산, 발명연수, 발명행사(전국학생발명창의력올림피아드, 발명상상화 및 캐릭터그리기대회)에 대해 안내되어 있다. 사이버발명대회 코너에서는 전국 초,중,고학생을 대상으로 발명아이디어부문, 발산적 사고력부문, 발명아이디어 만화그리기 부문으로 구성되어 매달 대회문제가 제시되고 대회결과를 발표한다.

이와 같이 현재 우리나라에서는 과학과 발명 영재들이 자신들의 재능과 능력을 마음껏 펼칠 수 있는 각종 대회들이 많이 시행되고 있다.

이런 대회들은 매년 마다 개최되고 있으며 각종 대회에서 입상 시 특례전형으로 과학고나 대학에 진학 할 수 있을뿐더러 발명가로 한 걸음 나아가는 계기가 되는 것이다.

물론 어렵게만 느껴질 수도 있다. 의연히 '발명 한번 해 보아라!' 라는 말은 무책임한 말인 것은 확실하다. 저자는 발명이란 것은 길을 가다가, 잠들기 전에 누워서 문득문득 떠오르는 것들이 더욱 크나큰 가치가 있는 발명이 된 다고 생각하기 때문이다.

'처음이 어렵지 그 다음은 쉽다.' 란 말도 있지 않은가. 여러분들에게 주어지는 기회는 많다. '우는 아이에게 젖 준다.' 라는 말이 있듯이 자신에게 아이디어가 있다면 한번 도전해 보길 바라는 마음이다.

| | |
|---|---|
| 일반인분야 | 발명가, 특허 관련 업무를 하시는 분들 뿐 아니라, 일반인들을 대상으로 지식재산권, 발명 특허와 관련된 내용을 전달 |
| 자격증분야 | 변리사 시험을 준비하시는 수험생 여러분들을 위하여 2001년 부터 출제된 변리사 시험 기출문제 풀이 |
| 전문가분야 | 특허와 관련된 전문적인 업무를 담당하고 계신 분 또는 전문적인 지식을 필요로 하시는 분들을 위하여 지식 재산권과 관련된 심도있는 내용 |
| 청소년분야 | 초·중·고등학생 등 자라나는 발명 꿈나무들이 발명과 특허에 대해 쉽고 재미있게 배울 수 있도록 다양한 소재와 예시를 통해 꾸며진 발명, 창의력 함양교육과정 |
| 학부모분야 | 초등학생 부터 고등학생까지의 자녀를 두고 있는 학부모들을 위하여 발명에 대한 인식 제고와 함께 자녀들의 발명 아이디어를 돕는 방법 제공 |
| 발명지도교사분야 | 발명반 지도를 담당하고 계신 선생님들을 위하여 발명의 개념부터 발명품 제작실습 및 발명반 운영방법, 나아가 산업재산권 관련 지식까지 다양한 이론과 실습을 병행한 교육 정보를 제공 |

## Ⅱ.발명으로 성공하기

### 1. 해외의 유명한 발명가와 발명품

(1) 세기의 발명가 토마스 엘바 에디슨

해외의 유명한 발명가와 발명품을 들어보라고 하면 대부분 첫 번째로 에디슨과 전구를 떠올릴 것이다.

에디슨은 1847년에 미국에서 태어나 1863년에 연구에 몰두하기 시작하여 1931년 죽기 전까지 전기시대를 여는 데 매우 중요한 역할을 했다.

그는 세계에서 가장 많은 발명품을 만든 사람으로, 1천 93개의 발명 특허를 출원했다. 대표적인 발명품은 지금 우리 생활에 절대적으로 공헌하고 있는 전구를 들 수 있다.

에디슨은 전구 하나를 개발하기까지 400번이 넘는 실패를 경험했다. 하지만 그는,

"400번의 실험은 결코 실패가 아니었다. 단지 그렇게 해서는 전구가 만들어질 수 없다는 400가지의 사례를 발견한 것뿐이다."

라고 말했다. 그렇다면 우리는 그를 실패자라고 불러야 할 것이다. 성공한 횟수보다 실패한 횟수가 훨씬 많았으니까. 그러나 우리는 에디슨을 발명왕이라고 부른다. 그것은 그가 100번 이상의 실패보다 한번의 발명을 성공함으로써 더 값진 것을 이룩했기 때문이다.

그렇다면 위대한 발명가 에디슨이 어떻게 발명을 했는지, 어떤 어린 시절을 보내왔는지 궁금하지 않은가? 이제 에디슨에 관한 몰랐던 사실들과 그의 어린 시절부터 살펴보기로 한다.

### 1) 에디슨의 일대기

에디슨은 1847년 2월 11일, 미국 오하이오 주 밀랜에서 출생했고, 아버지는 캐나다 태생으로 재목상 겸 곡물상을 경영하였다. 소년 에디슨은 모험을 좋아했고, 호기심이 강하였다

1879년, 탄소 필라멘트를 사용한 백열전구를 완성했으며, 이해 12월 먼로파크 연구소에서 백열전구를 여러 사람들에게 공개했다.

1880년, 에디슨전구회사 설립.

1881년, 파리의 전기 전시회에서 최고상인 레종 도뇌르 명예상 수상.

1882년, 35세에 뉴욕시의 월 가에 전등 점등.

1884년, 37세 때 메리 부인 세상을 떠남.  먼로파크 연구소 폐쇄.

1886년, 39세에 미녀 밀러와 재혼.

1887년, 웨스트 오렌지 연구소를 세움,  평반 축음기 발명.

1929년, 백열전구 발명 50주년 기념 축하회가 미국을 비롯한 세계

여러 곳에서 열렸는데 축제 도중 병으로 쓰러져 1931년 10월 18일, 84세를 일기로 생을 마감했다.

### 가. 에디슨의 어린 시절

그는 어려서부터 실험을 시작할 정도로 호기심이 많았다.

19세기 초, 에디슨이 살고 있던 밀랜에는 휴런 호수와 대서양으로 흘러가는 강이 있어 중요한 항구 역할을 하였다. 그러나 철도가 오하이오로 들어오게 되면서 밀랜을 지나지 않게 되자 교통 중심지로서의 중요성이 줄어들게 되었다.

에디슨이 7살이 되었을 때 미시간 주의 휴런 항구도시로 이사를 했다. 이곳에서 에디슨의 아버지는 여러 가지 일을 했는데 집 옆에 큰 관측탑을 세웠다. 관광객들이 돈을 내고 탑에 올라가 휴런 호수의 경치를 보게 하기 위한 것이었지만 큰돈은 벌 수 없었다.

### 나. 발명의 시작

12살인 에디슨은 휴런 항구와 가장 가까운 큰 도시인 디트로이트를 오고가는 기차철도를 보며 증기 기관에 매혹되었고, 그 결과 기차에서 신문과 사탕을 파는 일을 하게 되었다. 에디슨은 기차에서 팔고 있는 과학책, 신문, 잡지, 소설, 등을 읽은 것으로는 모자라 도서관에 있는 모든 책을 읽고 말겠다고 결심했지만 10권 정도 읽다가 포기했다. 그 무렵 에디슨은 귀가 잘 안 들린다고 느꼈고, 점점 악화되었다. 에디슨은 훗날 귀가 안 들리는 것이 큰 재산이 되었다고 말했다. 귀가 안 들리니까 일을 하는 데 덜 산만하고, 잠도 깊게 잘 수 있었기 때문이었다.

그는 귀는 안 들렸지만 자신에게 주어진 새로운 기회들을 잘 활용했다. 휴런 항구에서 신문과 잡지를 파는 가판대를 두 개나 운영하면서 다른 소년들을 고용했고, 1862년에는 6개월간 신문 위크리 헤럴드를 발행했다. 이 신문은 지역 뉴스와 철도 관련 기사를 실었는데 기차를 이용하는 승객들이 많이 읽었다.

그는 그렇게 번 돈으로 기차 짐칸에 작은 실험실을 만들었다. 그 안에는 병, 전지, 시험관들로 가득 했는데 화학물질인 인을 실험하다 화재가 나는 바람에 폐쇄당했다. 그러나 에디슨은 계속 철도에서 일을 해나갔다. 그러다가 그의 인생에 예기치 않은 전환점이 일어났다.

어느 날, 역장의 어린 아들이 기차가 오고 있는 철로에서 놀고 있는 것을 목격한 에디슨이 위기일발의 순간에 구출해 내었다. 역장은 그에 대한 보답으로 에디슨에게 아주 복잡한 철도 전신기술을 가르쳐 주었고, 에디슨은 16살에 전기기사로서 새로운 일을 시작하게 되었다. 이 일은 전신 부호를 말로, 말을 부호로 바꾸는 일로써 빠른 판단력과 기술을 요하는 일이었다.

### 다. 생애를 변화시킨 전보

기차를 타면서부터 에디슨은 새로운 전신 기술을 배웠다.

1840년에 특허를 받은 모르스 전신 기술은 19세기의 월드와이드웹에 해당하는 것으로, 에디슨은 정보 고속도로를 항해할 모든 기술을 배우고 싶어 했다. 그 당시 전신 기술은 여러 나라들을 연결시켜주고 있었다. 그래서 수년간 남부와 중서부 지역을 옮겨 다니며 순회 전신 기술자로 일을 했다.

전신 기사들은 문자나 숫자를 전기 신호로 바꾸어 전선을 통해서 정보를 주고받고 했는데, 이들은 메시지를 주고받는 일뿐 아니라 전신 기계를 정상적으로 작동하도록 유지하는 일도 해야 했다. 에디슨은 실용적인 전기 기술에 대해 많이 배웠고 어떻게 축전지가 작동하고 전기회로 전자기학에 대해서도 알게 되었다. 이때 축적된 지식이 그의 발명에 있어서 큰 힘이 된 것이다.

### 라. 발명 경력의 전환점

2년 후인 1871년, 그는 뉴저지 주의 뉴욕에 공장과 실험실을 차렸다. 그리고 1874년, 첫 번째 경제적인 성공을 거두게 되었다. 동일 회로에 의한 4중 송신 기계장치를 개발했는데, 이것은 전선 하나로 통신문을 양쪽 방향으로 보낼 수 있는 당시에는 획기적인 발명이었다. 그렇게 해서 전선을 적게 쓰고도 많은 통신문을 보낼 수 있어 경비도 절감하고 많은 이윤을 낼 수 있었다.

에디슨은 웨스턴 유니온 회사와 아주 유리한 조건으로 계약을 맺고, 이 돈으로 뉴저지 시골에서 '발명 공장'이라 불리는 멘로파크에 거대한 실험실을 지어 많은 발명을 하기 시작하였다.

### 2) 에디슨의 기질

### 가. 발명가로써의 에디슨

1876년, 에디슨은 실험실을 뉴욕에서 멘로파크로 옮겨, 76~81년 이곳에서 머물렀다. 이 시기에 발명 사업은 번창하고 월스트리트의 부자들은 그의 특허를 손에 넣으려고 다투었다. 1876년에는 미국 독립 100주년기념 세계박람회가 필라델피아에서 개최되어 A.G.벨의 전화가 크게 호평 받았다. 그러자 에디슨은 벨의 기기를 개량하여 탄소 알갱이에 의한 가변 저항형 송화기를 고안하여 78년에 특허를 받았는데, 이것은 오늘날 송화기의 원형이 되었다.

또한 전화의 음성을 재생하는 방법을 연구하여 1877년, 최초의 축음기를 조립하게 되었다. 녹음에는 처음에 주석 박을 사용했는데 78년에는 이것을 납관으로 바꾸었다. 그는 축음기를 그가 가장 아끼는 발명품으로 기술하였고, 그 후 그의 연구 과제는 전등의 실용화였다.

이미 1870년대에는 탄소선 사용이 유망해져서 78년부터 백열전구의 연구에 몰두한 그는 수은 배기펌프의 개량과 탄소필라멘트의 채용으로 79년 10월 21일, 40시간 이상 계속해서 빛을 내는 전구를 만들었다. 필라멘트 재료로는 대나무가 적당하다는 것을 알고 전 세계의 대나무 산지로 사람을 보내 가져오게 한 결과 일본 교토 부근의 야와타八幡의 대나무가 가장 좋다는 것이 입증되어 그 후 10년간은 그 대나무를 사용하였다. 또한 전구 소켓, 안전 퓨즈, 적산전력계, 지하 케이블, 정전압 직류발전기, 배전반 등 전등의 부대설비에서 발, 송전, 배전에 이르는 전기 기체계를 고안하였다.

1882년에는 세계 최초의 중앙화력발전소가 런던과 뉴욕에 설치되어, 에디슨전등회사가 창립되게 되었다. 83년에는 전구의 실험 중에 발견한 '에디슨 효과'는 20세기에 들어와 열전자 방출현상으로 연구되어 진공관에 응용됨으로써 오늘날 전자공업 발전의 기초가 되었다. 그는 자신이 만든 발전기와 배전설비를 이용하여 독자적인 전기기관차를 만들어 1883년부터 전기철도사업의 기초를 다졌다.

## 나. 사업가로서의 에디슨

1887년, 실험실을 웨스트오렌지로 옮기고, 그곳에서 45~60명의 직원들의 협력을 받아 세계 최대의 연구개발기관이 되었다.

88년에는 축음기를 개량하였고, 91년에는 영화의 촬영기, 영사기, 1891~1900년에는 자력선광법, 1900~10년에는 에디슨 축전지 등을 차례로 발명하였다.

그러나 에디슨회사는 전등 특허권을 둘러싼 소송으로 많은 비용이 들게 되어 에디슨은 회사로부터 쫓겨나게 되었다. 결국 전등 소송에서는 이겼지만 전력 수송의 장래에 대하여 고압 교류방식이 유리함을 간파하지 못한 것은 그의 실수로 남게 되었다.

제1차 세계대전에서 미국이 참전한 뒤 한때 사업을 그만두고 해군 고문회의 회장이 되어 군사기술 문제에 몰두하였고, 다시 웨스트오렌지로 돌아와 고무대용식물 등을 연구했다.

## 다. 창조에 대한 신조

'천재란 1%의 영감과 99%의 땀이다'라는 그의 일생 동안의 신조는 지금까지도 잘 알려져 있다. 그는 대학 강의를 경멸했고, 보통교육에 관해서도 '현재의 시스템은 두뇌를 하나의 틀에 끼워 넣는다. 때문에 독창적인 사고가 길러질 수 없다. 중요한 것은 물건이 만들어지는 과정을 보는 것이다.'라고 비판하였다.

만년에는 '나는 발명을 계속할 돈을 손에 넣기 위해 항상 발명하는 것이다.'라고 술회하여 끊임없이 창조 활동을 계속하였던 끈질긴 발명가의 심경을 엿볼 수 있었다.

밀랜에 있는 그의 생가는 사적이 되었고, 미시간 주 디어본으로 옮긴 멘로파크 실험실과 웨스트 오렌지 실험실은 각각 박물관이 되었다.

1929년 10월 21일은 백열전구 실험에 성공한 지 50년이 되는 해로서, 국제적인 전등 50주년제가 실시되었으며, 그가 죽은 1931년에는 성대한 에디슨 추도회가 거행되었다.

### 3) 에디슨의 발명품

#### 가. 전화기의 개량

1876년 3월, 벨(Alexander Graham Bell, 1847~1922)은 전화를 발명하여 특허를 얻었는데, 그것은 뉴욕, 워싱턴 간(약 330㎞)의 통화는 도저히 불가능한 것이었다. 이 사실을 전해 듣자 에디슨은 즉시 그 얼개를 살펴 본 결과 전자석식의 수화기와 똑같은 얼개의 것을 송화에도 쓰고 있는 것을 알아내고, 그를 개량하기 위해서 탄소판을 동판과 고정 금속판 사이에 끼워 놓고, 음성진동판의 진동에 의해서 일어나는 아주 작은 압력의 변화에 의하여, 사이에 끼운 탄소판의 전기 저항에 큰 변화가 일어나도록 고안했다.

그리고 이 송화기에 대고 말을 할 때 음성에 따라 생기는 저항의 변화에 의하여 볼타(Volta)의 전지에서 나오는 전류를 변화시켜, 이것을 유도 코일로 확대해서 수화기에 도달하도록 했다(1877년).

이 방법은 벨의 최초의 방법(벨 자신도 그 후 여러 가지로 개량하였다.) 보다는 훨씬 원거리의 통화가 가능한 것이었다. 에디슨의 이 방식도 얼마 후에 나타난 우수한 여러 가지 개량에 의해서 바뀌었지만, 그가 탄소를 사용하여 그 저항의 변화를 이용했던 것은 전화기에 하나의 새로운 방향을 열어 준 것으로서 커다란 가치를 지닌다.

### 나. 축음기

같은 해에 에디슨은 축음기를 발명하였다. 이것은 탄소 송화기의 연구와 자동 전신기의 실험에서 힌트를 얻어 만든 것으로서 이에 관하여 에디슨은 다음과 같이 말하고 있다.

"아무리 작은 바다 물결이라도 잔물결이 나아갈 때에 생기는 곡선을 해안의 모래에 정확하게 그리고 있는 데에 우리는 놀라움을 느낀다. 그리고 모래알을 유리판이나 매끄러운 널판지에 얇게 뿌려서 피아노 위에 놓으면 소리의 진동에 따라서 여러 가지 직선과 곡선이 나타난다는 것도 알고 있다. 이들 예에서 고체의 잔 알갱이가 액체나 기체나 소리의 약한 물결에도 영향을 받는다는 것을 알 수 있다. 이 현상은 이전부터 알려져 있었지만, 사람이 내는 소리의 물결도 바다의 물결이 모래사장에 표지를 만드는 것과 똑같은 표지를 어떤 물질에 부여할지도 모른다는 사실을 내가 생각해낸 것은 겨우 몇 년 전의 일이었다."

에디슨은 전신의 중계기로서 사용할 목적으로 모스 부호가 종이테이프 위에 흔적을 내고, 그 흔적이 다시 발신기로 들어가서 모스 부호를 발신하는 것과 같은 것을 생각하고 있었다. 그래서 이 종이 테이프의 흔적이 모스 부호의 소리를 재현할 수 있을 것이라고 생각했다.

여러 가지로 고심 끝에 주석박을 원통에 붙이고, 여기에 소리의 진동을 홈으로 새겨, 거기에 바늘을 대어 소리를 재생하는 축음기를 발명하였다. 일단 이와 같이 해서 성공하자 그는 적극적으로 그 개량에 고심하였다. 그리고 원통 모양의 레코드로부터 원판 레코드가 되기까지 축음기의 발명 개량에 대해서 얻은 특허는 100가지를 넘기에 이르렀다.

### 다. 전등

당시 어느 정도 실용적인 전등이라면 2개의 탄소 막대 사이에 아크 방전을 시키는 아크등밖에 없었는데, 이 탄소막대는 얼마 안 가서 다 타버리기 때문에 끊임없이 바꾸어 주지 않으면 안 되었다. 또한 옥외 전등으로서는 어느 정도 쓸모가 있었지만 옥내에서는 빛이 너무 강하고 눈이 부셔서 눈에 해로웠다. 그보다 앞선 30여 년 전에도 선이 타버리면서 열을 발생하고, 융점이 높은 도선이라면 백열시킬 수 있다는 것이 밝혀져 발명가들은 옥내용의 전등을 만들고자 여러 가지 고안을 해왔는데, 실제로 쓸모 있는 백열전등을 만드는 데는 성공하지 못했다. 그리고 진공 속, 혹은 적어도 산소가 포함되지 않은 기체 속에 두지 않으면 안 된다는 어려운 문제도 있었다. 그래서 가느다란 탄소막대를 이 목적에 사용하려고 시도한 몇 사람의 연구자도 있었다. 이와 같은 상황에서 에디슨은 1878년에 이 연구를 시작한 것이다.

그는 가느다란 탄소막대를 사용하지 않고 가열물질을 먼저 필라멘트를 선조 모양으로 만든 다음, 그것을 탄화시키려고 시도했다. 처음에 시험한 것은 탄화한 종이이었는데, 당시 제작되고 있던 진공펌프로 얻은 진공구 속에서는 아직 충분히 산소를 제거할 수가 없어 10여 분 동안 빛을 내는 데 그쳤다. 그래서 한때는 금속 필라멘트를 고안한 적도 있었다.

그러나 그것도 여의치 않아서 다시 탄소로 돌아가, 종이 대신에 무명실을 탄화시켰으나 수없이 실패를 거듭하였다.

그러다가 간신히 1879년 10월 21일에 하나의 탄소 필라멘트를 만들어 40시간 이상이나 계속 빛을 발하는 전구를 만들 수 있었다.

이에 힘을 얻어 좀 더 좋은 필라멘트의 재료를 찾은 결과, 1880년에 대나무가 가장 좋다는 것을 알아내었고, 대나무 가운데서도 제일 좋은 것을 찾기 위하여 중국, 일본, 말라이 제도, 인도, 중앙아메리카 및 남아메리카 등의 각지에 사람을 보내어 여러 가지 재료를 수집한 결과, 마침내 일본 교토 부근의 야와타에서 생산되는 대나무가 가장 좋다는 것을 알고 그 후 약 10년 동안 이 대나무를 백열전등의 필라멘트로 사용했던 것이다.

그런데 이것을 점화시키려면 강한 전류가 필요했다. 그러기 위해서는 효율이 높은 발전기의 제작, 배전반의 설계, 배전 방식의 설정, 적산 전력계의 고안, 케이블 공사 등에서부터 전구에 부속된 스위치, 소켓류, 퓨즈 등 일체를 준비하지 않으면 안 되었다.

에디슨은 이와 같은 것들을 새로 만들어 내었을 뿐만 아니라 전등 회사를 창립하여 보급에도 힘을 써, 마침내 누구나 전등을 이용할 수 있는 데까지 이끌어 갔다. 이는 그의 매우 큰 업적으로써 전기 기술의 빛나는 진보였다.

1883년, 그는 전구의 내부에 한 장의 금속판을 유리구의 벽을 통해서 봉해진 철사로 받치도록 한 결과, 필라멘트가 직류로 백열되었을 때 이 판과 필라멘트의 양극 사이에 약한 전류가 흐르고, 음극과의 사이에는 전류가 흐르지 않는다는 사실을 발견하였다. 이것을 에디슨 효과라 한다. 이에 대해서 에디슨은 더 이상 발전시키지 않았지만, 20세기에 들어서자 많은 사람들에 의하여 이것이 열전자현상으로서 연구되어 라디오의 진공관에 응용되었으며, 다시 더욱 놀랄 만한 발명으로까지 발전하였다.

### 라. 기타

영화의 촬영기와 영사기의 고안(1891년), 자기 선광기*의 발명(1891~1900) 및 전지의 발명(1900~1910) 등이 있다.

제1차 세계대전이 일어난 후, 미국의 참전과 함께 한때 사업을 중단하고 미합중국 해군 고문위원회 회장이 되어 군사 과학 문제에 전념했는데, 전쟁이 끝난 후 다시 웨스트 오렌지의 실험소와 공장으로 돌아가서 정력적으로 자신의 발명품의 개량발전에 힘을 기울였다. 이 일은 그의 죽음(1931년 10월 18일)에 이르기까지 계속되었다.

⁕ 선광기 : 광석의 품질을 가려내는 기계

독자께서는 이제 발명의 대명사인 에디슨의 어린 시절부터 각종 발명품의 탄생까지 이야기를 잘 알았겠으나 양이 많아 지루함을 느꼈을 수도 있을 것이다.

여기서 독자 분들께 질문을 하나 드린다.

독자 분들은 전구를 누가 발명하였다고 생각하는가?

당연히 10명 중 9명은 에디슨을 생각할 것이다. 하지만 그랬다면 모두 틀렸다. 에디슨은 최초로 전구를 발명하지 않았다.

전구를 최초로 발명한 발명가는 영국의 험프리 데비 라는 사람이다. 그는 에디슨보다 71년 앞서 만들었고, 에디슨의 조수인 테슬라의 조사 자료와 발명 계획이 적힌 종이를 가져다가 발명했다는 설도 있다.

확실한 것은 에디슨은 기존의 전구를 개량하여 A(최초전구)+B(필라민트)=백열전구를 만들고 상업화시켰다는 것이다.

그래서 다들 전구 발명가를 에디슨으로 착각하는 것이다.


### 마. 에디슨의 엄청난 실수

위대한 발명가로 이름을 떨치고 있는 에디슨은 노벨상을 받지 못했다.

많은 사람들이 에디슨은 우리 생활에 필요한 많은 것을 발명한 발명가이자 과학자라고 알고 있는데 이것은 잘못 알려진 사실이다.

에디슨은 과학자가 아닌 돈 챙기기에 바빴던 사람이다. 지금 우리 생활에서 제일 많이 쓰이는 전구를 에디슨이 발명했다고 모두들 알고 있을 텐데 에디슨이 발명한 것이 아니라 발명 아이디어를 사서 개량을 하여 상업적으로 대중화시킨 인물이라 할 수 있다.

에디슨이 전구를 발명한 것이 아니라니? 여태껏 학교에서도, 책에서도 에디슨은 전구를 발명했다고 배워왔고, 또 그렇게 알고 있기 때문에 의아해할 수밖에 없다.

여기서 전구에 얽힌 에디슨의 중대한 실수를 알려주겠다. 에디슨은 전구발명 아이디어를 사서 엄청난 돈을 받고 뉴욕 거리에 가로등을 설치했다.

그 시절엔 밤에 환한 거리를 본 사람들이 없었기 때문에 그 거리는 세계 여러 사람들이 찾아와 구경하는 관광 명소가 되었다.

그런데 여기서 에디슨이 엄청난 실수를 했다. 바로 그 엄청나게 많은 가로등을 쉽게 작업하느라 모두 직렬로 연결해 버린 것이다.

직렬 연결은 배선의 한군데가 끊어지면 전체 회로가 끊어지게 되는데, 그 시절 전구의 수명은 지금보다 길지 못했다.

며칠이 지나 전구의 수명이 다 되어서 하나가 꺼지니 나머지 가로등들이 모두 다 꺼지는 상황이 발생한 것이다. 당황한 에디슨은 직원들을 시켜 수명이 다된 전구들을 일일이 갈게 했다. 그러다보니 많은 인력과 시간이 소모되었다. 때문에 나중에는 아예 직원들을 거리에 살게 했다고 한다. 결국 에디슨은 작은 실수 때문에 쫄딱 망하게 되었다.

아마 여러분들은 알고 있던 사실과는 너무 다른 데 대하여 놀랐을 것이다. 저자 또한 그의 실수에 놀라움을 감출 수가 없었다.

여기 에디슨에 관해서 독자 분들이 알고 있는 것과는 전혀 다른 또 다른 진실이 있다.

## 4) 에디슨에 대한 궁금증

### 가. 에디슨은 청각장애를 앓고 있었다?

에디슨은 집안이 가난하였기 때문에 12세 때에 기차 안에서 신문과 과자를 팔면서도 시간을 절약하기 위하여 화물차 안으로 실험실을 옮겨 실험에 열중하였다. 그러던 중 실험실 안에서 화재를 일으켜 차장에게 얻어맞은 것이 원인이 되어 청각장애를 얻게 되었고, 그 후부터는 사람들과의 교제도 끊고 연구에만 몰두하기 시작하였다고 알려져 왔다.

그러나 사실이 아니다. 에디슨의 거짓말에 지나지 않는다.

에디슨은 선천적으로 귓속의 반고리관에 장애가 있었다. 또 유년 시절에는 몸이 약해서 여러 번 심한 감기에 걸려 만성적인 기관지염을 앓았다. 사실상 에디슨의 귀가 들리지 않게 된 시기는 정확하게 6세 정도로 추정된다.


**나. 에디슨은 돈을 좋아한다?**

에디슨은 청각장애 때문에 학업을 계속할 수 없었다.

초등학교 때 아이들에게 손가락질을 받았으며, 선생님께도 '이상한 아이'로 낙인찍혀 퇴학을 당하게 되었다. 에디슨은 마음에 상처를 받고 자신의 귀에 대해 원망을 하였을 것이다. 그리고 남들에게 무시당하지 않을 수 있는 수단은 오직 돈밖에 없다는 생각을 하였을 것이다.


**다. 에디슨의 명언에 대한 진실**

에디슨의 명언 중에는 '천재는 1퍼센트의 영감과 99퍼센트의 노력으로 이루어졌다.' 라는 말이 있다. 하지만 이 말의 의미는 신문기자들이 잘못 듣고 보도한 것에서 비롯되었다.

에디슨은 자신의 82세 생일날 기자회견을 열었다. 그 때 기자들은 생일을 축하해주지는 못할망정 후버 신 정권의 경제, 군사 정책에 대한 의견을 물었다. 옆에 있는 차기 대통령의 대답을 끌어내기 위한 것이었다.

화가 난 에디슨은 '예' 혹은, '아니오'로만 대답하였다. 그러자 에디슨이 열받았다는 사실을 눈치챈 한 기자가 물었다.

"지금까지 발명한 것들 중 가장 큰 영감을 받고 만든 발명품은 무엇입니까?"

에디슨은 홧김에 나쁜 의미로 말을 던졌다.

"그건. 태어난 지 얼마 안 되는 아기의 두뇌 속에서 천재성을 발견했다는 것이오. 갓 태어난 아기만큼 천재성이 머물기 좋은 자리는 없으니까……."

이 말의 의미는 어릴 때 배울수록 천재가 될 확률이 높다는 것이었다.

"그러므로 어른이 된 후에는 자신의 천재성을 발견하기 힘든 것이오. 하지만 1퍼센트의 영감과 99퍼센트의 노력만 있다면 가능할지도 모르겠오."

즉 어른일 때 배우면 때는 이미 늦지만 많이 노력하면 가능할지도 모른다는 뜻이었다.

기자들은 제대로 에디슨의 말을 이해를 못하여 마지막 대사, 즉 1퍼센트의 영감과 99퍼센트의 노력이라는 것만을 강조하여 노력만 하면 된다는 의미로 기사를 작성하여 에디슨을 더욱 위대한 과학자로 부각시켰다. 에디슨이 하고자 했던 말을 바르게 이해했다면 기자들도 화가 났을 것이다. 그러나 에디슨의 생일날 이상한 질문만 한 기자들의 책임도 크므로 에디슨만을 비판할 수는 없다.

이것이 에디슨에 대한 진실이다.

분명 '에이……. 아닐 거야', '뭐, 이게 사실이겠어?' 하고 생각하는 사람들도 많을 것이다. 하지만 이것은 확실하다. 에디슨은 자신이 가난해서 치료를 못 받았다는 말을 하기 싫어서 고막이 찢어졌다는 어처구니없는 거짓말을 했다는 것이.

### (2) 시간의 세계로 안내한 로버트 허친스

혹시 지금 따르릉! 하는 소리와 함께 시간을 알려주는 자명종이 어떻게 만들어졌는지 알고 있는 사람이 있을까?

우리에겐 많이 생소한 미국의 로버트 허친스라는 사람은 자명종과 시계를 결합한 자명종 시계를 발명하여 우리의 정확한 시간과 공간디자인에도 많은 편리함을 주었다. 그밖에도 미국의 평론가이며 칼럼니스트인 월터 리프먼은 연필과 지우개를 합쳐 지우개 달린 연필을 만들었고, 어떤 이는 걸레에 막대기를 붙여 대걸레를 만들었다.

이처럼 우리 생활에 쓰이고 있는 물건들이 발명되었으며, 현재에도 수많은 사람들에 의해 발명되고 있다.

여기 발명에 관한 재밌는 이야기가 하나 있다.

혹시 '역사가 생긴 이래 가장 많은 돈을 번 발명품은 무엇일까?' 라고 하면 대부분 다이너마이트를 생각할지도 모른다. 사실 그를 만든 노벨은 발명하여 엄청난 돈을 벌어 그 돈으로 노벨상까지 제정했으니까.

하지만 간단하면서도 그에 못지않은 부를 축적하게 한 것이 바로 철조망이다.

철조망이 무슨 발명품이냐고 생각하기 쉽지만 철조망은 미국의 13세 소년 목동을 세계 제일의 부자로 만들어 주었다.

소년 목동 조셉이 목장에서 딴전을 피우다보면 양들은 울타리를 넘어 이웃의 농장을 망쳐놓았다. 그때마다 조셉은 심한 꾸중을 들었다.

그러던 어느 날, 조셉은 실로 놀라운 사실을 발견했고, 그것이 조셉의 운명을 바꿔 놓았다. 양들이 장미넝쿨 울타리로는 접근하지 않고 철사 울타리로만 넘나든다는 사실이었다.

양들이 장미넝쿨의 가시를 무서워한다는 것을 알아낸 조셉은 대장간을 하는 아버지의 도움을 받아 철사 군데군데에 철사 도막을 넣어가면서 새끼처럼 꼬아 울타리로 둘렀다. 바로 기적이 나타났다. 양은 단한 마리도 철조망을 넘어가지 않았다.

조셉 부자는 즉시 국내외에 특허를 출원하고, 공장을 세웠다. 이 철조망이 처음 사용된 곳은 목장과 공장의 울타리였다. 그러나 제1차 세계대전이 터지자 세계 각국에서 국경선용과 부대의 주둔지 방어용으로 쓰기 위해 주문하는 바람에 조셉 부자는 엄청난 돈을 벌 수 있었다.

조셉이 특허권의 권리가 끝날 때까지 세계 각국에서 벌어들인 돈은 미국에서만도 이름난 회계사 11명이 1년 동안 계산해도 모자랄 거액이었다고 한다.

## (3) 기타 발명품

그밖에도 해외에서의 발명품은 셀 수 없이 많다. 현재 생활에 편리하게 사용하면서도 전혀 인식하지 못하는 발명품 몇 가지를 더 소개드린다.

### 1) 필립의 십자나사못

우리가 주변에서 흔히 볼 수 있는 십자나사못과 드라이버는 작은 전파상에 근무하는 립이라는 미국 소년이 발명하였다. 그는 고장난 라디오를 자주 수리하였는데, 이것을 수리하려면 1자 나사못을 빼야 했다. 그런데 1자 나사못은 홈이 약해 쉽게 망가져버려 애를 먹었던 중 어느 날 망가진 1자 나사못 위에 가로로 새로운 홈을 팠더니 기존의 1자 나사못보다 매우 편리했다.

이후 주위의 도움으로 필립은 상기의 십자 나사못과 드라이버를 특허출원하고, 필립사라는 굴지의 회사를 세워 부와 명성을 한꺼번에 얻었다.

### 2) 질레트 면도기

우리가 흔히 쓰는 일회용 안전면도기는 1895년 '질레트'에 의해 발명되었다. 그는 평범한 세일즈맨이었지만 이 면도기의 발명으로 세계적인 회사의 사장이 되었다.

평소 업무로 바쁜 그는 면도 시에 자주 얼굴을 베이곤 했다. 그러자 그는 이발소에서 빗을 대고 머리털을 자르는 것에 착안하여 빗에 칼날을 붙여 면도기를 만드는 것을 생각해냈다. 이후 특허 출원을 마친 그는 공장을 세워 생산에 들어갔고, 이것은 일약 면도기 시장의 최고 상품이 되었다.

### 3) 듀랜트의 통조림

통조림이 발명되기 전 기존의 식품보관법인 아페르의 병조림 보관법은 어느 정도 발전이 있었지만 단기간이라는 한계가 있었다. 이에 1819년, 착안한 기존의 병조림의 불안전성과 비위생성을 개선하여 주석 깡통에 음식을 담아 가지고 다니기 시작했다. 그러다가 아예 '주석 깡통을 이용한 식품 밀봉용기'라는 이름으로 특허를 출원하였다. 하지만 안타깝게도 자동화 기술이 없어 산업화를 할 수 없었다. 그러다가 1830년, 영국의 한 자본가에 의해 시효가 이미 끝난 듀랜트의 특허를 이용해서 대량생산하기 시작했다. 이후 통조림은 지금까지 가장 우수한 식품보관법으로 널리 쓰이고 있다.

### 4) 제너럴 일렉트릭 사의 다이아몬드

다이아몬드가 발명품이라니 좀 놀랐겠지만 이 또한 발명품이다.

제너럴 일렉트릭 사는 1955년 인조 다이아몬드를 발명했다.

이것은 자연 다이아몬드와 동일한 성분으로, 모조 보석과는 전혀 다르다. 하지만 장식용으로 쓸 수 있을 만큼의 커다란 다이아몬드는 아직 제조하지 못하고 있다. 이 인조 다이아몬드는 예전에는 주로 공업용 연마제로 쓰였지만 오늘날에 와서는 발광 다이오드(LED), 평면 스크린, 고화질 TV 등으로 그 활용 범위가 무궁무진하게 넓다.

### 5) 마사다의 쇼핑백

백화점에서 산 물건을 넣는 쇼핑백도 처음부터 이렇게 생긴 것은 아니었다. 처음에 나온 것은 쇼핑백이라는 개념보다 주머니라고 하는 편이 어울릴 만큼 합성수지로 만든 통과 같은 주머니였다. 이를 불편하게 생각한 일본의 마사다 여사는 주머니를 손가락에 걸어 들 수 있는 것에 착안해 통모양의 입을 V자형으로 자른 후 양쪽을 묶어 들고 다닐 수 있는 일명 '하이백'을 고안해 특허를 출원하였고, 후에 하이백과 어린아이의 런닝셔츠에서 힌트를 얻어 현재의 쇼핑백과 유사한 주머니를 고안했다.

오늘날 발전된 쇼핑백은 백화점뿐만 아니라 길가의 점포 상인까지 어느 곳을 막론하고 널리 사용되고 있다.

### 6) 존 워커의 성냥

성냥의 발명은 놀랍게도 19세기, 정확하게 1827년 에 와서야 비로소 만들어 졌다고 한다. 성냥의 발명으로 인류는 이제 너무도 쉽게 불을 접할 수 있게 되었다. 이런 성냥을 발명한 것은 영국의 존 워커라는 사람이라 한다.

약국을 운영하던 그는 평소 화학실험에 빠져 살았는데 그 실험에는 늘 불이 필요했다. 그런 그가 새로운 발화법을 연구하던 실험 도중 염소산칼륨과 황화안티몬을 아라비아고무와 풀로 반죽하였고, 이것이 난로 근처에서 쉽게 불이 붙는 것을 확인하게 된다. 이후 그는 이것을 이용해 성냥을 만들게 되고, 사람들에게 알려지기 시작해 편리하게 불을 이용하게 된다.

## 2. 국내의 유명한 발명가와 발명품

해외뿐 아니라 우리나라에서도 발명에 대한 관심도는 대단히 높으며, 그로 인해 실생활에 편리한 발명품들이 많이 태어났다.

### 1) 김필곤 씨의 이태리 타월

부산에서 섬유회사를 운영하던 김필곤 씨는 이태리에서 수입한 천으로 의류를 만들다가 실패했다. 이를 아깝게 생각한 그는 거칠거칠한 천의 특성에 착안, 때밀이 타월로 용도를 변경하여 생산하게 되었다. 이태리 타월이라는 이름은 이태리에서 수입한 천이라 그렇게 명명했다고 한다. 실패를 성공으로 바꾸는 지혜가 있어 가능했다.

그는 1966년 실용신안 등록을 한 후 그 타월 하나만으로 수백억 원의 수익을 올렸다고 한다.

### 2) 한 주부의 욕망이 만들어 낸 스팀 청소기

주부들이 가장 선망하는 제품 리스트에 들어가 있는 스팀 청소기.

이 상품 역시 걸레질의 고통에서 벗어나고 싶은 한 주부의 욕망이 만들어낸 히트상품이다. 현재 '한경희 생활과학'의 대표이자 스팀 청소기의 특허권자인 한경희 씨는 2005년 한 해 동안 1,000억 원의 매출을 올렸고, 현재

1,500억 원의 매출을 향해 가고 있다. 힘든 걸레질 때문에 탄생한 스팀청소기 등은 생활 속의 작은 불편함을 해소하기 위해 만들어낸 황금 알이었다.

그러나 이 황금알은 스스로 부화된 것은 아니었다. 특허라는 부화 장치가 있었기에 가능했던 것이다.

### 3) 신석균의 우유팩

발명이란 조금만 더 깊이 생각해보면 어렵지 않다.

정말 위생적인 우유팩을 만든 사람은 발명진흥회 회장을 지냈던 현 86세의 신석균 옹이다. 예전에는 병, 또는 비닐에 싸여야 했던 것을 천연 펄프에 비닐막을 얇게 씌우는 기법을 통해서 세계 최초로 종이에 담는 기발한 방법을 개발해 낸 것이다.

## 3. 발명과 관련된 재미있는 이야기

### 1) 어느 외판사원의 신경통이 발명해 낸 롤러스케이트

롤러스케이트를 발명한 사람은 제임스 플림톤이라는 미국인이다.

그는 미국 매사추세츠 주에 있는 소규모 가구공장의 외판사원이었다. 발로 뛰어야 하는 외판사원의 처지는 그를 고달프게 했다. 하루 종일 이곳저곳을 찾아다니면서 고객들과 직접 만나야 하는 그는 육체적 정신적 고통을 동시에 겪어야 했다. 그러나 그는 어려서부터 남다른 재간꾼으로 유명했고, 성실함 또한 주변의 좋은 본보기가 되었던 터라 판매실적은 매우 좋았다. 따라서 동료들과는 달리 어느 정도 안정된 생활을 꾸려나가고 있었다.

그는 일에 대한 정열이 있었기 때문에 몸을 돌볼 틈도 없이 열심히 일했다. 그 결과 그만 신경통에 걸리고 말았다. 그제야 그 동안 너무 일에만 매달려온 자신을 후회했지만, 이미 늦었다. 온갖 처방을 다 써 보았으나 별다른 효과를 보지 못했다. 그런 플림톤에게 의사는 투약보다 적당한 운동을 권유했다. 바로 스케이팅이었다.

하루 종일 뛰어다녀도 모자라는 외판사원에게 스케이팅은 실천하기 어려운 운동이었다. 무엇보다 시간을 낼 수가 없었다. 때문에 치료를 하루하루 미루면서도, 고통을 참으며 일을 하자니 능률이 오르지 않았다. 그렇게 우울한 나날이 계속되는 사이 어느덧 겨울이 찾아왔다.

기온이 떨어지자 플림톤은 도저히 참을 수 없는 통증에 시달리게 되었다. 어쩔 수 없이 스케이팅을 시작했고, 하루, 이틀, 운동량을 늘려가자 통증이 점차 줄어들었다. 그에게 스케이팅은 최상의 스포츠이

자 치료 방법이었던 것이다.

그렇게 한겨울이 지나고 봄이 오자 스케이팅을 하고 싶어도 할 수가 없었다. 따뜻한 날씨 때문에 얼음과 눈이 모두 녹아버린 것이다.

그의 신경통은 또다시 악화되기 시작했다. '겨울의 눈과 얼음에만 의존하지 않고도 사계절 내내 스케이트를 탈 수는 없을까?' 다른 사람에게는 전혀 필요하지 않은 생각이었으나 플림톤 에게는 중요한 문제였다.

금방 어떤 방법을 찾을 것 같다가도 조금씩 구체적인 생각으로 들어가면 어김없이 벽에 부닥치고 말았다. '분명히 방법은 있을 거야.' 플림톤은 늘 스케이팅에 대한 생각에 골몰해 있었다.

그러던 어느 날 저녁, 지친 몸으로 집에 돌아온 플림톤은 문을 열자마자 눈이 번쩍 뜨이는 장면을 보게 되었다. 어린 아들이 집안을 빙빙 돌아다니며 신나게 놀고 있는 모습이었다.

아주 부드럽게, 꽤 속력을 내어 집안 이곳저곳을 누비는 아들은 바퀴가 달린 장난감을 타고 있었다. 그 모습은 플림톤을 그 자리에서 얼어붙게 했다. 바퀴가 구르는 소리는 메아리가 되어 플림톤의 귓속에 울려 퍼졌다.

'그래! 스케이트에 바퀴를 다는 거야. 얼음 대신 평지에서도 탈 수 있도록…….'

플림톤은 즉시 두꺼운 판자와 작은 바퀴들을 구해왔다.

신발 뒤꿈치 부분과 발가락 부분 밑에 각각 두 개씩 모두 네 개의 바퀴를 단 '바퀴 달린 스케이트'가 세계 최초로 탄생되는 순간이었다. 급한 마음에다 손으로 만들어서 다소 엉성하고 삐걱거리기는 했지만 스케이팅을 하는 데는 전혀 문제가 되지 않았다.

플림톤은 특허출원을 서둘렀다. 그리고 1863년 이른 봄에 전문적인 제작업체를 골라 제작을 의뢰했다. 좀 더 기술적인 방법으로 대량 생산된 롤러스케이트는 날개 돋친 듯 팔렸다. 겨울뿐만 아니라 봄, 여름, 가을에도 스케이팅을 할 수 있게 된 플림톤은 자신이 발명한 롤러스케이트의 덕을 가장 크게 본 사람이기도 했다. 신경통이 말끔히 사라졌기 때문이다.

### 2) 샌드위치 백작의 샌드위치

때와 장소에 구애받지 않고 간단하게 끼니를 때울 수 있는 샌드위치. 동서양을 뛰어넘어 지구촌의 인기식품으로 탄탄히 자리를 굳힌 이 간편식은 프랑스 샌드위치 백작의 작품이다. 18세기 후반(정확한 기록은 없으나 1780년경으로 추측됨) 프랑스의 내노라하는 귀족들이 모여 살던 파리의 중심가. 백작이라고 하면 으레 지와 덕을 겸비한데다 만인의 존경을 받는 인텔리를 연상하게 마련이지만 샌드위치 백작의 경우는 좀 달랐다. 재산은 넘치는데 마땅히 마음 줄 곳이 없자 그만 노름에 빠져 버린 것이다.

처음에는 단순한 심심풀이로 시작했으나 점차 심해져 하루 일과가 아예 노름으로 시작되서 노름으로 끝났다. 세월이 흐를수록 그 정도는 더해갔다. 잠을 설치는 것은 물론, 식사까지 예사로 거르며 노름에만 매달리기 일쑤이다 보니 하루가 다르게 몸이 쇠약해졌다.

'노름을 즐기면서 짧은 시간 내에 맛있게 먹을 수 있는 음식은 없을

까?'

자꾸만 식욕을 잃어가던 백작은 생각이 여기에 미쳤다. 하인을 시켜 파리 시내를 샅샅이 뒤졌으나 마음에 쏙 드는 음식을 찾아오지 못했다. 백작 자신도 답답했지만 하인들의 걱정 또한 태산 같았다. 백작이 잘못되면 그들 역시 상전을 잘못 모신 죄로 화를 면키 어려울 것이기 때문이었다. 애를 태우던 하인들은 궁여지책으로 빵과 고기, 그리고 채소를 되는대로 으깨 버무려 밤알만하게 뭉쳐 노름에 미쳐 있는 백작의 손에 쥐어줬다. 무심코 받아들고 한입 꿀꺽삼킨 백작은 생각보다 괜찮은 맛에 놀라 하인에게 어떻게 만든 것인지 물어보았다. 하인의 설명을 듣고 있던 샌드위치 백작의 머릿속은 빠르게 회전했다.

'빵과 빵 사이에 고기와 채소를 넣어 익히면……?'

그렇게 해서 새로 탄생한 식품은 노름방에 모인 사람들을 감탄시켰다. 번거롭지 않은데다 맛도 기가 막히고, 걸리는 것 없이 잘 넘어가니 갖출 것은 다 갖춘 셈이었다.

'그거 괜찮은데 많이 만들어내면 돈벌이가 되겠구나.'

샌드위치 백작은 '고기와 채소를 넣은 식빵'이라는 명칭으로 특허출원을 마치고 하인들에게 대량생산을 지시했다. 결과는 폭발적인 인기였다. 그 인기는 순식간에 파리를 강타하고 이내 프랑스 전역으로 번져갔다. 사람들은 복잡하게 긴 명칭 대신 발명가의 이름을 따서 '샌드위치'라고 부르기 시작했다. 샌드위치의 인기와 더불어 샌드위치 백작의 주가도 하늘 높은 줄 모르게 치솟았고, 이를 계기로 노름에서 깨끗이 손을 씻고 성실한 사업가로 돌아갔다.

### 3) 위스키를 맛있게 먹고 싶어서 – 빨대

울퉁불퉁한 비포장도로를 달리는 자동차 안에서도 음료수를 한 방울도 흘리지 않고 말끔히 마시는 방법은 없을까? 대수롭지 않은 듯하면서, 없으면 불편한 필수품이 되어버린 빨대는 언제 누구에 의해 발명되었을까?

빨대와 인간의 질긴 인연은 1888년 미국 워싱턴의 한 술집에서부터 시작되었다. 물론 그 이전에도 인간은 자연의 산물을 응용하여 빨대 비슷한 용도로 사용하기도 했다. 하지만 인공적인 빨대의 역사는 1888년에야 시작되었다.

이야기의 주인공 마빈 스톤은 담배 공장에서 일하는 평범한 노동자였다. 그에게 주어진 일은 담배를 종이로 마는 일.

그는 퇴근 후에 선술집에 들러 한잔의 술로 고단함을 달래는 그 시대에 흔히 볼 수 있는 보통의 사내였다. 남들과 다른 점이 있다면 생각이 많고 단순한 의문에도 그냥 넘어가지 못한다는 것. 다른 사람에겐 대수롭지 않은 일도 마빈에게 넘어가면 천지가 개벽할 일로 변하곤 했다.

예를 들면 선술집에서 위스키와 함께 내놓는 밀집 대롱 같은 것. 이것은 위스키를 빨아 먹을 수 있도록 제공되는 것인데, 더운 날씨에 위스키의 맛이 변하지 않도록 하는 배려였다. 즉 술잔을 손으로 잡고 마시면 위스키의 온도가 올라가 맛이 상할 수 있다는 것이 그 이유였다. 때문에 위스키와 밀집은 그 당시로는 이상할 것이 하나 없는 당연한 일이었다. 그런데 마빈은 이 밀집에 관심을 가지고 심각하게 고민했다. 그 이유는 단 하나, 밀집 특유의 냄새가 마음에 들지 않는다는 것이었다.

'밀집을 대신할 만한 것이 없을까?'

고민하던 그는 문득 밀집 대롱의 모양이 자신이 늘 만지는 종이담배와 비슷하다는 데에 생각이 미쳤다.

'맞아! 종이를 둥글게 말아 쓰면 밀집이랑 거의 비슷할 거야.'

생각을 실천으로 옮기는 일은 아주 간단했다. 그는 즉시 종이를 둥글게 말아 접착제로 살짝 끝마무리를 하였다. 그리고 그는 자랑할 심산으로 그것을 가지고 늘 가던 선술집에 갔다. 그의 빨대는 대인기였다. 시험용으로 몇 개를 가져갔을 뿐인데 온 장안의 주당들은 이미 그의 빨대를 크게 환영했던 것이다. 그리고 소문은 무한대로 퍼져 나갔다.

그의 종이빨대는 어엿한 상품이 되어 팔리기 시작했다. 급기야는 공장이 세워지고, 마빈은 한순간에 노동자에서 기업주로 대변신하였다. 게다가 행운이 따랐음인지 레모네이드라는 새로운 음료가 유행처럼 번지기 시작하면서 그의 빨대도 인기가 치솟았다. 레모네이드와 종이 빨대가 한 상품처럼 소비자에게 인식되었던 것이다.

### 4) 여인의 몸매! – 코카콜라 병

세계 어디에서나 볼 수 있는 코카콜라의 병. 이 병에 관한 이야기는 가난한 농군의 아들인 루드로 부터 시작된다.

루드는 어려운 가정 형편이 어려워 중학교에도 진학하지 못하고 도시로 나가 신문 배달, 심부름꾼 등을 거쳐 병 공장의 공원으로 일하게 되었다.

그에게는 주디라는 여자 친구가 있었다. 어느 날 주디가 오려온 신문에는 새로운 음료 코카콜라의 병 디자인을 현상공모한다는 광고가 실려 있었다.

루드는 주디의 만류에도 불구하고 6개월간 공장을 휴직하고 오로지 병 모양을 고안하는 데 총력을 기울였다.

병 디자인의 조건은 '모양이 예쁘고, 물에 젖어도 미끄러지지 않으며, 보기보다는 콜라의 양이 적게 들어가야 함'이었다. 그러나 6개월이 다 되어가는데도 루드의 작업 상태는 시작 단계에 불과하였다.

6개월째 되던 날, 약속대로 주디가 찾아왔지만 그는 주디를 볼 면목이 없었다.

"루드! 나야, 주디."

루드는 못들은 척하다가 하는 수 없이 용기를 내어 주디를 보았다. 순간 그의 얼굴이 햇살처럼 빛났다.

"잠깐! 주디 그대로 서 있어!"

"왜 그래? 루디!"

영문을 몰라 하는 주디의 모습을 빠른 속도로 스케치해 가는 루드.

그날 주디가 입고 있었던 옷은 그 당시 유행하던 허리의 통이 좁고, 엉덩이의 선이 아름다운 긴 주름치마였다.

루드는 그 주름치마에서 힌트를 얻어 새로운 병을 고안해 냈다.

그는 철공소에서 일한 경험을 살려 직접 견본을 만들어 특허청에 출원했고, 마침내 특허까지 받은 병을 코카콜라 회사에 제출해서 당선되었다. 그리하여 계약을 하게 되었는데 그 대금이 무려 600만 달러의 거금이었다.

하루아침에 600만 달러의 사나이가 된 루드는 훗날 주디와 결혼하여 고향에서 유리제품 공장을 운영하면서 일생을 행복하게 보냈다.

### 5) 빚 독촉에서 탄생된 청바지

청바지 발명자는 천막천 생산업자였던 미국인 스트라우스였다. 1930년대 샌프란시스코에서는 많은 양의 황금이 나왔다. 자연히 황금을 캐려고 모여드는 '서부의 사나이'들로 이른바 '골드러시'를 이루었고, 이에 따라 전 지역이 천막촌으로 변해갔다.

스트라우스는 밀려드는 천막천의 주문으로 톡톡히 재미를 보고 있었다.

어느 날, 그에게 군납 알선업자가 찾아와 대형천막 10만 개의 분량을 납품하도록 주선하겠다고 제의했다. 뜻밖의 큰 행운을 잡은 스트라우스는 즉시 빚을 내 생산에 들어갔다. 설비와 직공을 늘려 밤낮으로 생산에 몰두해 3개월 만에 주문 받은 전량을 만들어 냈다. 그런데 문제가 발생했다. 주문한 군압업자가 군납이 어렵게 되었다는 것이었다.

산더미 만한 분량의 천막천이 방치된 채 빚독촉이 심해지고, 직원들도 월급을 내놓으라고 아우성이었다. 헐값에라도 팔아 해결하고 싶었으나 엄청난 양을 한꺼번에 사줄 사람이 나서지 않아 고민에 고민을 거듭하던 스트라우스는 홧김에 술이라도 실컷마실 요량으로 주점에 들렀다가 놀라운 광경을 목격했다. 금광촌의 광부들이 옹기종기 모여 앉아 해진 바지를 꿰매고 있는 것이었다.

"쯧쯧… 바지가 모두 닳았군. 바지가 천막 천처럼 튼튼하면 쉽게 닳지 않을 텐데……"

스스로 무심코 내뱉은 말 속에 정답이 들어 있었다. 그는 즉시 공장으로 돌아와서 천막을 뜯어 바지로 만들어 보았다. 과연 아주 튼튼해서 여간해선 찢기거나 닳을 염려가 없었다.

1주일 후, 스트라우스의 골칫거리였던 천막천은 모두 산뜻한 청바지로 탈바꿈돼 시장에 첫선을 보였다. 청바지는 뛰어난 실용성을 인정받아 광부뿐만 아니라 일반인들에게까지 불티나게 팔려 나갔다. 그 결과 1년 동안의 판매량 2천만 벌에 이익이 6천만 달러나 되었다. 이는 당시 단일품목으로서는 가장 큰 이익을 올린 것으로 기록되어 있다.

스트라우스의 청바지는 세상에 나온 지 3년만에 지구촌 곳곳에 탄탄히 뿌리를 내렸고, 스트라우스는 평생을 황금방석 위에서 살 수 있었다.


### 6) 아내 사랑이 만들어 낸 일회용 반창고

반창고는 1900년대 미국의 어얼 딕슨 이라는 사람에 의해서 개발되었다. 딕슨은 자기 아내를 매우 사랑하는 사람이었다. 그의 아내는 침착하지 못해 음식을 만들다가 자주 손가락을 칼에 베이곤 했다. 그 당시 딕슨은 미국 내의 각 병원에서 사용하는 외과 치료용 테이프의 대부분을 생산하여 전국에 판매하고 있는 존슨 회사에 근무하고 있었다.

딕슨은 손을 자주 다치는 아내에게 붕대와 반창고를 가지고 직접 치료해 줄 수 있는 전문가가 되어 있었다. 하지만 아내가 음식을 만들 때마다 그옆에 있을 수는 없는 일이었다.

그래서 딕슨은 자신이 없는 동안 아내 혼자서도 치료를 할 수 있는 반창고를 만들어야겠다고 생각했다.

딕슨은 우선 회사에서 가져온 한쪽 면이 끈적끈적한 외과 치료용 테이프를 탁자 위에 올려놓고는 거즈 한 조각을 패드 안쪽에 포개고 난 후 그것을 테이프의 중간에 얹었다. 그러나 한 가지 문제가 있었다. 이 밴드 반창고를 사용하지 않을 때에 보관하는 방법이 문제였다. 생각끝에 끈적끈적한 테이프 부분을 덮어 두었다가 사용할 때만 떼어 쓸 수 있게 뻣뻣한 천을 붙여 마침내 훌륭한 밴드 반창고를 발명하게 되었다.

그것은 처음에는 판매목적이 아니라 그저 아내를 아끼는 마음에서 생각해낸 것이었는데 일순간 딕슨의 반창고 이야기는 마을에 펴졌고, 그 인기는 굉장했다. 뿐만 아니라 존슨회사는 딕슨이 발명한 그 밴드 반창고를 생산하여 '밴드 에어드'라는 이름을 붙여서 전 세계에 수출함으로써 큰 부자가 되었고, 딕슨에게는 많은 보상과 함께 부회장으로 승격까지 시켜주었다.

그 밴드 반창고는 더 좋은 제품으로 개량되어 오늘날 여러 가정에서 이용되고 있다. 우리나라에도 밴드 반창고의 종류는 많이 있지만, 그 중에서도 대일 밴드가 많이 알려져 있다.


## 7) 외면 받던 실패작! – 워크맨

처음 워크맨의 본체를 개발한 사람은 SONY 사의 연구개발원인 이라 미츠로 씨였다. 그는 당시 유행하던 테이프 레코더인 프레스맨을 개조해서 신상품을 만들 작정이었다. 크기가 아담하고, 스테레오 음을 내는 테이프 레코더를 만들겠다는 것이 그의 계획이었다. 그러나 애초

의 계획은 간데없이 녹음 기능이 빠진 이상한 형태의 제품이 나오고
말았다.

당시 테이프 레코더들은 거의 신문기자들이 인터뷰 녹음용으로 활
용하고 있었기 때문에 녹음기능이 없다는 것은 렌즈가 빠진 현미경이
나 다름없었다.

결국 이라 미츠로의 역작은 사라질 위기에 놓였다. 그런데 우연히
도 이 작은 물건이 소니 사의 명예회장인 이부카 씨의 눈에 띄었다. 그
는 여기서 누구도 흉내 내지 못할 기발한 아이디어를 냈다.

'테이프 레코더라고 해서 꼭 녹음하는 데에만 사용하란 법이 있
을까? 음질만 좋다면 음악을 듣는 것으로도 사용할 수도 있을 거야!'

이부카는 카세트 플레이어가 내는 훌륭한 음질에 착안하여 상식을
뒤엎는 아이디어를 생각한 것이다. 그는 함께 연구 중이던 헤드폰을
이 플레이어와 연결하여 새로운 상품으로 만들었다. 정말 파격적인 시
도였다.

처음 이 사실이 알려졌을 때 관계자들의 반응은 냉담했다. 실험실
에서조차 실패작이라고 낙인 찍힌 물건이 대중에게 대접을 받을 수 있
겠냐며 녹음이 안 되는 카세트 플레이어는 있을 수 없다고 냉소를 보
냈다.

그러나 대중의 반응은 놀라웠다. 시장에 나오자마자 불티나게 팔려
나갔던 것이다. 심지어는 외국에서 이 제품을 사기 위해 일본을 찾을
정도였다.

이 덕분에 소니는 당당 세계 일류기업으로 발돋움할 수 있었다. 이
라 미츠로의 발명 정신과 이부카의 상식을 뛰어넘는 아이디어 개발.

시대의 명물 워크맨은 이 두 사람의 능력이 하나가 되어 탄생했다.

"구태의연한 자세로는 아무것도 이루지 못한다. 도전하는 자세만
이 좋은 결과를 얻을 수 있다."

이부카와 이라 미츠로는 우리에게 이렇게 말하고 있다.


### 8) 생선묵 튀김이 정답! – 라면

라면의 발명가는 일본의 사업가였던 안도 시로후쿠였다.

1950년대는 일본에 있어서 건국 이후 최
대의 고난기였다. 제2차세계대전 패배의 후
유증으로 식량이 부족하다보니 미국의 잉여
농산물인 밀가루를 지원받아 빵을 만들어 먹
으며 연명해야 했다.

그러나 쌀밥을 주식으로 하던 전통적인 식습관 때문에 빵만으로는
공복감을 만족시킬 수가 없었다. 그 때 안도 시로후쿠는 밀가루를 이
용하여 쌀밥 못지않은 주식을 개발할 수는 없을까? 하고 생각했다. 그
러나 그것은 쉬운 일이 아니었다.

한 달, 두 달 세월은 흘러갔고, 끈질긴 연구에도 불구하고 결과는
언제나 실패뿐이었다.

연구는 어느덧 몇 년이 지났다. 그 동안 쏟아 부은 연구비 때문에
가산은 탕진되고, 거듭되는 실패에 의기소침해져서 자살 직전에까지
몰려 있었다. 의욕을 잃은 안도가 찾아가는 곳은 오로지 술집. 매일같
이 술에 취해 살다보니 어느새 폐인이 되어가고 있었다. 그러던 어느
날, 그 날도 어김없이 술집을 찾았다.

술집 주인은 안도가 귀찮아서 등을 돌리고 생선묵을 기름에 튀기고 있었다. 그때 안도는 끓는 기름에 밀가루 반죽을 묻힌 생선을 넣는 순간 밀가루 속에 있던 수분이 순간적으로 빠져나오고, 튀김이 끝난 음식에는 작은 구멍이 무수하게 생기는 것을 발견했다.

'맞아! 생선묵 튀기는 원리를 응용하는 거야!'

그는 서둘러 연구실로 돌아와서 우선 밀가루로 국수를 만들어 기름에 튀겼다. 그리고는 튀겨진 국수를 건조시켰다가 뜨거운 물을 부으니 작은 구멍에 물이 들어가면서 다시 먹음직스러운 국수가 되는 것이었다. 며칠을 보관해도 변함이 없었다. 드디어 라면 개발에 성공한 것이다. 이로써 사업가로서 명성을 되찾으며, 라면 발명가라는 명예도 거머쥐게 되었다.

### 9) 치약의 원리를 이용 – 샤프

'깎지 않는 연필!' 이것은 칼로 일일이 깎아서 써야 했던 나무로 된 연필에서 한 단계 더 발전한 획기적인 발명품이다. 이 필기구가 발명

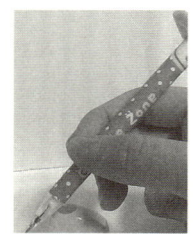

된 지는 50여 년이 채 안 됐지만 지금까지도 많은 사람들의 꾸준한 사랑을 받고 있다. 이 발명품의 주인공은 타이완의 홍려이다.

그는 대장장이였던 아버지의 일을 도우면서 어릴 때부터 여러 가지 기술을 익혔다. 그 덕분인지 수많은 신제품을 발명해냈다.

하지만 불운하게도 그의 발명품은 대부분 사람들의 주목을 받지 못했고, 따라서 생활도 더욱 궁핍해져 갔다. 하지만 발명을 멈출 수는 없

었다.

그날도 연구에 몰두하던 홍려는 연구 과정에서 순간적으로 떠오르는 새로운 아이디어를 기록해 두느라고 종이를 수십 장이나 채워가면서 밤을 지세고 있었다. 그 과정에서 연필이 자주 부러졌다. 그는 부러진 연필을 든 채 투덜거렸다.

'새로운 생각이 막 떠오르면 부러진 연필부터 다시 깎아야 하니……. 이렇게 번거로워서야 어디 연구를 계속할 수 있나?'

칼을 집어 연필을 깎던 홍려는 몸에 밴 관찰력으로 연필을 뚫어지게 쳐다보고 있었다. 칼자국이 한번 생길 때마다 연필심이 조금씩 길어지는 것을 본 홍려는 무릎을 쳤다.

'그래, 깎지 않고도 연필심을 조금씩 밀려나오게 할 수 있다면 이렇게 자주 연필을 깎는 번거로움도 없을 테고, 손을 베지도 않을 거야.'

이후 홍려는 밤낮으로 연구를 계속했다. 하지만 연구가 계속될수록 어려움은 커져 갔다. 쉽고 간단하게 끝낼 수 있으리라고 생각했는데 연필심을 자유롭게 조절할 수 있는 방법이 도무지 떠오르지 않았던 것이다.

어느 날 아침, 홍려는 이를 닦으려고 치약을 짜내다가 환호성을 질렀다.

"이거다, 이거야! 내가 왜 진작 이 생각을 못 했을까? 아침마다 치약의 꽁무니를 눌러 짜면서도 왜 여태 연구의 실마리를 못 찾았을까?"

치약의 뒷부분을 눌러 치약을 짜내는 원리를 자신의 깎지 않는 연필에 응용할 생각에 이르자, 그는 이도 닦지 않은 채 연구실로 뛰어갔다. 그리고 마침내 깎지 않는 연필을 만드는 데 성공했다.

그 구조는 연필의 심을 카트리지에 끼우고, 그것을 속이 빈 플라스틱 파이프에 한 줄에 열 개 씩 넣은 것이 전부였다. 끝의 심이 다 닳으면 카트리지를 빼고, 그것을 파이프의 꽁무니에서 누르면 두 번째 심이 나오게 만든 것이다.

이 연필이 특허를 받자, 한 문구 회사 사장은 2억 원에 팔 것을 제안했다. 이때가 1972년이었다.

특허권 양도계약은 순조롭게 이루어졌고, 특허권을 판 홍려는 물론이고, 특허권을 사들인 문구회사 역시 돈방석에 앉을 수 있었다.

### 10) 손자에 대한 할머니의 사랑! – 삼각팬티

흡사 버뮤다 삼각지대처럼 사람의 은밀한 부위를 살짝 가린 삼각팬티. 과연 누구의 발명품일까?

주인공에 대해 유난히 말이 많으나 기록상 맨 먼저 등록한 이는 일본의 사쿠라이 여사다.

그녀는 일명 마이크로 팬티로 불렸던 '삼각팬티', 꿰맨 곳이 줄어든 '유니크 팬티', 스타킹을 겸한 '타이스 팬티', 아기 기저귀 커버를 겸한 '유아용 아톰팬티' 등 팬티 시리즈만으로 돈방석에 올라앉은 특이한 발명가다.

얼핏 활동적인 젊은 디자이너를 떠올리기 쉽지만 그녀는 어리광을 부리는 손자들에게 둘러싸인 50대 중반의 할머니. 젊은 시절에 의류 소매상을 한 것이 옷과 관련된 인연의 전부다.

삼각팬티는 할머니의 지극한 손자 사랑의 선물. 나이가 들어 집에서 손자들을 돌보던 여사는 어느 여름 날 아이들이 무릎까지 닿을 정도로 긴 속옷에 몹시 불편해 하는 것을 발견했다. 당시에는 동서양을 막론하고 반바지에 가까운 속옷밖에 없었기 때문에 겉옷을 입기에도 불편했으며, 특히 여름에는 여간 성가신 게 아니었다.

'속옷의 구실은 단지 가리는 것이다. 쓸데없는 부분까지 길게 만들 이유가 없다.'

문제는 의외로 간단하고 명료했다. 데드론이라는 천으로 만든 헌 자루를 싹둑 잘라 다리가 들어 만큼 구멍을 내고 봉제한 것이 전부였다. 가볍고 편리한 데다 산뜻하기가 그만이었다. 너도 나도 삼각팬티로 갈아입는 팬티교체 신드롬을 타고 대 히트한 것은 당연했다. 때는 1951년이었다.

'발명이라는 것도 별게 아니군. 내친 김에 몇 가지 더 해볼까?'

곧바로 나온 팬티시리즈 2탄이 유니크 팬티. 그때까지는 허리와 엉덩이 곡선의 차이를 강조하기 위해 엉덩이 부분에 옷감을 덧씌우곤 했다. 여사는 이를 아예 생략했던 것. 착용감도 뛰어났고, 꿰맨 곳이 터질 염려도 없었다. 이 또한 히트작. 때는 1954년.

이어 처음부터 통으로 짠 천을 이용해 만든 타이스팬티. 삼각팬티의 원리를 응용한 유아용 아톰 팬티가 속속 발명됐고, 이것들은 일본 굴지의 의류업체인 도요레이온 사에 의해 대량 생산돼 전 세계를 휩쓸었다. 여사에게는 연간 30만 엔의 로열티와 기술고문이란 직책이 주어졌다.

### 11) 디자인으로 히트 상품이 된 담배
'같은 값이면 다홍치마'라는 속담이 있다.

사람들은 질이 약간 뒤떨어져도 모양이 아름다운 제품을 원한다. 그래서 아름다운 모양이나 무늬, 그리고 색채에 대해서도 디자인권이라는 권리가 주어지고 있는 것이다.

디자인으로 히트한 것 중의 하나가 담뱃갑. 단일 물품으로 담배만큼 많이 팔리는 것도 흔치 않다.

미국의 담배회사인 럭키 스트라이크의 사장은 어느 날 세계적인 디자이너 레이먼드 로이와 우연히 자리를 같이 할 기회가 있었다.

"우리 상품 럭키 스트라이크의 갑보다 멋진 디자인이 있다고 생각하십니까?"

담배회사 사장은 의기양양하게 자랑했다. 로이는 어이가 없었다.

물론 그것은 뛰어난 디자인이기는 했으나 로이가 보기에는 미흡한 점이 너무 많은 어린애 장난감 수준이었기 때문이었다.

"훌륭하긴 하지만 제가 디자인한다면 틀림없이 판매량이 20~30%는 증가할 거요." 순간 담배회사 사장은 어이가 없었다.

그러나 로이의 말을 무시할 수가 없었다. 그래서 3만 달러를 주고 새로운 디자인을 의뢰했다.

로이는 럭키 스트라이크의 바탕 색깔을 초록색에서 흰색으로 바꾸었다. 확실히 산뜻해졌다. 뿐만 아니라 인쇄비도 반으로 줄었다.

다음에는 포장 뒷면의 광고를 없애고 앞면과 똑같이 붉은 태양모양의 상표만을 넣었다. 이것은 담배를 피우는 사람이 빈 갑을 어떻게 버리든 간에 태양 모양의 상표가 보이도록 하기 위해서였다.

성공이었다. 새로운 디자인의 포장으로 생산된 럭키 스트라이크는 1년 사이에 판매량이 20% 이상 늘었다. 담배회사 사장은 3만 달러의 디자인료로 수백 배의 소득을 올렸다는 것은 널리 알려진 사실. 럭키 스트라이크는 디자인 하나로 세계시장을 파고 들 수 있었다.

### 12) 전쟁 중에도 발명했다 – 컴퓨터

컴퓨터는 사람이 입력해 놓은 프로그램에 따라 자동으로 주어진 자료를 읽고 기억하며 계산, 분류, 집계하고 그 결과를 인쇄하는 전자장치이다.

컴퓨터는 '계산기'를 뜻하는 말인데, 엄밀히 말하면 '전자계산기'라고 해야 할 것이다. 그냥 계산기로는 주판이 있는데 이것은 사람의 머릿속에서 계산되는 수를 주판알로 표시해서기억하기 쉽도록 하는 하나의 계산 과정일 뿐이다.

그러나 전자계산기는 계산 결과를 나타낼 뿐만 아니라 직접 계산을 하기도 한다. 종류는 온갖 정보를 물량으로 나타내는 전자계산기에 이르기까지 다양하다.

미국의 매사추세츠대학 교수였던 로버트 위너는 수학자였다. 그는 어느 날 다른 교수들의 연구실을 찾아가 말했다.

"우리 이제부터 마음의 문을 열고 한 곳에 모여 지혜를 한 데 모읍시다."

그렇게 해서 교수들은 한자리에 모이게 되었다.

그들은 인간의 뇌의 작용에 대한 토론을 벌일 것을 합의하고 나름대로 편한 자세로 앉았다. 전기공학자도, 생리학자도, 물리학자도 얼굴을 맞대고 앉아 서두를 꺼냈다. 이 일은 제2차 세계대전 중의 일이었다.

한편, 그때 미국은 일본 비행기의 폭격에 대처하기 위하여 속을 썩이고 있었다. 비행기가 나는 고도까지 고사포의 탄환이 올라가려면 상당한 시간이 걸린다. 비행기는 지그재그로 비행하므로 명중률이 매우 낮다. 이것을 격추하기 위해서는 진로를 미리 예측하여 포탄을 쏘아야 한다.

미국은 인간의 뇌와 같은 고도의 작용을 하는 고사포 조준장치가 필요하다고 생각하고 있었다. 그래서 위너의 그룹에 연구를 요청하기에 이르렀다. 그들은 '사이버네틱스'라는 학문을 개발하고 있던 중이었다. 이것을 기계로 처리하는 것이 이른바 '자동제어'이다.

사이버네틱스는 자동제어를 중심으로 하는 학문이다. 상황은 정보의 형태로 입력된다. 그러므로 사이버네틱스는 정보 처리를 축으로 하는 학문인 것이다.

미군이 고사포 조준 장치의 개발을 위해 위너의 사이버네틱스에 주목한 것은 현명한 일이었다. 사이버네틱스를 이용한 고사포는 대단히 우수해서 일본의 폭격기를 대부분 명중시켰다.

일본의 조종사들은 미군의 고사포 명중률이 좋아지자 아연실색하였다. 컴퓨터의 역사는 여기서부터 시작된 것이다.

제2차 세계대전이 끝난 후 컴퓨터는 체스(서양 장기)의 명수와 대국하여 이겼다. 또 대통령 선거 결과를 미리 예측하여 맞히기도 했다. 이같은 경이적인 업적을 쌓아올린 컴퓨터는 그 후 차츰 그 가치가 인정되기 시작했다.

### 13) 기발한 아이디어로 수송의 역사를! - 지하철

만물의 영장인 인간이 발명을 할 수 있었던 것은 뛰어난 모방능력 때문이었다. 새의 비행능력, 박쥐의 레이더 능력, 거미의 공학적 능력, 식물의 광합성 능력 등 자연의 능력을 모방한 발명품들이 인간의 만물의 영장 자리를 지켜주고 있다.

지하철도 자연의 모방에서 비롯된 것 중의 하나.

수송의 역사상 이 기발한 아이디어를 처음 낸 사람은 영국인 찰스 피어슨이었다. 그가 이 기발한 아이디어를 떠올린 것은 두더지의 구멍 때문이었다.

'모든 동물은 지상의 길로 다닌다. 그러나 두더지는 땅속으로 다닌다.'

1843년, 찰스는 런던 시의회에 세계 최초의 지하철도 시스템을 제안했다. 그러나 시의회는 거들떠보지도 않았고, 미친 사람 취급을 했다.

그러나 찰스는 지하철도의 중요성을 끈질기게 제기했고, 10년 후 런던 시의회는 마침내 찰스의 제안을 받아들이기로 결정했다.

세계 최초의 지하철도가 뚫린 곳은 파딩턴의 패링턴과 비숍스를 잇는 6㎞. 우여곡절 끝에 1863년 개통식이 성대하게 베풀어졌다. 새까만 연기를 자욱이 뿜어내면서 석탄, 연료 증기기관차가 달리고, 메트로폴리탄 디스트릭트 철도의 상업적인 운전이 개시되었다.

첫 해에만 9백50만 명의 승객을 운송했다. 이어서 1890년에는 런던에서 처음으로 전기구동의 지하철이 생겨서 시내 어디에서나 2펜스면 탈 수 있게 되었다. 현재 런던의 지하철이 거미줄처럼 발달될 수 있었던 것은 결코 우연이 아니었다.

이제 지하철은 도시 인구의 폭발적인 증가와 함께 세계 각국에 뿌리를 내리고 있다. 세계에서 가장 깨끗하고 우아한 지하철은 모스크바의 것인데, 시원스럽게 넓고, 전체가 화강암으로 만들어져 있다. 또 가장 정중한 역은 뮌헨, 가장 체계적으로 잘 설계된 역은 도쿄, 가장 난폭한 역은 뉴욕이라고 한다.


### 14) 말랑말랑 고무! – 스펀지

산업용 고무 제조법 발명으로 유명한 굿이어. 그는 스펀지 고무 발명가이기도 하다. 비록 사업에는 실패했지만 고무에 관한 한 전무후무한 세계적인 발명가로 손꼽히는 사람이다. 세계적인 타이어 메이커인 굿이어 타이어도 그의 이름에서 비롯된 것.

굿이어는 무엇이든 물음표(?)의 눈으로 바라보았고, 생활의 전부가 발명의 연속이었다. 특히 고무에 있어서는 아예 미쳐버린 사람이었다.

그는 모자도, 옷도, 신발도, 장갑도 모두 고무로 만들어 입고 다녀 미친 사람으로 취급받기도 했다. 고무의 혁명으로 불리는 스펀지 고무도 바로 이 물음표의 눈에서 발명된 것이다.

어느 날 점심식사 시간.

"여보! 이 빵 어때요?"

아내가 가져온 빵은 그동안 먹어온 빵과는 전혀 다른 것이었다. 즉 딱딱하게 굳었던 것이 말랑말랑 하게 부드러워졌고, 크기도 종전의 빵과는 달리 훨씬 부풀어 있었다.

"어떻게 만든 거요?"

"베이킹파우더라는 발포제를 넣었을 뿐인데요."

순간 굿이어는 부드럽게 부풀어 오르는 고무, 즉 스펀지 고무를 생각해냈다. '불가능할 것도 없지!' 굿이어는 발포제를 고무액 속에 넣어 보았다. 성공이었다. 특허로 등록된 것은 당연한 결과.

고무의 혁명으로 일컬어지는 이 스펀지 고무는 다른 제품에도 혁명을 가져왔다.

굿이어의 스펀지 고무 발명이 발포제 사용에서 비롯됐다는 사실이 알려지자 발포제를 사용한 발명들이 줄을 이었다. 독일의 비닐 제조업자는 합성수지를 제조하다가 공기를 불어넣는 기술을 발명했는데, 이것이 최근 부인들이 거즈 대신에 사용하는 몰트 플레인이다.

비눗물 속에 스트로로 공기를 불어넣으면 부글부글 거품이 인다. 이 거품을 그대로 굳혀서 만든 것이 물에 뜨는 소프트 비누이다. 또 아이스크림에 이 특성을 응용한 것이 소프트 아이스크림이고, 콘크리트에 응용한 것이 가스 콘크리트이다.

가볍고 강하므로 용도가 매우 다양하고, 더구나 공기를 포함하고 있기 때문에 단연 방음에도 효과적이어서 지하철 벽이나 방송국 등에 많이 사용되고 있다.

이밖에 벽돌 속에 공기를 넣어 만든 기포벽돌과 유리 속에 거품을 넣어 만든 기포유리 등 발포제를 이용한 발명은 실로 그 범위와 용도가 무한대로 늘어가고 있다.

발명과 관련된 이야기들을 재밌게 읽어 보셨는지?

갈증 날 때 가장 먼저 찾게 되는 톡 쏘는 콜라의 병, 아침마다 남자들이 사용하는 면도기, 현재 당신이 앉아있는 책상에도 수십 개가 들어가 있는 나사 못, 그 밖에 수많은 것들이 개인의 불편함에서 거듭되는 발견의 발명을 통해 결국 발명이 되어 세상에 탄생된 것이다.

이처럼 우리의 생활 주변을 살펴보면 모든 곳이 발명품으로 꽉차 있음을 알게 될 것이다.

아침에 깊은 단잠에서 깨어나면 뒤 자신의 주위를 쓱 한번 둘러보자.

침대, 이불, 전화, 시계, 볼펜, 리모컨 등 누군가의 발명품들이 눈앞에 놓여있을 것이고, 방문을 나서면 욕실엔 치약, 세면대, 비누 등이, 주방엔 식탁, 냉장고 등 어느 것 하나 발명품 아닌 것들이 없을 것이다. 심지어 내가 입고 있는 옷과 신발까지 발명품이란 사실에 새삼 놀라게 될 것이다.

역사에 남은 유용한 발명을 했던 사람들이라고 해서 모두 똑똑하고 특별한 사람은 아니었다. 대부분 우리와 같은 보통사람들인데, 다만 누구든지 할 수 있었던 일을 먼저 했을 뿐이다. 혹시 우유곽이나 페트병을 연필 꽂이로 사용해보거나 종이를 접어 부채를 만들어 사용해 본 적이 있으신지? 있다면 여러분들은 이미 발명가인 셈이다.

나는 이렇게 얘기해주고 싶다.

"우리 모두 발명가가 될 수 있다. 자, 눈을 크게 뜨고 사물을 다르게 거꾸로도 생각하여보고 조금만 더 깊게 생각해 보자. 그리고 생각하였으면 즉시 실행에 옮기자! 그래서 우리 모두 멋진 발명가가 되자!"

## 4. 발명의 정의와 종류

### (1) 각국의 발명과 정의

특허법상 특허권의 보호대상은 발명(發明)이지만, 대부분의 국가들은 발명의 정의 규정을 특허법에 두고 있지 않으며, 정의 규정을 두고 있는 국가라 하더라도 형식적인 규정은 있어도 개념에 대한 정의 규정은 두지 않고, 학설이나 판례 법원이 특정 소송사건에 대하여서 법을 해석, 적용하여 내린 판단 · 판례에 일임하고 있다.

우리나라는 특허법 제2조 제1호에 '발명이란 자연법칙을 이용한 기술적 사상의 창작으로서 고도한 것을 말한다.'라고 규정하고 있으며, 동법 제29조에는 특허요건을, 제32조에서는 특허를 받을 수 없는 발명을 규정하고 있다.

대다수의 국가에서는 발명의 정의를 특허법에 규정하지 않고 학설이나 판례에 맡기고 있는데 이는 발명의 정의규정을 특허법에 규정하는 예가 적은 것은 발명의 다양성으로 인하여 일의적(一義的: 뜻이나 결과가 같은. 또는 그런 것)으로 정의하는 것이 어려운 때문이라 생각된다.

그러나 특허법의 보호대상이 발명인 이상 발명의 의의를 명확히 할 필요가 있음은 당연하다 할 것이다. 다만, 그것을 법률에서 정의할 것인가, 또는 학설이나 판례에 위임해야 할 것인가 하는 선택의 문제만 남는다. 법률에서 정의한다면 그 개념이 한층 명확해지고 특허법의 적용범위를 확정하기가 쉬워지는 장점이 있는 반면, 학설이나 판례에 위임하는 경우에는 명확성이라는 장점은 없지만 시대상황에 적합하도록 융통성 있게 발명을 해석할 수 있는 장점이 있다.

### 1) 특허법상의 발명

발명의 정의 규정에 대해 우리나라와 같이 입법례를 두고 있지 않은 나라가 많은데, 이는 발명의 다양성을 고려해 볼 때 일의적으로 정의하기 곤란하기 때문이다. 특허법상 보호대상은 발명이기 때문에 발명에 대한 정의를 내려야할 필요성이 있다. 이에 대해 법에서 규정을 두고 있기도 하고, 판례나 학설로 맡기기도 하는데, 전자는 법적 안정성이 높아지고, 후자는 명확성은 잃지만 그 시대에 적합한 발명의 정의를 내릴 수 있는 장점이 있다. 우리나라의 경우는 후자의 경우로 빠르게 변화하는 발명의 개념에 폭넓게 수용할 수 없는 단점이 있다. 또 특허법이 특허 능력이 있는 발명만을 정의하고 일반적 발명에 대해서는 언급이 없다는 비판이 있다.

특허법이 발명에 대하여 독점권을 부여하면서 보호하려는 것은 그것이 고도의 창작품이기 때문이다. 창작이란 새로이 무엇을 만들어 내고 그 만들어낸 것이 당해 기술 분야의 통상의 전문가를 기준으로 자명하지 않은 것이어야 한다. 특허법상 발명으로서의 창작은 고도성을 요구하고 있는데, 이는 실용신안법상 보호 대상인 고안과의 차이를 나타내는 상대적인 개념이다.

### 2) 특허법상의 발명 요건

특허법상 발명은 '자연법칙을 이용한 기술적 사상의 창작으로서 고도한 것'을 말한다. 즉 자연법칙의 이용, 기술적 사상, 고도한 창작을 요구한다.

### 가. 자연법칙의 이용

자연법칙이란 자연의 영역에서 존재하는 법칙을 말한다. 이는 자연과학상 확립된 법칙(뉴턴의 운동법칙, 에너지 보존법칙 등)만을 의미하는 것은 아니며 자연계에서 일정한 원인에 의하여 일정한 결과가 생긴다는 경험칙도 포함되나, 인간의 정신적·지능적 활동에 의하여 발견되고 안출된 수학, 또는 논리상의 법칙이나 경제학상 법칙 등은 자연법칙이 아니다.

발명은 자연법칙 그 자체는 아니며 자연법칙을 이용한 것이어야 한다. 따라서 자연법칙에 반하는 것이나 자연법칙에 대한 잘못된 인식을 전제로 한 창작은 특허법상 발명이 아니다. 또한 발명은 그 구성 전체로서 자연법칙을 이용하여야 하며 일부라도 자연법칙을 이용하지 않은 부분이 있는 것도 발명이 아니다.

발명이 자연법칙을 이용한 이상 일정한 확실성을 가지고 동일한 결과를 반복 실시할 수 있어야 하며, 발명자 이외의 제3자도 발명자와 마찬가지로 실시할 수 있어야 한다.

### 나. 기술적 사상

기술이란 일정한 목적을 달성하기 위한 구체적 수단이며, 지식으로서 타인에게 전달할 수 있는 객관성이 있어야 한다. 이런 점에서 개인의 숙련에 의하여 도달할 수 있는 '기능' 또는 '기량'과는 다르다. 기술과 기술적 사상으로서의 발명은 자연법칙을 이용한 구체적 수단이라는 측면에서는 동일하지만 기술은 보다 구체적으로 산업상 실제 그대로 이용될 수 있는 수단 그 자체이다. 이에 반하여 발명은 기술의 단계까지 도달되지 않은 보다 추상적·개념적인 수단, 즉 기술적 사상이면 족하다.

그러나 발명은 기술의 단계에 이를 정도까지 구체성이 요구되는 것은 아니라 하더라도 자연법칙을 이용한 이상 기술적 견지에서 보아 장차 기술로서 성립할 가능성은 있어야 함은 당연하다.

# Ⅲ.창의적인 아이디어

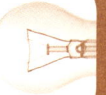

## 1. 좋은 아이디어를 얻는 방법

### (1) 발명가에게는 좋은 아이디어가 무엇보다 중요하다

좋은 아이디어를 얻는 방법이란 스스로 도출하는 방법과 남에게서 얻는 방법이 있을 것이며 스스로 도출한다고는 하나 사실은 다른 정보를 응용하는 것이라고 보는 것이 맞다. 단지 자신의 노력이 얼마만큼 들어갔느냐를 가지고 판단할 따름이다.

그리고 팀워크가 잘 구성이 되어 있다고 하면 이런 아이디어 발굴 단계에서부터 협조할 수도 있는 문제이다. 누구의 아이디어라고 규정하는 것은 그 아이디어를 구체화하고 권리 화하고 상품화했을 때 비로소 가능하다. 그러나 대부분의 사람들은 자신의 머리에서 나오고 메모해 놓았다고 하면 자기의 아이디어라고 단순하게 생각한다. 그러나 발명은 남의 미완성 아이디어를 우연치 않게 듣고 스스로 완성도를 높이면 바로 나의 아이디어라고 주장할 수 있게도 된다.

발명은 단 한순간의 생각이 엄청난 부가가치를 창출하기도 하고 자칫 잘못 추진하면 패가망신할 수도 있다. 일례로 세계최고의 연봉인 브라질 축구선수인 그리스티아누 호나우드 그리고 우리나라의 야구선수인 박찬호나 추신수 선수들도 그 많은 연봉을 받지만 실적이 부진할 때는 스트레스가 머리를 쥐어짜게 한다.

이에 못지않게 발명을 한답시고 결과가 안 나타나면 돈은 돈대로 쓰고 생활고에 시달려 거의 지옥과 같은 것을 경험할 수밖에 없다. 그럴수록 발명가에게는 좋은 아이디어가 무엇보다 중요하다. 또한 좋은 아이디어가 빛을 발하기 위해서는 그것을 잘 처리할 수 있어야 한다.

어쩌면 때때로 이런 처리 능력이 더 중요하기도 하다. 결국 이 처리 단계에서다 실패하기 때문이다. 좋은 아이디어 한 마디 에는 이처럼 많은 내용이 함축되어 있다. 잘 처리하는 능력이 있는 사람은 남의 좋은 아이디어를 자신의 것으로 승화시켜서 처리하고 그 대가를 받을 수도 있다.

좋은 아이디어는 사실 사람들의 마음을 움직이는 이른 바 감성 아이디어이다.

제조품 창작품 할 것 없이 사람들의 마음을 움직여야 한다. 굳이 특허만 고집할 것이 아니라 귀여운 캐릭터인 디자인이든 상표,서비스표로서 좋은 아이디어의 산출물이 될 수도 있다.

예컨대 미국 3M사의 경우 개발 제품에 있어 약 30%의 성공 확률이 있다고 하는데 우리나라 회사는 그보다 1/5인 6%정도가 맞는 것 같고 보수적으로 경험도 없고 시스템이 갖추어지지 않은 일반 발명가는 그

보다 2/10 정도가 맞는다고 볼 수 있다.

그렇다고 실패 확률이 높다고 해서 안하면 나중에 성공할 기회조차 잡지 못하는 것이며 실패를 해보아야 성공을 할 수 있다.

발명에 대한 선호도가 높아지면 한결 대한민국에서 발명가로 생활하기가 용이할 것이며 발명 사업화 활성화 방법이 아니면 우리나라가 융성해 질 방법이 없으며 융성해 지지 않으면 강대국들의 경제적인 식민지가 되는 것이다.

좋은 아이디어를 도출해야만 할 때 도출할 수 있어야 하려면 순발력이 있어야 한다는 것이다. 바로 옆 사람은 도출했는데 자신은 매번 도출하지 못하면 아이디어는 그 사람 소유가 되는 것이다. 이런 순발력은 이 세상 모든 물품에 대한 관심과 부단한 발상 연습들을 통하여 얻어지게 된다.


## (2) 모든 것은 창의력으로부터 시작된다

### 1) 미국 애플사의 스티브 잡스

오늘날 인류는 하루가 다르게 많은 변화를 요구받고 있다. 그냥 되는 대로 살아도 되는 것이 아니라 그때 그때 필요한 변화를 이루어내지 않으면 생존 그 자체가 철저하게 유린과 위협받는 그런 냉철한 시대가 온 것이다. 최근 화제가 되고 있는 미국 애플사의 경영자 스티브 잡스(Steve Paul Jobs)는 별 대단한 기술도 없으면서 이 세상에서 매우 중요한 분야는 하나씩 하나씩 석권하는 괴력을 발휘하고 있다.

이는 미국 정부와 국민이 혼연일체가 되어 지원하고 전 세계인이 마법에 걸린 양 호응하기 때문이다. 미국은 능란한 언론 플레이와 대세를 장악하는 방법을 정확하게 구사하고 있다는 것이다.

미국의 포석에는 부진했던 휴대전화(아이폰)와 최근에 폭발적으로 판매되는 아이패드(i pad)를 비롯한 전자기억 관련된 모든 것을 장악하겠다는 것이며 이대로 가면 MS사의 빌게이츠처럼 또 모든 사람들이 말려 들어갈 수밖에 없다.

미국 국민들은 누가 잘한다고 하면 모두가 발 벗고 나서서 적극적으로 지원해 주고, 자국 산업발전을 위해서는 모두가 한마음으로 좋은 결과를 낳기 위하여 최선을 다한다.

세계적인 창의적 아이디어로 혁신을 가져온 애플의 스티브 잡스는 최근 주가가 오르는 인물로 손꼽히고 있다.

그는 2009년 미국의 경제 전문지 《포춘(Fortune)》*이 뽑은 2009년 베스트 CEO 1위에 선정되어 전 세계의 주목을 받고 있다.

기발한 상상력과 창의성을 바탕으로 성공한 스티브 잡스는 미국 오리건 주의 포틀랜드 동남쪽에 있는 학부중심의 4년제 교양대학 리드 칼리지(Reed College)를 중퇴하였는데 그의 이력을 살펴보면 1955년 미국 캘리포니아 주 샌프란시스코에서 미혼모의 아들로 태어나 아이가 없던 폴 잡스 부부에게 입양되었다. 이름도 친어머니가 아닌 양부모가 지어준 것으로, 환경이 매우 안 좋았다.

폴 잡스 부부는 지금의 실리콘 벨리가 아직 초기였을 때부터 그곳에 살아서 스티브 잡스는 전자기술의 세계에 대한 관심이 많았다. 하

---

* 포춘 : 미국의 격주간 종합 경제지. 1930년 2월에 《타임》지를 창간한 H.R.루스에 의해 창간되었다. 창간 당시는 대불황기였기 때문에 3만 부의 예약판매 실적밖에 거두지 못하였다. 1978년 월간에서 격주간이 되었으며, 매년 5월 제1주호에서 발표하는 전미 기업순위 《Fortune 500》는 유명하다.

지만 어렸을 때부터 자신의 세계에 빠져있어서 그런지 그는 괴짜에다가 말썽꾸러기였다.

그의 어린 시절 혹은 학창시절의 친구들 중에 스티브 잡스에 대해 좋은 기억이 있는 친구가 드물 정도로 그의 성격은 저돌적이다 못해 공격적이었다.

고등학교를 마친 뒤 휴렛팩커드에서 인턴으로 일하면서 차고에서 천재 공학도였던 워즈니악(Stives Wozniak)을 만나 1976년 자본가인 마쿨라의 지원 아래에 애플컴퓨터를 설립하고, 최초의 퍼스널 컴퓨터를 발명, 컴퓨터 사업에 뛰어들었다.

잡스는 워즈니악이 만든 컴퓨터를 보고 상업적으로 팔 수 있겠다는 생각에 판매루트를 개척했다.

그러나 잡스는 철저히 자신만을 생각하고 친구들과의 사이에서도 사적인 감정은 절대로 용납하지 않는 이기주의적인 성격이 강하여 주위의 신임을 못얻고 결국 애플사에서 쫓겨나게 되었다.

그는 애플사가 회사공개를 하면서 잡스 자신과 워즈니악, 마쿨라를 억만장자의 반열에 오르게 된 주식분배에서 자신과 함께 애플을 만들어온 친구들이나 회사사람들에게는 주식을 아예 하나도 주지 않을 만큼 인색하기도 했다. 이는 잡스가 어린 시절 불행하고 어렵게 살았기 때문이라 생각한다.

결국 워즈니악이 자신의 주식을 친구와 회사사람들에게 분배해 주었지만 잡스는 그런 워즈니악의 행동이나 생각자체를 이해할 수 없다고 말했다.

이후 애플1ㆍ2, LISA, 매킨토시에 이르는 획기적인 컴퓨터를 차례로 내놓고 애플사가 주식시장에 상장되자 백만장자가 되었다.

하지만 넘치는 열정으로 너무 앞서나간 컴퓨터를 만들려고 하다가 LISA 등 새로운 컴퓨터의 가격이 일반인이 구매하기 어려울 정도로 고가라 거의 판매가 안 되어 결국 애플을 만들 때 자본을 대주었던 마쿨라에 의해 애플에서 쫓겨났던 것이다.

그 후 애니메이션 장편영화 등에서 제작활동을 하다가 10년 만에 다시 애플사 CEO로 복귀하고 아이맥, 아이팟, 아이폰, 아이패드 등을 대 히트시키며 성공한 CEO가 되었다.

**잡스의 경력**

1976년  애플컴퓨터 설립

1977년  애플 II 출시

1984년  매킨토시컴퓨터 개발

1985년  넥스트스톱 컴퓨터 설립

1986년  픽사 애니메이션 스튜디오 인수

1997년  애플사 복귀

2003년  디지털 온라인 음악 아이팟 출시

2009년  아이폰3 출시

2010년  04월 IPAD 출시

2010년  아이폰4 출시

**수상 이력**

2005년  비즈니스위크 선정 '올해의 리더'

2005년  타임지 선정 '2005년 핵심 뉴스메이커'

2005년  파이낸셜타임스 선정 '세계 최고 억만장자 25인' 2위

2009년  포춘지 베스트 CEO 1위에 선정


《포춘》은 스티브 잡스를 '천재(genius)'와 '영감을 주는(inspirational)' 사람이라고 표현했다.


과학자 알버트 아인슈타인은 창의력의 가치를 높이 평가하고 몸소 실천한 인물이다.

어릴 때부터 엉뚱하고 독특했던 그의 사고방식은 수많은 궁금증과 반문으로 이어졌고 이 같은 '사고 실험'을 통해 상대성 이론과 광양자설 등을 만들어냈다. 그의 중요한 모험들은 실제 세계가 아니라 창의적인 그의 머릿속에서 이뤄졌으며 그것을 통해 세상을 바꾼 20세기 최고의 위대한 과학자가 됐다.

일본의 재벌인 한국계 손정의 씨는 20세 때 히타치에 10억 원을 받고 자신의 발명 아이디어를 팔고 그 돈으로 미국으로 유학 가서 야후 주식을 사는 등의 과정을 거쳐 오늘날에 이르렀다. 이런 일은 미국의 경우 너무 흔한 일인데 우리나라는 지도하는 사람들에게 조차 생소하기 때문에 권장되지 않고 있다.

발명이 얼마나 대단한 것이기에 평범한 사람이 30년 동안 벌어들일 돈을 일거에 벌어들인단 말인가!

그리고 이러한 발명은 모든 사람들에게 열려 있으니 기왕이면 더 깊은 단계까지 들어가 제대로 승부를 걸 필요가 있다.

바야흐로 21세기는 무한한 상상력과 창의력이 기업 성패를 좌우하는 '창의력 경쟁'의 시대라고 해도 과언이 아니다. 게리 하멜 런던 비즈니스스쿨 교수는 "지금은 초 경쟁 시대이며 지식경제에서 창조경제로 넘어가는 시대"라며 "과거 도구는 더 이상 맞지 않은 만큼 새로운 아이디어를 내고 시도해야 한다."고 강조했다.

창의력이 시대의 경쟁력으로 강조되면서 기업에서도 창의 경영, 창의적 인재 육성에 힘을 쏟고 있다. 취업 포털 잡 코리아가 매출액 상위 100대 기업들을 대상으로 인재상에 포함된 키워드를 분석한 결과 각 기업들이 내세우는 인재상에 가장 많이 포함된 항목으로 '창의적 인재'(57.0%)가 최고 비중을 차지했다.

교육 현장도 어느 때보다 창의력을 요구하는 목소리가 높다. 대학 입시에 입학사정관제가 확대되는 것은 물론 특수목적고나 자율형 사립고, 심지어 국제중학교까지 성적이 뛰어난 지식 전수형 학생보다 창의력이 뛰어난 능력 개발형 학생을 선발하겠다는 기준을 앞 다퉈 발표하고 있다.

이처럼 학생, 직장인 할 것 없이 창의력의 중요성을 뼈저리게 느끼고 있지만 4지선다형 객관식 문제 풀이, 주입식 교육에 익숙해 창의성을 끌어내는 교육환경에서 자라지 못했다고 생각하는 대부분의 한국인들은 창의력이란 말만 나와도 위축되는 것이 현실이다.

노동부가 5인 이상 사업체 노동자 3,003명을 대상으로 우리나라 직장인에게 가장 부족한 덕목이 무엇인지 묻는 질문에 응답자의 40.3%가 창의성이라고 대답했다고 한다. 여기에 대비하여 발명과학고와 이와 연계된 발명대학 설립으로 초, 중, 고를 포함하여 대학까지 체계적

으로, 적어도 10년 이상의 한 우물을 파는 발명 교육을 실시하여야 우
리도 머지않아 세계적인 발명가를 배출할 수 있을 것이다.

### 2) 창의성의 정의와 필요성

아이디어의 원천인 창의성은 유용하다고 생각되는 새로운 아이디
어를 개발하고 표출하는 일련의 모든 과정을 말하며 새로움(newness),
유용성(usefulness), 신선함(freshness)을 포함한다. 지식사회에서는
그 중요성이 모방에서 혁신으로 그 무게중심이 이동하면서 창의성 요
구가 증가하고 있다.

그러면 현재까지 조직에서 창의성을 관리 못한 원인을 살펴보자.

① 창의성 하나로 생산적 결과를 가져온다는 가정창의성 + 조직의
지원 + 리더십 + 대인간 스킬 = 생산적 결과.

② 아이디어를 열매 맺게 할 스킬이나 동기부여 및 창의적 관리자
필요.

③ 창의성의 속성→ 과거 경험 + @ = 혼합된 축복.

④ 빈약한 조직의 관행.


### 3) 창의성의 구성요소

① 전문성(방황할 수 있는 네트워크의 정도→ 사이몬)

② 창의적 사고.

③ 내재적 동기부여.

## 4) 창의성의 형태의 종류

### 가. 개인 창의성을 증가시키는 요인

도전감(올바른 업무부여)→ 자원(시간, 돈, 물리적 공간)→ 자유(프로세스 진행, 15%룰) → 작업집단 형태→ 감독자의 격려→ 조직지원(정보공유와 협력).

### 나. 집단창의성 · 증가시키는 요인
- 내부요인: 다양성, 응집성, 리더십, 자율성 등.
- 외부요인: 혁신적 문화, 위기의식, 보장시스템 등.
- 외부와의 네트워크 활동과 게이트키퍼.

### 다. 조직창의성
- 아이디어 도출→ 아이디어 도출은 창의성의 첫 단계.
- 아이디어의 원천→ 기술 환경→ 시장의 요구.

## 5) 제품 챔피언→ 조직 내 강력한 힘을 상징

제품 챔피언이란 중요한 잠재력을 갖고 신기술과 시장기회를 인식하고, 자신의 프로젝트로 수용하며, 이에 몰두하고, 조직 내 다른 사람으로부터 지원을 얻으며 적극적으로 수행하는 사람을 말한다.

창의적 리더십→ 창의성을 불러일으키기 위해 창의적 리더십이 필요하다.

### 6) 창의성을 촉발하는 리더의 특징

① 부하가 행한 위험을 적극 흡수.

② 미개발 아이디어에 편안한 느낌 갖기.

③ 조직 정책을 적극 확대.

④ 신속한 의사결정 능력.

⑤ 훌륭한 청취자.

⑥ 자신의 일을 즐김.


### 7) 창의적 인사제도의 정착 · 창의적 인사제도의 정착을 위한 방법

① 인적자원계획을 창의성에 맞춤.

② 성과의 평가를 창의성에 맞춤.

③ 보상시스템으로 창의성을 위한 자유 보여.

④경력관리를 위해 시행하는 직원들의 역량을 최대한 끌어내는
임파워먼트(Empowerment) 활용.


### 8) 특이한 창의적 발명품

아래의 발명품들은 '기발하다', '웃긴다' 라고 생각이 들 정도의 웃음을 자아내는 발명품들이다.

이러한 발명품들은 주로 일본에서 많이 만들어지는데 그 중에는 매출과는 상관없이 정말 재미만을 위한 발명품들도 많고, '이런 걸 어떻게 사용할까?' 하는 기상천외 한 것들도 많다. 그 중 몇 가지를 뽑아 소개한다.

### ▪라면 얼굴 보호대

라면을 먹을 때 항상 국물이 튀긴다.

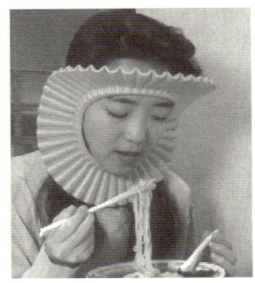

맛있게 먹기도 바쁜데, 머리카락이나 얼굴에 국물이 묻게 된다면 그것만큼 신경 쓰이는 것도 없을 것이다. 그 점을 보완하기 위해 탄생시킨 발명품! 물론 외출했을 때 사용하기에는 민망하다. 그러나 집에서는 언제든지 사용할 수 있겠다.

### ▪수면용 헬멧

매일 아침 출근길.

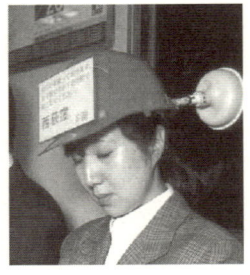

직장인이나 학생들의 얼굴에는 피곤함이 묻어 있다. 자리에 앉아 잠이 든 사람들을 보면 꾸벅꾸벅 고개를 흔들며 잠들어 있다. 목이 아파 보인다. 이 발명품은 고개가 꺾이거나 세상 모르고 조는 사람들을 위한 물건이다.

좌석 뒤쪽에 떨어지지 않게 부착한 후 헬멧을 쓰고 그대로 자면 된다. 아무 걱정 없이 잘 수 있지만, 창피할 수도 있겠다.

### ▪안약 넣기

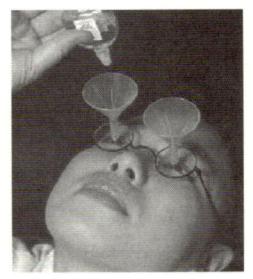

안과에서 치료를 받거나, 평소에 안약을 넣어 본 사람들은 다 알 것이다. 안약을 눈에 넣으려고 할 때마다 자꾸만 눈이 감기고 깜빡깜빡거릴

것이다. 눈에 가까이 대면 살짝 무섭기까지 하다. 이 발명품은 정말 간단한 아이디어로 만들어졌다.

좁은 구멍에 편하게 넣을 수 있는 깔때기의 원리를 활용했다. 안경테에 부착시킨 뒤에 안약을 떨어트리기만 하면 눈으로 흘러 들어간다.

### ▪무동력 아기 청소기

갓난아기들은 걷기 전에 기어 다닌다. 때문에 옷을 아무리 갈아 입혀놔도 뒤돌아서면 금방 더러워진다. 바닥에 있는 먼지를 다 닦고 다닌다고 해도 과언이 아니다.

이 발명품은 아이도 보호하고, 바닥을 걸레질도 할 수 있는 꿩먹고 알먹고 식의 제품이다.

팔 부분과 배, 다리 부분에 털 같은 것이 달려 있어 세탁도 편해 보인다.

### ▪지퍼달린 마스크

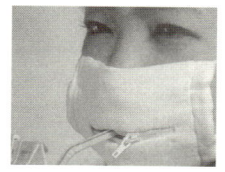

봄철 꽃가루에 예민하거나 감기에 걸린 사람들은 마스크를 착용한다. 마스크는 편리할 때도 있지만 음식을 먹을 때는 마스크를 벗어야 한다는 단점이 있다. 이런 불편함을 없애기 위해 지퍼를 단 마스크를 만들었다고 한다.

지퍼를 열고 간단하게 사용할 수 있는 장점과 남들에게 보여주기 창피할 수 있다는 단점이 있다.

### ▪물에 뜨는 국자

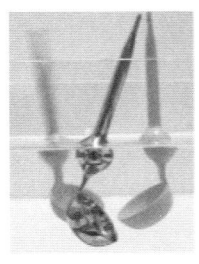

국이나 찌개 등을 요리할 때 잠시 한눈을 판 사이에 국자가 사라졌다! 허둥지둥 국자를 찾다보면 국자는 냄비 속으로 들어가 있고, 그것을 꺼내기 위해 온갖 수고를 해야 한다. 하지만 이제 국자가 사라질 일은 없다.

물 위에 떠 있는 국자! 전혀 잠길 일이 없고 냄비에 걸쳐놓지 않아도, 혹은 냄비에 빠질까 신경 쓰지 않아도 아무 문제없다. 이제 맛있는 요리만 만들면 되는 것이다.

### ▪금붕어가 사는 세면대

그림만 보아도 너무 예쁘지 않은가?

세면대에 살고 있는 금붕어. 발명과 동시에 시각적, 공간적 디자인으로도 전혀 손색이 없다. 이것 하나로 화장실의 분위기는 180도 달라질 것이다.

### ▪음식 씹는 횟수, 세어드려요

마치 스톱워치와 비슷하게 생긴 물고기 모양의 이 기구는 최근에 개발된 음식을 씹어 먹는 횟수를 체크하는 카운터기이다. 어린이들이 음식을 몇 번 씹지도 않은 채 삼키는 일이 잦아 소화기관에 문제가 생기는 것을 고려한 발상이 대단해 보인다.

30회마다 삑! 소리를 내서 알려주며 1천 회가 되면 멜로디가 나온다. 누리꾼들은 과연 이것이 도움이 될 만한 물건인가 하며 의문을 품기도 하지만 특이한 발상에 모두 신기해 하고 있다.

### ▪귀 잡아당기는 네비게이션

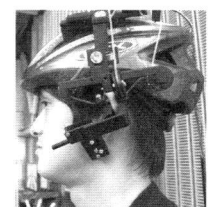

일본에서 개최된 '디지털 콘텐츠 엑스포 2009' 행사에서 재미있는 내비게이션이 소개됐다. 일본 전기통신대학에서 개발한 '귀 견인형 내비게이션'은 헤드셋에 부착된 장치를 귀에 연결해 내비게이션이 지시하는 방향으로 잡아당겨 길을 인도한다. 이 실험적인 내비게이션을 작동시키기 위해서는 제어용 컴퓨터와 배터리를 별도의 가방에 들고 다녀야 한다.

길치인 사람에게는 매우 유용하게 적용되는 발명품이지만 외관상 예쁘지가 않으니 사용하는 사람들은 많지 않을 듯하다.

### ▪무게를 알려주는 도마

고춧가루 10g, 간장 5g, 마늘 10g……

질량으로만 표시되어 있는 요리책의 요리 재료들이다. 과연 얼마를 넣어야 하는 걸까?

이젠 더 이상 고민할 필요가 없다. 디자인까지 예뻐 주부들의 마음을 사로잡을 도마가 나왔으니까.

음식을 조리할 때 질량을 나타내 주는 부분에 요리재료를 올려놓으면 몇g인지 바로 알 수 있어 매우 편리하다.

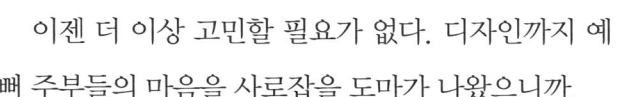

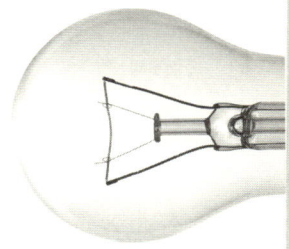

3장
# 특허·상표

# Ⅰ.특허, 얼마나 알고 있나?

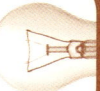

특허(特許, Konzession)! 낯설지 만은 않은 단어이면서도 뭔가 특별한 단어로 느껴지기도 한다.

특허는 특정의 상대방을 위하여 권리를 설정하는 행위와 능력을 설정하는 행위 및 포괄적 법률관계 설정행위(특허허가) 등의 설권적*·형성적 행정행위로 발명을 장려·보호·육성함으로써 기술의 진보·발전을 도모하고 국가산업의 발전에 기여하기 위한 제도이다.

또한 오늘날 지식기반 사회에서 발명과 기술은 매우 중요한 역할로 작용한다.

과거에 비해 지금은 지식노동이 중요해졌고 기술발명에 의해 개인이나 기업, 나아가 국가의 경제가 결정될 수도 있기 때문이다.

만약 여러분이 애써 발명한 것을 타인이 무단으로 사용하게 된다면

---

＊ 설권적 : 특정인을 위하여 특정한 권리 또는 법률관계를 설정하는 것

아마 곤란한 입장에 처하게 될 것이다. 그러기 때문에 발명자는 특허 출원을 통해 특허등록을 받아야 할 필요가 있다. 이렇게 자신의 발명 또는 기술을 보호받기 위해선 특허권이 필요한 것이다.

특허에는 종류도 여러 가지이고 방법과 절차 또한 복잡하고 다양하다.

그러면 지금부터 특허와 관련한 특허권, 특허출원 등에 대해 알아보도록 하겠다.

## 1. 특허

### (1) 과연 어떤 것이 특허가 되는 걸까?

특허는 산업상 이용할 수 있는 자연법칙을 이용한 기술적 사상의 고도한 창작으로서, 특허출원 전에 국내에 공지되었거나 공연히 실시된 것이 아니고, 국내외에 반포된 간행물에 기재된 것이 아니어야 받을 수 있다. 그러나 원자핵 변환방법에 의하여 제조될 수 있는 물질의 발명과 공공의 질서 및 선량한 풍속에 위반되거나 공중의 위생을 해할 우려가 있는 발명은 특허를 받을 수 없다.

자연법칙을 이용한 기술적 사상의 창작으로서 고도한 발명은 특허의 대상이 된다. 다만 공공질서, 선량한 풍속을 문란하게 하거나 공중의 위생을 해할 염려가 있는 발명은 특허대상에서 제외된다.

또한 현실적인 물품이나 제품을 보호하는 것이 아니라 그 제품에 담겨진 기술적 사상, 즉 아이디어를 보호하는 제도이다. 따라서 아이디어만으로 얼마든지 특허출원을 할 수 있다. 가능한 발명에 대한 개념을 착상한 단계에서 출원을 서둘러야 하며, 만약 그렇지 않은 경우 먼저 출원한 자에게 특허를 부여하는 선원주의(先願主義)* 규정에 따라 타인에게 발명을 빼앗길 수도 있다.

다만 발명의 아이디어는 아주 막연해서는 안 되며 적어도 목적 달성을 위해 적용 가능한 기술이 있고 그래서 실현가능하다는 정도는 제시되어야 한다.

---

\* 선원주의(先願主義) : 둘 이상의 출원(出願)이 경합한 경우에 먼저 출원한 자를 우선시키는 주의.

## 1) 특허의 요건

발명이 특허를 받기 위하여 갖추어야 하는 요건을 발명의 특허요건이라고 한다.

특허법은 특허요건 중 특허출원발명이 갖추어야 할 실체적 요건에 관하여 발명의 성립성, 산업상의 이용가능성, 신규성, 진보성을 규정하고, 이러한 요건을 갖춘 발명이라도 일정한 발명은 공익적·산업 정책적 이유에서 특허하지 않을 것으로 규정하고 있다.

### 가. 발명의 성립성

특허법상의 인정되는 발명이 아니면 특허 받을 수 없는 것은 당연한 일이다. 어떤 경우이든 간에 발명을 해야 특허를 받을 수 있으므로 특허의 전제조건으로서 발명의 성립성은 당연히 요구되는 요건이라고 할 수 있다.

때문에 비발명, 미완성 발명은 특허가 될 수 없다.

❶ 비발명 : 출원발명이 특허법상의 발명의 성립요건 중 어느 하나를 결한 발명을 말한다. 자연법칙 이외의 법칙을 이용한 것(광고), 자연법칙 그 자체(만유인력의 법칙), 단순한 발견(천연물), 자연법칙에 위배된 것(영구 운동기계 장치) 등을 예로 들 수 있다.

❷ 미완성 발명 : 발명의 성립이라고 볼 수 있는 외관은 갖추었지만 그 실시가 의심스럽거나 실시 불가능한 경우를 말한다.

### 나. 산업상 이용가능성(industrial applicability)

특허제도의 목적은 발명이 산업발전에 이바지하게 하는 데에 있으므로 상업상 이용가능성이 없는 발명이 만들어지지 않는다.

현재 당장 이용되지 못하더라도 장래에 이용될 가능성이 있는 발명도 산업상 이용가능성이 있다고 판단하며, 발명의 경제성 유무는 산업성 판단에 고려된다.

### 다. 신규성(novelty)

신규성이란 새로움을 말하는데, 발명이 특허출원 전에 이미 국내에서 올렸거나, 공용되거나 국내 이외의 간행물에 기재된 발명인 경우에는 특허가 되지 않는다.

간행물 기재의 경우 공개성이 없는 사문서(私文書, private papers)*, 비문서에 기재된 발명이거나 발명기술의 외형만이 기재되어 있는 경우에도 신규성 상실이 아니다.

심사관이 신규성이 있는지 없는지의 판단은 출원시를 기준으로 하여, 명세서 전체를 그 범위로 하여 판단한다.

### 라. 진보성

진보성이 없는 발명에 특허를 인정하면 특허권의 난립으로 인하여 오히려 산업발전의 저해요인이 될 수 있으므로, 특허를 받기 위해서는 발명의 진보성이 있어야 한다. 진보성이 있는 발명이란 그 발명이 속

--------

\* 사문서(私文書, private papers) : 공무소 또는 공무원이 직무상 작성하는 공문서 이외의 사인명의의 문서.

하는 기술 분야에서 통상의 지식을 가진 자가 특허출원시의 공지된 발명으로부터 용이하게 발명할 수 없는 정도의 창작의 난이도를 갖춘 발명을 뜻한다.

### (2) 특허제도의 개요

#### 1) 특허제도의 연원

특허제도, 즉 기술상의 발명을 보호하기 위하여 독점권을 부여하는 제도가 처음으로 체계화된 것은 15세기의 베네치아 공화국의 특허법이다. 베네치아 공화국 특허법에서는 발명자에게 10년간의 특허권을 인정하였으며 물리학자 갈릴레오 갈릴레이도 자신이 개발한 양수기에 관하여 베네치아 공화국으로부터 특허를 부여 받은 사례가 있다.

현대적 의미의 특허제도가 시작된 것은 17세기의 영국의 전매조례가 시행된 때부터인데, 전매조례란 '신규 제조물의 진정한 발명자에게 독점권을 부여한다,' 즉 신규성, 선원주의 및 독점권부여를 뜻한다. 특허제도의 기본 원칙이 수립된 것은 영국의 전매조례부터이다.

#### 2) 특허제도의 목적

특허제도는 발명을 보호·장려함으로써 국가산업의 발전을 도모하기 위한 제도이며 (특허법 제1조) 이를 달성하기 위하여 '기술공개의 대가로 특허권을 부여' 하는 것을 구체적인 수단으로 사용한다.

- 기술공개 → 기술축적, 공개기술 활용 → 산업발전
- 독점권 부여 → 사업화 촉진, 발명의욕 고취 → 산업발전

### 3) 특허제도의 이념

상식적으로 특정인에게만 독점권을 주는 것은 바람직하지 않다.

특허제도는 발명자가 새로운 기술을 공개하는 보상으로서 독점권을 부여한다는 논리에 의해 이 모순을 해결한다.

따라서 발명자가 독점권을 얻기 위해서는 공개하는 기술이 신규하여 공중의 기득권을 침해하지 않아야 하고, 공개된 기술과 독점권이 등가관계에 있어야 한다.


### (3) 우리나라 특허의 힘

우리나라의 특허의 힘은 막강하다.

대표기업들은 외국에서 로열티를 지급받고 있으며 외국기업들도 우리나라 특허기술을 모두 부러워하고 탐내고 있기 때문이다.

외국기업들의 관심이 득이 될 수도 있고 실이 될지는 모르는 일이지만 우리나라 특허의 기술력이 뛰어나다는 것은 입증될 만한 사실인 것 같다.

그러면 세계 특허 4위를 기록한 우리나라와 외국기업의 로열티를 지급받는 기업들을 소개한다.


### 1) 세계 특허 4위 한국

• 세계 4위 특허강국, 특허로 돈 번다
• 특허 로열티 20억 달러. 농촌진흥청 국가기관 중 특허보유 1위

미국 · 일본 · 독일에 이어 세계 4위를 기록 중인 특허강국 대한민

국이 특허를 통해 돈까지 벌고 있어 기술 강국의 위상을 또 한번 높이고 있다.

한국은행의 발표 자료에 따르면 특허권, 독점 판매권 등 외국으로부터 로열티 사용료로 인한 대외수입액은 20억 1천만 달러로 작년보다 5.4% 증가한 것으로 나타나 특허분야 로열티로 해외에서 벌어들인 외화가 처음으로 20억 달러를 넘어섰다.

우리나라의 로열티 수입액은 1996년에는 1억 8천만 달러에 불과했지만 2000년에는 6억 9천만 달러로 3배가량 증가한 뒤 20억 달러를 넘어선 것이다. 이 같은 로열티 수입 증가는 과거 해외 특허에 전적으로 의존하던 국내 산업과 학계가 그동안 기술 개발 등으로 특허출원을 크게 늘리면서 상당액의 특허사용료를 벌어들이고 있는 현실을 보여주는 것이라는 점에서 상당히 의미 있는 일로 해석되고 있다.

세계지적재산권기구(WIPO)가 발표한 전 세계 특허 출원 건수에서도 우리나라는 5천 건을 기록했다. 이는 영국, 프랑스를 제치고 미국, 일본, 독일에 이어 세계 4위를 기록하게 된 것이라 볼 수 있다. 또한 우리나라는 2002년 9위에서 점점 성장하며 특허 출원 부문에서 상승세를 이어가고 있다. 하지만 국내 기업들이 특허권 및 지적 재산권으로 인한 지출이 수입보다 많아 흑자로 수지개선을 보강해야 하는 필요성이 있다.

이러한 상황에서 국가기관 중으로는 특허분야 최다보유와 특허청에서 산업화한 기술 가운데 기술이전 수입에서 1위를 차지한 기관이 있는데 바로 농촌진흥청이다. 이곳은 국가기관 중 산업화된 특허를 가장 많이 보유하고 있다

현재 국가가 보유하고 있는 특허는 대부분은 농촌진흥청에서 개발
했으며 앞으로도 지속적인 발전을 위해 기초기술개발 연구 및 실용화
연구개발 사업을 확대 추진 한다고 한다.

### 2) 외국에서 탐내는 우리나라 특허기술

우리나라 기업들이 R&D(연구개발) 비중을 점차 높여가고 있는 가운
데 외국으로부터 기술수출료를 받는 곳도 늘어나고 있다.

그 중 국내 제약기업들이 상위권을 차지하고 있으며 이것은 외국
제약사로부터 우리나라의 제약기술을 인정받았다는 것으로도 볼 수
있다.

#### 가. 은나노 기술

삼성전자가 원천기술을 확보하고 있는 '은나노 살균기술'이 해외에
로열티를 받고 수출될 전망이다. 외국 가전업체들이 은나노 살균기술
의 상품성을 인정해 잇따라 러브콜을 보내고 있기 때문이다.

업계에 따르면 삼성전자는 최근 스웨덴 가전업체인 일렉트로룩스
에 은나노 기술을 수출하는 방안을 내부 검토 중이다.

삼성전자의 한 관계자는 '일렉트로룩스 측이 자사 세탁기 등에 삼
성전자의 은나노 기술을 채택하고 싶다는 의사를 타진해와 양측 연구
진이 기술 수출 가능성을 검토 중'이라고 전했다. 이 관계자는 '수출이
성사될 경우 로열티도 받을 수 있다.'고 말했다.

은나노 기술은 삼성전자가 자체 개발해 일본 · 유럽연합(EU) 등 16
개국에 특허출원 중으로 살균 및 항균효과가 뛰어난 것으로 인정받고

있다. 삼성전자 은나노 기술 특허는 · Ag+ 은살균 제어 시스템(장치) · 세탁기 Ag+ 전기분해장치 · 살균세탁기 전압제어장치 · 은살균 세탁 방법 · 직결형 Ag+ 은살균 제어 시스템(장치) 등이다.

이에 따라 일렉트로룩스 · 밀레 등 외국 가전업체뿐만 아니라 국내 유수의 경쟁업체들도 은나노 기술에 탐을 내고 있다.

만약 기술 수출이 성사되면 삼성전자 은나노 기술은 세계적으로 인정받아 프리미엄 브랜드 제고는 물론 해외시장 공략에도 탄력을 받을 전망이다. 삼성전자는 국내뿐만 아니라 미국 최대 유통업체인 베스트바이 등을 통해 현지에 판매되는 자사 세탁기 등에 은나노 기술을 채용하고 있다. 하지만 원천기술 자체에 대해 수출을 논의하기는 이번이 처음이다.

삼성전자 은나노 기술은 99.99% 순은을 전기분해한 후 4,000억 개 은나노 입자로 만들어주는 은나노 시스템을 세탁기에 장착, 세탁 시 은나노 입자가 직접 옷감 속의 각종 균을 살균하고 마지막 헹굼시에는 옷감을 은나노 입자로 코팅함으로써 약 1개월 이상 세균 번식을 방지하는 항균효과를 나타낸다고 회사 측은 설명했다.

반면 은코팅이나 은을 세탁판 등에 사출하는 방식은 기존에 항균 플라스틱을 적용한 수준 정도로 은나노 입자가 옷감에 직접 작용하지 못하므로 살균 · 항균 효과가 거의 없다. 출처: 네이버 뉴스

## 나. 제약사 기술

### ❶ 동화약품, 연간 4천억 원 로열티 가능

동화약품이 개발한 골다공증치료제 'DW-1350'이 상품화될 경

우 연간 4,000억 원대의 로열티 수입이 예상된다는 장밋빛 전망이 나왔다.

'DW-1350'은 작년 7월 다국적 제약사 P&G(Procter & Gamble)에 국내제약 사상 최대금액인 5.11억 달러(약 4,701억 원) 규모에 아시아를 제외한 전세계 개발 및 판매권을 이전 기술수출 계약을 맺은 골다공증 치료제이다.

한양증권은 '동화약품의 풍부하고 강력한 신약개발 파이프라인 중 'DW-1350'의 미래 잠재가치에 주목해야 한다.'면서 'DW-1350가 세계적인 신약 '포사멕스'나 '포스테오' 등이 갖지 못한 골흡수억제와 골형성촉진을 모두 가진 골다골증치료제로 임상실험이 순조롭게 마무리된다면 세계 최초로 두 가지 기전을 모두 갖춘 골다골증 치료제가 될 것이기 때문'이라고 설명했다.

동화약품의 'DW-1350'이 제품화될 경우 100억 달러 이상의 시장 규모와 P&G의 골다골증 치료제에서의 영업력을 감안할 때 판매액이 40~50억 달러도 가능하고, 기술수출 평균을 고려하여 로열티가 10%인 점을 감안하면 매년 약 4,000억 원 이상의 로열티가 유입될 수 있어 글로벌제약사로 도약할 수 있는 계기가 될 것으로 보인다고 강조했다.

또한 세계 1위 골다골증 치료제 '포사멕스'가 2008년 2월 특허가 만료되고, P&G의 제품으로 세계 2위인 '악토넬'도 2011년 특허가 만료되기 때문에 'DW-1350'가 신약으로 발매되면 쉽게 시장을 평정할 수 있을 것이라고 내다봤다.

동화약품은 현재 아시아 판권은 그대로 보유하고 있어 일본이 세계 최대 고령화 사회로 세계 2위의 골다공증치료제 시장인 점을 감안하면 일본 판권도 다국적 제약사에 기술 이전될 가능성이 높다고 예상했다.

특히 골다공증 치료제가 많은 부작용으로 인해 문제점이 대두되고 있는 상황이라 'DW-1350'은 단 회에 최대 800mg까지 투여하고 1주일에 600mg까지 투여한 결과 특별한 부작용이 없는 것으로 나타나 임상 성공 가능성이 높은 것이라는 전망이다.

현재 'DW-1350'은 유럽 임상 1상을 완료하고, 2상을 준비 중이라 올 상반기 중 임상 2상에 진입할 것으로 보인다.

동화약품은 또한 신퀴놀론계 항균제 'DW-224a'도 작년 6월 미국의 퍼시픽비치 바이오사이언시스(Pacific Beach Biosciences)사에 아시아를 제외한 전세계의 개발 및 판매권에 대한 기술이전 계약을 5,650만 달러(약 525억 원)에 맺었다.

골다공증치료제 DW-1350과 신퀴놀론계 항균제의 기술 수출료가 총 5억 6,750만 달러(약 5,306억 원)로 향후 유입될 기술 수출료만 감안하더라도 향후 파괴력은 상당할 것으로 분석됐다.


❷ 한미약품 작년 로열티 60억 달러 수입

한미약품은 지난 97년 노바티스사에 면역억제제 '마이크로에멀젼'에 대한 기술독점 사용권을 6,300만 달러에 판매하고 매년 600만 달러씩 받고 있다.

그 다음은 종근당(30억 3,900만 원), LG생명과학(23억 9,400만 원), 동아제약(2억 1,206만 원) 등이었다.

종근당은 2000년 미국 ALZA사와 'CKD-602(캄토테신계 항암제)'의 독점공급계약을 체결하고 기술료로 받은 300KS 달러(달러당 1,013원)

를 수익으로 처리했다.

　종근당은 향후에도 ALZA사와의 임상시험 완결 및 제품허가, 시판 등 절차에 따라 로열티로 받기로 돼있어 지속적인 기술료 수익이 예상된다.

　**❸ 종근당, LG생명과학, 동아제약도 수입 증가**

　LG생명과학은 2002년 미국 Oscient사와 '팩티브(퀴놀론계 항균제)'의 제조 및 미국, 유럽시장 판매, 그리고 이와 관련한 특허 및 기술정보를 이전하는 계약을 체결하고 23억 9400만 원을 벌어 들였다.

　국내 제약사 중 매출액 대비 R&D 투자금액이 가장 높은 LG생명과학은 팩티브에 대한 전세계 판매계약을 체결한 상태여서 향후에도 상당한 로열티 수익이 기대되고 있다.

　동아제약은 한국얀센과 2000년에 항진균 작용을 갖는 이트라코나졸의 경구용제 제조 특허기술을 매각해 특허가 만료되는 2018년 8월까지 매출액의 1~5%를 매년 받기로 하고 2억 126만 원을 받았다.

　(4) 특허의 종류

　**1) 무체물\*에 대한 권리, 즉 지식재산권\***

　무체물에 대한 권리란 일명 지적소유권 또는 지식재산권이라고도 한다.

...................................................................................................

＊ **무체물** : 유체물에 한하지 않고 자연력과 같음

＊ **지식재산권** : 발명 · 상표 · 의장(意匠) 등의 산업재산권과 문학 · 음악 · 미술 작품 등에 관한 저작권의 총칭

지식재산권이란 특허·실용신안·디자인·상표·저작권을 통틀어 표현하는 것으로서 이 중에서 특허, 실용신안, 디자인, 상표를 합하여 '산업재산권'이라고 한다. 즉 지식재산권은 크게 산업재산권과 저작권(copy right)으로 나누어지며, 여러 권리가 있다.

산업재산권을 대표하는 권리는 '특허권'이며, 산업재산권은 저작권과는 달리 일정한 방식과 절차를 거쳐서 권리(독점 배타권)가 부여된다.

### 가. 산업재산권과 저작권

산업재산권(industrial property right)이란 특허·실용신안·디자인·상표권을 총칭하는 개념으로, 예전에는 '공업소유권'이라는 용어로 불렸지만, 이 용어는 적절하지 못하다고 하여 '산업재산권'으로 개칭된 것이다.

저작권이란, 문학·학술, 또는 예술의 범위에 속하는 창작물인 저작물에 대한 배타적·독점적 권리를 뜻한다.

### 나. 특허권(patent right) 및 신안권(Gebrauchsmusterrecht)

산업재산권 중 특허나 실용신안권은 기술적 사상의 창작에 대하여 주어지는 권리인데, 특허권은 대발명에 대해 주어지고, 실용신안권은 소발명에 대해 주어지는 권리이다.

특허권은 특허법에 의하여 발명을 독점적으로 이용할 수 있는 권리로, 특허법·실용신안법·디자인법 및 상표법에 의하여 발명·실용신안·디자인 및 상표를 독점적으로 이용할 수 있는 권리이다.(상표의 경우에는 지정상품에 한함)

실용신안이란 산업 상 이용할 수 있는 물품의 형상 · 구조 또는 조합에 관한 고안으로서 특허청에 이를 등록함으로써 권리에 대한 효력이 발생한다.

### 다. 디자인권(design right)

디자인권이란 디자인을 등록한 자가 그 등록디자인에 대하여 향유하는 독점 · 배타적 권리이다. 디자인권으로 등록이 되기 위해서는 물품성이 요건이 된다.

디자인을 창작한 자 또는 그 승계인*은 디자인 법에 따라 디자인등록을 받을 수 있는 권리가 있다. 2인 이상이 공동으로 디자인을 창작하여 등록한 경우에는 디자인 권은 공유로 한다.

또한, '디자인' 자체만으로는 보호받지 못하며 반드시 지정물품이 함께 있어야 한다.

디자인 자체 또는 순수 디자인은 저작권법으로 보호될 수는 없다.

### 라. 상표권

등록상표를 지정상품에 독점적으로 사용할 수 있는 권리로, 창작에 대하여 주어지는 권리는 아니다.

상표는 상품을 표시하는 것으로서 생산 · 제조 · 가공 또는 판매업자가 자기의 상품을 다른 업자의 상품과 식별시키기 위하여 사용하는 기호 · 문자 · 도형 또는 그 결합을 말한다.

---

\* 승계인 : 다른 사람의 권리와 의무를 이어받은 사람

상표권의 가장 중요한 내용은 지정상품에 대하여 그 등록상표를 사용하는 것인데, 그 외에도 상표권은 재산권의 일종으로서 특허권 등과 같이 담보에 제공될 수 있으며, 지정상품의 영업과 함께 이전할 수도 있다.

### 2) 신지식 재산권

신지식재산권이란 산업재산권과 저작권의 중간 영역에 있는 권리들을 말하는데, 이는 산업재산권과 저작권 각각의 성격을 함께 가지고 있는 것이 특징이다.

신지식재산권의 종류는 다음과 같은데, 앞으로는 산업이 끊임없이 계속해서 발전하고, 새로운 지적권리가 창출될 것으로 보인다. 때문에 이에 부응하기 위한 법률의 정비도 계속해서 필요하게 된다.

#### 가. 부정경쟁방지 및 영업비밀보호에 관한 법률

이 법은 대한민국의 법률로 국내(대한민국)에 널리 알려진 타인의 상표·상호 등을 부정하게 사용하는 등의 부정경쟁행위와 타인의 영업비밀을 침해하는 행위를 방지하여 건전한 거래질서를 유지함을 목적으로 한다.

여기서 부정경쟁행위라 함은 국내에 널리 인식된 타인의 성명·상호·상표·상품의 용기·포장 등과 동일·유사한 것을 사용하거나 수입·수출하여 타인의 상품과 혼동을 일으키게 하는 행위 등을 말한다.

영업비밀이란 공공연히 알려져 있지 아니하고 독립된 경제적 가치를 가지는 것으로서, 상당한 노력에 의하여 비밀로 유지된 생산방법,

판매방법, 그 밖에 영업활동에 유용한 기술상 또는 경영상의 정보를 말한다.

타인의 영업 비밀을 침해한 자는 민·형사적 책임을 지게 된다.

침해자가 침해행위로 인해 얻은 이익액은 영업 비밀권자의 손해액으로 추정하며, 부정한 이익을 얻거나 기업에 손해를 가할 목적으로 그 기업에 영업 비밀을 외국으로 빼돌린 경우에는 7년 이하의 징역 또는 그 재산상 이득액의 2배 이상 10배 이하에 상당하는 벌금에 처한다고 한다. 징역형과 벌금형은 이를 병과할 수도 있다.

이 죄는 고소가 없어도 공소를 제기할 수 있다.


### 나. 반도체 직접회로의 배치 설계에 관한 법률

반도체직접회로 배치설계는 연구개발에 막대한 비용과 시간 및 고도의 기술이 필요한 반면, 그 복제 비용은 상대적으로 감소함에 따라 적은 비용만으로 무단 복제되어 쉽게 침해 받을 수 있으나, 배치 설계의 특성상 기존의 지적재산권법인 특허법이나 저작권법으로는 그 권리 보호에 한계가 있었다.

따라서 반도체 직접회로 배치설계의 무단복제 등 침해를 방지함과 동시에 배치설계에 관한 창작자의 권리를 보호하고 배치설계의 공정한 이용을 도모하여 반도체 관련 산업을 진흥함으로써 국민경제의 건전한 발전에 이바지하도록 한다는 취지의 반도체 직접회로의 배치설계에 관한 법률이 제정되어 시행됨으로써 반도체직접회로가 일종의 무체재산권 내지는 산업재산권인 배치 설계권으로 보호받기에 이르렀다.

반도체란 상온에서 전기 전도율이 도체와 절연체의 중간 정도인 물질로서, 낮은 온도에서는 거의 전기가 통하지 않으나 높은 온도에서는 전기가 잘 통한다.

반도체는 컴퓨터 및 통신장비, 자동, 비행기, 각종 전자제품 등 쓰임새가 너무 넓고 커서 각 국가에서 서로들 개발에 초점이 맞추어진 중요한 첨단기술이다. 우리나라는 반도체에 관해서 세계 1위에 달하는 기술 보유국이므로 나쁜 뜻을 품은 산업스파이에게 도난당해 외국으로 유출되지 않도록 신경을 써야 한다.


### 다. 데이터 베이스(Data Base)

여러 사람에 의해 공유되어 사용될 목적으로 통합하여 관리되는 데이터의 집합을 말한다. 자료항목의 중복을 없애고 자료를 구조화하여 저장함으로써 자료 검색과 갱신의 효율을 높인다.

데이터베이스가 가지는 몇 가지 특성을 살펴봄으로써 그 뜻을 보다 명확히 할 수 있다.

첫째, 똑같은 자료를 중복하여 저장하지 않는 통합된 자료.

둘째, 컴퓨터가 액세스하여 처리할 수 있는 저장장치에 수록된 자료.

셋째, 어떤 조직의 기능을 수행하는 데 없어서는 안 되며 존재 목적이 뚜렷하고 유용성 있는 운영 자료이기 때문에 임시로 필요해서 모아 놓은 데이터, 단순한 입출력 자료가 아니라는 점.

넷째, 한 조직에서 가지는 데이터베이스는 그 조직 내의 모든 사람들이 소유하고 유지하며 이용하는 공동 자료로서 각 사용자는 같은 데이터라 할지라도 각자의 응용 목적에 따라 다르게 사용할 수 있다는 점이다.

(5) 특허소송의 여러 사례

2010년 올해 우리나라의 경상수지 흑자 예상치는 400억 달러가 넘는다. 특히 반도체와 디스플레이, 자동차 등 우리 주력제품들의 해외 수출이 지난 9월말 기준으로 전달에 비해 22.8% 증가하는 등 20% 이상 급증했다. 그러나 이 같은 수출 급증의 이면을 살펴보면 마음이 편치만은 않다. 한국은행에 따르면 지난 분기 특허권료 등 사용료 수지는 13억 1,820만 달러로 1년 전에 비해 40%가 넘게 늘어났기 때문이다.

### 1) 특허괴물(Patent Troll) 탄생지 미국

미국이 일본보다 원천기술을 많이 보유하고 있다. 그들은 작은 사무실 하나 차려놓고 고액 연봉의 발명가 몇 명 고용하고 날마다 특허 출원만 하는 것이 업무다.

이렇게 특허 기술 로열티만 받고서 부를 누리는 회사가 미국에는 엄청나게 많이 있다.

특히 미국은 국경과 분야를 가리지 않고 특허를 매입한 뒤 거액의 이용료를 요구하는 '특허괴물'을 탄생시키면서 우리나라가 위협을 받고 있다.

수출이 우리 경제에 차지하는 비중이 70%가 넘는 점을 감안할 때 타국의 특허공세 극복은 우리의 미래를 좌우하는 중차대한 과제라는 점에서 기업은 물론 정부차원에서도 특단의 대책이 절실하게 요구된다.

## 2) 미국이 특허에 강한 이유

### ① 우수한 발명가들을 많이 배출했다.

특허는 지적 재산권 보호의 가장 강력한 형태이며 매커니즘으로 지난 500년 동안 생산을 촉진하고 기술 지식의 보급을 활성화 하는 데 사용되었다.

미국은 150년이 훨씬 넘는 특허역사를 통해 사회 전반적인 특허 마인드가 구축됐으며 과거의 유명한 발명가들인 토머스 에디스(전구), 니콜라 테슬라(발전, 교류전기). 알렉산더 그레이엄 벨(전화기). 라이트 형제(비행기), 아서 프라이와 스펜서 실버(포스트잇), 프랭클린(피뢰침), 어니스트 로런스(사이클로트론), 새뮤얼 모스(모스부호발명), 파슨스(증기 터빈 엔진) 등과 같은 기라성 같은 발명가들을 통하여 특허가 엄청난 부가가치를 가녀온다는 경험을 쌓았다.

### ② 기본적으로 헌법이 특허를 강력하게 보호한다

역사적으로 유명 발명가의 특허를 통해 시장을 독점하고 비싼 가격에 물건을 팔고 시장을 컨트롤해왔다.

미국이 특허강국이 될 수 있었던 것은 타인의 지식재산을 개인재산으로 인정해주는 사회 전반적인 마인드와 이를 뒷받침하는 법원의 의지가 있었기 때문이다. 미국은 CAFC(미연방항고재판소)라는 특허전담 법원을 두어 특허를 강력하게 보호하는 정책을 써왔다. 기업들도 이에 자극을 받아 특허를 축적하고 이윤을 창출하는 노력을 했다.

### 3) 삼성전자와 램버스(RAMBUS)

삼성전자는 2010년 4월19일 미국 램버스(RAMBUS)사와 반도체 전 제품 관련 특허 기술에 관한 '특허 라이선스 계약'을 체결했다. 즉 2015년 1월 18일까지 5년간 분기별로 2,500만 달러의 로열티를 지급 하기로 한 것이다. 램버스 사의 취득주식은 보통주(신주발행)로 두 회사 가 진행 중인 소송은 취하하기로 했다.

### 4) 하이닉스, 램버스에 특허 소송 패소

미국 캘리포니아 지방법원이 특허권 소송에서 하이닉스는 램버스 에 3억 9천 7백만 달러, 우리 돈으로 약 6천억 원을 지급하라고 명령 했다. 블룸버그 통신에 따르면 미국 지방법원은 하이닉스의 특허 침해 사실을 일부 인정, 반도체에 대해서 특허 로열티를 내라고 판결했다.

### 5) 삼성전자와 샤프

삼성전자와 샤프간 LCD 패널과 모듈 특허 관련 소송에서 상호특 허 호용 계약을 마무리했다. LG는 소송을 포기하고 3억 달러에 달하 는 로열티 지급 계약을 맺었다. 지난해 1월 일본 도쿄 지방법원은 샤 프가 삼성전자를 상대로 제기한 LCD TV 특허 소송에서 자국 기업의 손을 들어줘 삼성전자의 일본 내 판매를 금지시켰다.

### 6) LG화학과 미쓰이화학

일본 미쓰이 화학이 2010년 10월 19일, LG화학을 상대로 거액의 특허 침해 소송을 제기했다.

소송 대상 제품은 자동차 범퍼를 제조할 때나 신발 밑창 등의 용도에 쓰이는 재료였다.

LG화학은 즉각 '특허를 침해한 사실이 없다.'고 반박했다. 하지만 추가 대응은 애써 자제하고 있다. 미국이 화학의 전략에 말릴 수 있다는 판단에서다.

LG화학 관계자는 '후발 주자로 나선 우리를 견제하면서 영업 전선을 구축하려는 의도가 다분하다.'며, '법정에서 시비를 가릴 것'이라고 말했다.

### 7) 서울반도체와 니치아 화학공업

국내 대표적인 발광 다이오드(LED) 업체인 서울반도체는 4년 전부터 일본 니치아화학공업과 LED칩, 패키징 디자인 등 LED 원천기술 특허 분쟁을 벌이고 있다. 서울반도체는 이 소송으로 인해 5,000만 달러(650억 원)에 이르는 소송 비용이 들었다. 중소기업으로서는 어마어마한 금액을 쏟아 부은 셈이다.

### 8) 로열티의 재벌 퀄컴 사

퀄컴(Qualcomm)사는 자체 코드 분할 다중접속(CDMA) 원천기술 보유업체로서, CDMA기술을 기반으로 한 디지털 무선통신과 서비스를 개발하고 제공하는 업체이다. 퀄컴사는 2009년 지난 한 해 동안 퀄컴의 전체 매출액은 104억 달러(11조 원 이상)를 로열티 등으로 올렸다.

핸드폰을 사면 흰색 스티커에 영어 대문자로 QUALCOMM이라고 써진 조금만 딱지 하나 볼 수 있다. 이 표시가 바로 로열티를 지불한다는 일종의 증표이다. 삼성과 LG에서 휴대폰을 생산할 때마다 미국 퀄컴에 로열티를 내야하는데 사용료가 년 15억 달러를 넘는다.(2010년 현재)

퀄컴은 한때 헐값에 한국 모 전자업체에 인수될 수도 있었으나 시장판단의 실수로 인수하지 못했다. 천추의 한으로 남는 대표적 M&M 사례 중 하나이다. 때문에 핸드폰이나 카메라에 들어가는 이미지 센서를 생산(속은 판매)할 때마다 미국 코닥에 로열티를 내야 한다.

### 9) 아직도 한국의 전자업종이 유망할까?

최근 IT 제품의 총아인 애플 사의 아이폰, 아이패드, 구글과 에이서(Acer)의 안드로이드폰 출시로 세계 휴대폰 시장에 지각변동이 시작되었다.

그러나 한국을 대표하는 해당 기업들은 너무 안일하게 대응한 나머지 이미 이들과의 격차가 심하게 벌어지고 있다.

물론 후발주자이니만큼 열심히 분발해서 만들면 되겠지만 격차를 좁히기는 힘이 들고 이미 만들어진 기능과 제품 모듈에 관한 특허들은 앞선 기업들이 다 선점하고 있기에 차후에 시장에 진입하더라도 엄청난 로열티 지불과 특허소송에 휘말릴 소지가 다분하다.

여기에 한국을 대표하는 전자업체 두 곳이 하드웨어 개발에만 치중한 나머지 아들 제품을 구동하는 소프트웨어 개발을 등한시한 결과라 생각한다.

한국에서 사용하는 컴퓨터 OS의 대부분이 편리함을 강조한 윈도우만을 고집하다시피 사용함으로 해서 리눅스나 유닉스 같은 유동적

프로그램 개발이 가능한 OS에 익숙하지 않아 이 분야에 대한 개발인력이나 시장 접근성이 거의 없어져서 그저 어떤 유사 프로그램 사용자는 많으나 (예로 비주얼 베이직) 정작 개발자는 거의 없는 실정이다.

이런 악조건이 순차적으로 반복되다 보니 현재 한국의 전자업계는 겉만 번지르르하고 속은 아무것도 없는 그저 단순 조립공장 수준으로 전락할 가능성도 있다.

물론 하드웨어 개발도 중요하지만 그에 앞서 모든 전자제품의 구동을 쉽게 하는 소프트웨어 개발에 더욱더 박차를 기하지 않는다면 이미 시장을 선점한 현재의 애플사의 아이 폰이나 안드로이드, 아이패드의 시장선점의 폭풍을 잠재우기에는 어려운 것이다.

위 자료에서 볼 수 있듯이 특허권 등 사용료는 특허기술이나 상표, 지적재산권 사용에 지급하는 로열티로 통계를 잡기 시작한 1980년 이후 최고치이다. 이를 4분기 평균 환율로 계산할 경우 1조 6,000억 원이다, 이는 1년에 6조 4천억 원이 넘는 대단한 돈이다. 이렇게 지난해 국내 기업 중 지재권 피해 비용(2008년 기준)은 실로 엄청나다.

지재권 피해비용은 더욱 심각하여 약 253억 달러(약 29조억 원. 1달러=1,123원)에 달한다. 국가 간 자유무역 협정이 확대되면 이 같은 특허분쟁은 더 심각해질 것으로 보인다. 이 돈은 가히 천문학적인 돈이다.

이 돈이면 우리나라 2010년 예산 292조 8천억 원의 1/10이 며 현재 명목 기준 국민총생산(GDP) 1조 달러(1천100조원)달러로 예상한다고 생각할 때 무려 1/40이 지재권으로 지출되는 것이라, 이는 국내 총 수출액 4,224억 달러의 6%에 해당하니 미국이 결코 부강하지 않을 수가 없다.

이 돈은 현 국방비와 같고, 1조 2천억 원짜리 첨단 이지스함 KDX-3을 24대나 살 수 있는 액수이다. 또 국민 일인당 604,166원을 골고루 나누어줄 수 있으며 우리나라 대학등록금 총액(13조원)의 두 배 이상을 부담할 수 있어 전 국민이 대학까지 무상교육이 가능하다.

또한 우리나라 인구 반 이상에게 매년 120만 원을 줄 수 있어 인구의 반이 평생 놀고 먹을 수 있으며 실업자, 노숙자란 단어가 사라질 수 있는 실로 엄청난 돈이다.

이렇게 지재권 비용과 로열티 지급액이 급증한 것은 우리의 발명의식의 부재와 취약한 기술과 수출구조 때문이라는 지적이다.

우리의 주력 수출품목인 반도체와 휴대폰, 디스플레이 등은 원천기술의 해외 의존도가 높기 때문에 많이 팔면 팔수록 그만큼 해외에 지급하는 로열티도 늘어나게 돼 있다.

결국 이같은 로열티 지급을 줄이려면 온 국민의 발명의식 고취와 더불어 원천기술의 국산화가 필수적이며 정부와 기업 모두 핵심 기술의 연구개발에 투자를 아끼지 않아야 한다.

우리가 모든 기술의 원천인 이공계를 천시하는 경향이 계속되는 한 이러한 로열티 구속에서 벗어나기는 쉽지 않을 것이다.


### 10) 상표권 전쟁

세계 곳곳에서 우리의 막걸리가 인기가 있고, 일본에서는 더욱 더 선풍적이라고 한다. 특히 여성들 미용에 좋다는 보도가 나온 후 대량으로 수출되고 있다.

일본인들은 막걸리를 쌀을 발표시킨 것으로, 포도를 발효시킨 와인

정도로 생각한다고 한다.

최근 우리나라 막걸리의 대명사인 포천막걸리의 상표를 일본 사업자가 등록을 해버려서 일본에서는 포천막걸리라는 상표를 사용하지 못하게 되었다. 정말 황당한 일이다. 독도, 동해표기에 이어 상표도 빼앗아간 것이다.

### 11) 이젠 대학들이 앞장서야 한다.

박사급 인력의 70% 이상이 근무하고 실험실습기자재를 보유한 대학은 특허권을 창출할 수 있는 너무나 좋은 여건을 가지고 있다.

소위 특허괴물들은 대학에 침투하여 연구능력이 교수들에게 거액의 연구비를 미리 지원한 후 후에 연구결과를 취하는 이른바 입도선매를 하고 있다.

이렇게 확보된 아이디어를 가공하여 전 세계에 특허출원하고, 그것을 무기를 거액의 특허료를 챙기려는 것이다.

그런데 안타깝게도 우리나라 대학의 교수 아이디어가 역으로 우리 기업을 공격할 수도 있는 위험에 처해 있다. IV사는 이미 국내 8개 대학으로부터 총 260여 건의 아이디어를 매입했다는 보도가 있었다.

이제 우리나라 대학은 단순히 이론 연구만을 하는 곳이 아니라 가치 있는 지재권을 창출하는 보고가 되어야 한다.

지난 해 서울대 기계항공공학부의 한 교수가 2009년 1학기에 개설한 '제조고려설계'(Design for manufacturing) 수업에서 학생들은 아이디어를 제품으로 제작하여 특허를 받고 기업에게 기술이전을 하고 있다. 이런 강좌가 서울대뿐만 아니라 다른 대학들에도 파급되면 많은 실용적인 제품들이 창출되어 대학의 재정에도 한몫을 할 것으로 생각한다.

### 12) 아이디어 경제(Idea economy)

21세기는 지난 날의 정보경제(Information economy)도, 경험경제 (Experience economy)도, 기술경제(Technology economy)도, 디지털경제(Digital economy)도 아니며 그간 시장을 주도했던 서비스 경제 (Service economy)도 얼마 지나지 않으면 사라질 것이다.

아이디어 노믹스는 세계에서 가장 가치 있는 경제적 자산이며 지구촌 경제를 이끌 중요한 추진체이다.

아이디어 노믹스(Idea nomics)는 아이디어의 사업화 및 경제에 필수재이며 지적재산권과 합체되어 혁신을 다루는 도전적인 시스템이라고도 할 수 있다.

그렇다면 이처럼 많은 변화가 예상되는 아이디어 경제시대에 어떻게 대응해야 할까?

즉 아이디어 노믹스의 핵심 재료는 역시 아이디어이며 그 산물도 아이디어이다. 이제 아이디어는 공짜가 아니라 산업적 생산물로 거듭나면서 부의 창출 수단이 된 것이다.

21세기의 새로운 경제(New economy)는 지식경제(Knowledge economy)가 아니라 아이디어 경제라는 말이 점차 대두되고 있다. 아이디어 경제는 정보경제도 기술경제도 아니다. 과거의 제조업, 전기, 농업경제는 물과 토양의 경제였다면 그러나 아이디어는 인간의 마음이라는 제조공장에서 무동력으로 생산되는 친환경 제품이다.

과거에 곡물을, 서비스를, 공산품과 같은 아양한 재화를 생산해 왔듯이 이제는 마음의 생산 공장에서 창의성이라는 기계에 투입하여 아이디어를 만들고 발명으로 소비자에게 생산해내야 하는 시대가 오고 있다.

### 13) 아이디어를 어떻게 개발하고 관리하여야 되나

❶ 먼저 사고를 전환하여야 한다.

기존 사고방식인 명령과 통제의 방식에서 접속과 협력의 방식으로 사고를 전환해야 한다.

❷ 아이디어 프로세스를 해당조직 내에 정착시켜야 하고, 창의성을 극대화시켜야 한다.

❸ 다른 사람의 아이디어 모방에 미리 대비해야 한다.

지재권으로서 보호받지 못하는 정보나 지식과는 달리 아이디어는 철저한 보완으로도 유출을 막을 수 없다. 경쟁자가 개략적인 콘셉트만 눈치 채괴 아이디어를 모방할 수 있기 때문이다.

❹ 단체나 기업 등은 아이디어 창출의 기본적 요소는 바로 개인적 야망이므로 이를 적극 촉진할 수 있는 분위기를 제공해야 한다.

❺ 보스 노믹스(Bossnomics, Boss+nomics)가 존재해야 아이디어 노믹스가 활발하게 촉발될 수 있다.

겸속, 에너지, 정력적, 직관, 통찰, 열정, 확신을 가진 지자체의 장이나 학교, 기관장, 기업의 최고경영자 등의 자질이 아이디어를 좌우한다.

❻ 현실성 있는 아이디어를 얻으려면 공상 대신 다양한 사실, 정보,

지식들을 치밀하게 분석하고 창의적으로 재조합해야 한다.

❼ 전뇌적 인재 확보와 아이디어 프로세스 정착이 필요하다.

❽ 아이디어 프로세스를 조직 내에 정착시키고 집합적 창의성을 극대화시켜야 한다.

## 2. 특허권

### (1) 특허권이란?

협의(狹義), 즉 좁은 의미로는 특허법에 의하여 발명을 독점적으로 이용할 수 있는 권리를 말하고, 광의(廣義), 즉 넓은 의미로는 특허법·실용신안법·디자인법 및 상표법에 의하여 발명·실용신안·디자인 및 상표를 독점적으로 이용할 수 있는 권리로써, 실용신안권·디자인권 및 상표권을 포함하는 뜻으로 사용된다. 광의의 특허권은 공업소유권이라고도 불리나, 국제공업소유권 보호동맹조약은 광의의 특허권 외에 농업·공업에 관한 것도 공업소유권으로 보고 있다.

또한 특허권자는 업으로서 그 특허발명을 업으로서 실시할 수 있는 권리를 독점한다.

여기에서 '실시'라 함은 특허 제품을 생산, 사용, 양도, 대여 또는 수입하거나 양도나 대여의 청약(양도나 대여를 위한 전시를 포함)을 하는 행위를 뜻한다.

### 1) 특허권의 정의

특허권이란 발명을 한 자에게 부여되는 권리이고, 발명이란 자연법칙을 이용한 기술적 사상의 창작으로서 고도의 것을 의미한다. 그러므로 자연법칙을 이용하지 않은 자연법칙 그 자체(만유인력의 법칙 등)는 발명이 아니다. 또한, 새롭게 만들어 낸 것(창작)이 아닌 자명한 사실은 발명이 아니며, 창작을 하였더라도 해당 분야의 전문가가 쉽게 생각할 수 있는 것은 발명이 아니다.

## 2) 특허권의 존속기간

특허권은 출원공고가 있는 경우는 공고일로부터 15년간 존속하고, 출원공고가 없는 경우는 설정등록이 있는 날부터 존속하되, 특허 출원일부터 20년을 초과할 수 없다

## 3) 특허권 침해 및 구제

### 가. 특허권 침해의 특성

❶ 특허권의 침해란 특허발명을 실시할 권한이 없는 자가 타인의 특허발명을 업으로서 실시하는 행위를 뜻한다.

❷ 특허권은 무형의 기술사상에 대한 지배권이어서 그 객체를 점유할 수 없는 바, 침해가 용이하게 이루어지며 침해된 경우 침해사실의 발견도 쉽지 않을 뿐만 아니라 그 입증 또한 곤란하다.

따라서 특허법은 특허권자의 보호를 위한 특별규정들을 두고 있다. 즉, '간접침해의 인정', '과실 및 생산방법의 추정' 그리고 '손해액의 추정' 등이 해당되는 규정이다.

### 나. 침해에 대한 구제

❶ 민사적 구제

특허권이 침해된 경우 특허권자는 민사적 구제수단으로서 침해금지청구권, 손해배상 청구권, 신용회복 청구권 및 부당이득 반환 청구권을 행사할 수 있다.

❷ 형사적 구제

특허권을 고의로 침해한 경우 특허권자는 고소에 의하여 침해자에

대해 침해죄(7년 이하의 징역 또는 1억원 이하의 벌금)를 추궁할 수 있다.

침해자가 법인의 종업원인 경우에는 법인(사용자) 등에게도 책임을 물을 수 있다.


## (2) 특허권, 돈보다 가치 있는 것

특허권이라 하면 종이 쪼가리 한 장을 떠올리기 십상이다.

물론 맞는 말이다. 하지만 이 종이 한 장이 돈보다 큰 가치를 가지고 있고, 따라서 특허증을 여러 개 보유할수록 재산이 늘어나는 셈이다.

달랑 종이 쪼가리한 장으로 무슨 가치를 논하는 걸까? 그럼 특허권이 가지는 효력에 대해 알아본다.


### 1) 특허권의 효력

#### 가. 독점적 이득

특허권을 획득하게 되면 그 발명은 자신만이 독점적으로 행사할 수 있다. 따라서 타인이 허락 없이 자신의 발명을 무단으로 사용하면 침해금지청구, 손해배상청구 등의 민사상 구제와 침해 죄 고소와 같은 형사상 구제를 받을 수 있다. 특허발명에 대한 이러한 독점적 실시는 기업의 독점적 이윤을 보장하고 이로 인해 추가적인 기술개발을 가능케 한다.


#### 나. 로열티 수익 확보

특허권의 행사 또는 기술이전을 통해 로열티 수익을 확보할 수 있다.

선진국 기업들은 기업경영의 최고 목표를 특허권 획득에 두어 이를 기반으로 한 기술 독점을 꾀하고 있다는 것은 오래 전의 이야기다.

### 다. 특허분쟁에서의 우위 선점

기업 간의 기술전쟁 및 특허분쟁에서 우위를 선점할 수 있다.

설사 특허분쟁에 휘말리더라도 자신의 특허를 기반으로 크로스 라이센스*를 설정하는 등 분쟁해결을 보다 용이하게 할 수 있다.

### 라. 대표적인 기술력

특허는 이제 기업의 기술력을 대표하는 척도가 된 만큼, 소비자로 하여금 기업을 신뢰하게 함으로서 그 어떤 광고보다 훌륭한 기업 이미지를 구축할 수 있다. 코스닥 시장을 선도하는 기업들은 특허권으로 기술력을 담보하고 있는 우수한 벤처 기업들이라는 사실이 이를 확인시켜준다.

### 마. 정책자금 확보

특허권을 보유하고 있는 경우 벤처 기업으로 확인을 받을 수 있는 등 정부로부터 각종 정책자금 및 세제를 지원* 받을 수 있다.

---

＊크로스 라이센스 : 특허실시 계약 당사자들이 자기가 가진 특허권 등에 관하여 상호간에 실시권을 상호 부여하는 일.
＊세제 지원 : 법인세 · 소득세 50% 감면

## 3. 디자인권

### (1) 디자인이란?

### 1) 디자인의 정의

디자인은 영어의 'Design'에서 비롯된 외래어로서 제품에 관한 제품디자인, 광고포스터 · 그래픽디자인 · 디지털디자인 등과 같은 시각디자인, 생활공간이나 환경에 관한 환경디자인 등을 포괄하는 광의의 개념을 포함하는 용어이다.

디자인보호법 제2조 제1호에는 '디자인이라 함은 물품의 형상, 모양이나 색채 또는 이들을 결합한 것으로서 시각을 통하여 미감을 일으키게 하는 것을 말한다.'고 규정하고 있다.

따라서 디자인보호법상의 디자인은 독립거래의 대상이 되는 유체동산*인 물품(또는 동 물품의 부분)의 외관에 관한 디자인이라고 할 수 있다.

### 2) 디자인의 출원 및 심사

디자인등록 출원에는 디자인심사등록 출원과 디자인 무심사등록 출원이 있다.

물품의 특성상 유행성이 강하고 라이프 사이클이 짧은 의복류, 침구류, 사무용지 제품류, 포장지, 포장용 용기, 직물지, 편물지, 합성수지지 등에 대해서는 디자인 무심사등록 출원으로 해야 되며, 기타 물품에 대해서는 디자인심사등록 출원으로 해야 한다.

---

＊ 유체동산 : 동산 중에서 채권과 기타 재산권을 제외한 물건 및 유가증권을 지칭하던 구 민법상의 용어

## 가. 디자인 심사등록 출원

❶ 출원서가 접수되면 담당심사관이 출원순서에 따라 실체검사를 한다.

❷ 심사결과 거절이유를 발견할 수 없을 때에는 등록이 결정되고 출원인이 등록료를 납부하면 디자인설정등록이 됨으로써 디자인권이 발생한다.

❸ 심사관은 심사결과 거절이유 발견 시 그 이유를 출원인에게 통지하고 정해진 기간 내에 의견서를 제출할 기회를 준다.

## 나. 디자인 무심사등록 출원

❶ 방식심사를 거쳐 등록결정이 되고 출원인이 등록료를 납부하여 디자인설정등록을 하면 특허청은 등록공고를 한다.

❷ 등록 공고일로부터 3개월 이내에 이의신청이 가능하며 이의신청이 타당한 경우에는 디자인등록을 취소한다.

## 3) 디자인 심사절차 흐름도

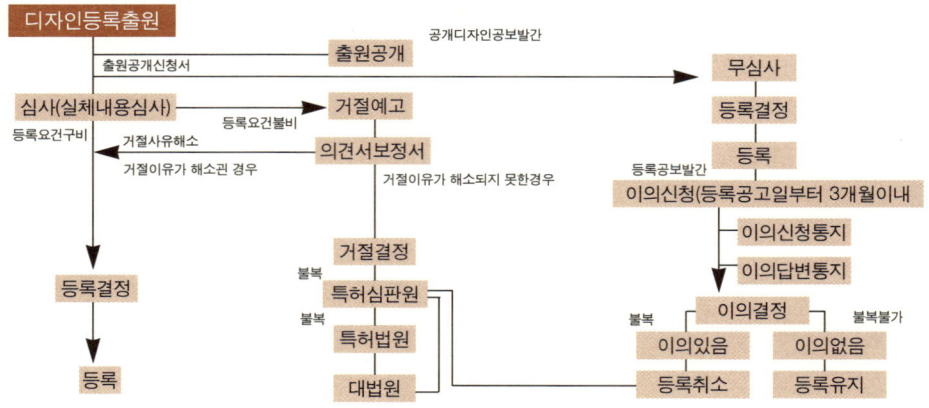

## 4) 등록절차

❶ 등록결정을 받은 후 소정의 등록료를 납부하게 되면 디자인설정등록이 되고 디자인권이 발생하게 된다.

❷ 등록료는 처음 최초 3년 치를 일시불로 납부하여야 하며 그 후 4년 차분 이후 등록료는 매 1년 단위로 납부하거나 필요한 기간단위로 분할 납부할 수 있다.

❸ 설정등록료 및 연차 등록료의 납부시기를 놓친 경우에는 6개월의 유예기간 동안 할증료와 함께 재등록 할 수 있다.

❹ 6개월의 유예기간을 놓친 경우 본인이 책임질 수 없는 불가항력적인 사유에 의하여 등록료 납부를 하지 못했으면 그 사유가 없어진 날부터 14일 이내에 증거서류 등을 첨부하여 등록료는 추가납부할 수 있다. 단, 6개월의 유예기간 만료일로부터 6개월이 경과한 후에는 등록료 납부가 불가능하다.

# 4. 상표권

## (1) 상표란?

### 1) 상표의 개념

#### 가. 상표법상 상표의 개념

사회적 사실로서의 상표란 자타상품을 식별하기 위하여 사용하는 일체의 감각적인 표현수단을 의미하지만 이러한 표장을 모두 보호하는 것은 법·기술적으로 어렵기 때문에 상표법에서는 보호가 가능한 상표의 구성요소를 제한하고 있다. 종전에는 기호·문자·도형·입체적 형상, 또는 이들을 결합한 것과 이들 각각에 색채를 결합한 것만으로 상표의 구성요소를 한정하였으나, 2007. 7. 1부터는 상표권의 보호대상을 확대하여 색채, 또는 색채의 조합만으로 된 상표, 홀로그램 상표, 동작상표 및 그 밖에 시각적으로 인식할 수 있는 모든 유형의 상표를 상표법으로 보호할 수 있도록 하였다.

그러나 상표법상 상표란 여전히 시각을 통하여 인식될 수 있는 것으로 국한되며 시각을 통하여 인식할 수 없는 소리·냄새·맛 등과 같이 청각·후각·미각으로 지각할 수 있는 표장은 거래에서 상품의 식별표지로서 사용되고 있다하더라도 상표법상의 상표로는 보호받을 수 없다.

또한 자기의 상품과 타인의 상품을 식별하기 위하여 사용되지 않는 표장은 상표가 아니므로 상품에 사용된 것이라 하여도 그것이 단순히 상품의 심미감을 불러일으키게 하기 위하여 사용된 디자인이거나 자타상품 식별의사와 무관한 가격표시 등은 상표가 아니다.

광의의 상표개념으로서는 상표 외에 서비스표, 단체표장, 업무표
장이 있다.


### 나. 서비스표의 개념

'서비스표'란 서비스업(광고업, 통신업, 은행업, 운송업, 요식업 등 용역
의 제공업무)을 영위하는 자가 자기의 서비스업을 타인의 서비스업과
식별되도록 하기 위하여 사용하는 표장을 말한다. 즉 상표는 상품의
식별표지임에 반하여 서비스표는 서비스업(용역)의 식별표지라고 할
수 있다.


## 2) 상표제도의 목적과 기능

### 가. 상표제도의 목적

상표제도의 목적은 상표를 보호함으로써 상표 사용자의 업무상의
신용유지를 도모하여 산업발전에 이바지함과 아울러 수요자의 이익을
보호함을 목적으로 한다.(상표법 제1조)


### 나. 상표의 기능

#### ❶ 자타상품의 식별기능

상표를 상품에 표시하여 사용하는 경우 그 상표의 표시로 인하여
자기의 상품과 타인의 상품을 식별할 수 있는 기능

#### ❷ 출처표시 기능

동일한 상표를 표시한 상품(동일 상표품)은 동일한 출처에서 나온다
는 것을 수요자에게 나타내는 기능.

**❸ 품질보증 기능**

동일한 상표를 표시한 상품은 그 품질이 동일한 것으로 수요자에게 보증하는 기능.

**❹ 광고 선전기능**

상표의 상품에 대한 심리적인 연상 작용을 동적인 측면에서 파악한 것으로 상품거래사회에서 판매촉진수단으로서의 상표의 기능.

**❺ 재산적 기능**

상표가 갖는 재산적 · 경제적 가치로서의 기능으로서 상표의 재산적 기능은 상표권의 자유양도 및 사용권 설정 등을 통해 구현된다.

### 3) 상표의 등록요건

**가. 인적 요건(상표등록을 받을 수 있는 자)**

우리나라에서 상표권자가 될 수 있는 자격을 갖는 자(개인 또는 법인)로서, 국내에서 상표를 사용하는 자(법인 · 개인 · 공동사업자) 또는 사용하고자 하는 자는 상표법이 정하는 바에 의하여 자기의 상표를 등록받을 수 있다.

상표권자가 될 수 있는 자격은 우리나라 국민(법인포함)은 모두 해당되며, 외국인은 상호주의원칙과 조약에 의거하여 그 자격이 결정된다.

**나. 실체적 요건**

상표의 등록요건은 출원의 형식 등 절차적 요건과 상표의 구성자체가 자타상품의 식별력을 가진 것인지 부등록 사유에 해당되지 않는지에 관한 실체적 요건(적극적 요건, 소극적 요건)으로 나누는데 상표법상 중요한 것은 실체적 요건이다.

**❶ 적극적 요건**

상표의 가장 중요한 기능은 자타상품 식별기능이기 때문에 상표로 등록되기 위해서는 우선 식별력을 가져야 한다.

일반적으로 식별력 유무의 판단은 지정상품과 관련하여 판단하고 있으며 상표법 제6조제1항 각호에서는 자타상품의 식별력이 없는 상표들로서 상표등록이 불허되는 사유를 제한적으로 열거하고 있다.

### 상품의 보통명칭

▪ 상표가 특정상품과 관련하여 그 상품의 명칭을 나타내는 상표.

예 : 스낵제품–Corn Chip, 과자–호두과자, 자동차–Car

### 관용상표

▪ 동종업자들 사이에서 특정 종류의 상품에 관용적으로 쓰이는 표장.

예 : 과자류–깡, 청주–정종, 직물–Tex

### 성질 표시적 상표

▪ 산지표시 : 당해 상품의 생산지를 표시하는 것.

예 : 사과–대구, 모시–한산, 굴비–영광

▪ 품질표시 : 당해 상품의 품질의 상태, 우수성 등을 표시하는 것.

예 : 上, 中, 下, 특선, Super

▪ 원재료표시 : 당해 상품의 원재료로 쓰이는 상품의 명칭을 표시하는 것.

예 : 양복–Wool, 넥타이–Silk

■ **효능표시** : 당해 상품의 효과나 성능 등을 표시하는 상표.

예 : TV–HITEK, 복사기–Quick Copy

■ **용도표시** : 당해 상품의 쓰임새를 나타내는 상표.

예 : 가방–학생, 의류–Lady

■ **수량표시** : 2켤레, 100미터 등

■ **형상표시** : 당해 상품의 평상 · 모양 · 크기 등을 표시하는 것.

예 : 소형, 대형, 캡슐, SLIM

■ **생산방법 · 가공방법 · 사업방법표시** : 당해 상품의 생산 · 가공 · 사용방법을 표시하는 상표.

예 : 농산물–자연농법, 구두–수제, 책상–조립

■ **시기표시** : 당해 상품의 사용 시기 등을 표시하는 것.

예 : 타이어–전천후, 의류–봄 · 여름 · 가을 · 겨울


### 현저한 지리적 명칭, 그 약어 또는 지도

■ 수요자에게 현저하게 인식된 지리적인 명칭.

예 : 금강산, 백두산, 뉴욕 등


### 한성 또는 명칭

■ 흔히 있는 자연인의 성 또는 법인, 단체, 상호임을 표시하는 명칭.

예 : 이씨, 김씨, 사장, 상사, 조합, 총장 등


### 간단하고 흔히 있는 표장

■ 상표의 구성이 간단하고 또한 흔히 있는 표장.

예 ; 123, ONE, TWO, β 등

## 기타 식별력이 없는 표장

- 일반적으로 쓰이는 구호, 표어, 인사말 등.

예 : Believe it or not, I can do, www 등

식별력 요부의 판단은 등록여부 결정 시를 기준으로 판단하고, 결합상표의 경우 그 상표의 구성부분 전체를 기준으로 판단하며, 지정상품에 관한 일반적 거래자 또는 수요자를 기준으로 판단해야 할 것이나 지정 상품과의 관계를 고려할 필요가 없는 경우에는 통상적인 일반인의 평균적 인식을 기준으로 판단한다.

### ❷ 소극적 요건(부등록 사유)

상표가 자타상품의 식별력을 가지고 있다 하더라도 독점배타적 성질의 상표권을 부여하는 경우 공익상 또는 타인의 이익을 침해하는 경우에는 당해 상표의 등록을 배제할 필요가 있다.

- 대한민국의 국기·국장, 파리협약동맹국. 세계무역기구 회원국 또는 상표법조약 체약국의 훈장·포장, 적십자·올림픽 등의 공공마크와 동일 또는 유사한 상표.

예 : 무궁화 도형, IMF, WTO 등

- 국가·민족·공공단체·종교 등과의 관계를 허위로 표시하거

나 이들을 비방 또는 모욕할 염려가 있는 상표.

　　예 : 양키, Negro 등

- 국가 · 공공단체 또는 비영리 공익법인의 표장으로서 저명한 것과 동일 또는 유사한 상표.

　　예 : YMCA, KBS, 적십자 등

- 선량한 풍속에 어긋나거나 공공의 질서를 해칠 우려가 있는 상표.

　　예 : 외설적인 도형이나 문자, 사기꾼, 소매치기 등의 문자

- 정부 또는 외국정부가 개최하거나 정부 또는 외국정부의 승인을 얻어 개최하는 박람회의 상패 · 상장 또는 포장과 동일 또는 유사한 표장이 있는 상표.

- 저명한 타인의 성명 · 명칭 또는 상호 · 초상 등을 포함하는 상표.

　　예 : DJ, JP, 한전, 주공 등

- 타인의 선등록 상표와 동일 또는 유사한 상표.

- 상표권이 소멸한 날로부터 1년을 경과하지 아니한 타인의 등록상표와 동일 또는 유사한 상표.

- 지리적 표시 단체표장권이 소멸한 날로부터 1년을 경과하지 아니한 타인의 지리적 표시 단체표장과 동일 또는 유사한 상표.

■ 주지 상표와 동일 또는 유사한 상표.

■ 수요자간에 현저하게 인식되어 있는 타인의 상품이나 영업과 혼동을 일으키게 할 염려가 있는 상표.

■ 상품의 품질을 오인하게 하거나 수요자를 기만할 염려가 있는 상표.

■ 국내·외에 특정인의 상표라고 인식되어 있는 상표와 동일 또는 유사한 상표로서 부당한 이익을 얻으려 하는 등 부정한 목적을 가지고 사용하는 상표.

■ 국내·외에 특정지역의 지리적 표시로 인식되어 있는 것과 동일 또는 유사한 상표로서 부당한 이익을 얻으려하는 등 부정한 목적을 가지고 사용하는 상표.

■ 상품 또는 그 상품의 표장의 기능을 확보하는데 불가결한 입체적 형상·색채 또는 색채의 조합만으로 된 상표.

■ 세계무역기구 회원국내의 포도주 및 증류주의 산지에 관한 지리적 표시로서 구성되거나 동표시를 포함하는 상표로서 포도주·증류주 또는 이와 유사한 상품에 사용하고자 하는 상표, 다만 지리적 표시의 정당한 사용자가 지리적 표시 단체표장 등록출원을 한 경우는 예외.

### 3) 상표출원의 보정, 분할, 변경

#### 가. 출원의 보정

상표등록출원의 보정이란 출원의 절차상 또는 내용상의 흠결을 특허청장 또는 심판원장의 명령에 의하여 또는 출원인이 자진하여 보정할 수 있도록 하는 제도를 말한다. 출원인은 최초 상표등록출원의 요지를 변경하지 아니하는 범위 안에서 상표등록여부 결정의 통지서가 송달되기 전까지 출원상표 및 그 지정상품을 보정할 수 있다.

- 요지가 변경되지 않는 범위의 보정의 경우
  · 지정상품의 범위의 감축
  · 오기의 정정
  · 불명료한 기재를 명확하게 하는 것
  · 상표의 부기적인 부분의 삭제

#### 나. 출원의 분할

2이상의 상품류구분 내의 상품을 지정상품으로 하여 상표 출원한 경우에는 이를 상품마다 또는 상품류구분별로 출원을 분할할 수 있도록 한 것을 말한다. 즉, 출원의 분할은 지정상품의 분할을 뜻하며, 상표의 분할을 의미하지는 않는다. 출원분할제도는 1개의 상표를 2이상의 상품류 구분에 각각 속하는 지정상품에 대해 출원한 경우 1상표 1출원원칙 위반으로 거절이유가 통지 되었을 때 출원인의 구제수단으로서 인정되는 제도이다.

## 다. 출원의 변경

출원의 변경은 상표등록출원, 서비스표 등록출원, 단체표장등록출원 상호간에 인정되고, 지리적 표시 단체표장등록출원 및 업무표장등록출원에 대해서는 인정되지 않는다.

또한, 상표권의 존속기간갱신 등록출원 또는 지정상품의 추가등록출원은 그 기초가 된 등록상표에 대하여 무효심판 또는 취소심판이 청구되거나 그 등록상표가 소멸된 경우를 제외하고는 상표등록출원으로 변경할 수 있다. 무효심판이나 취소심판이 청구된 경우에는 상표권자가 무효나 취소될 경우를 대비하여 상표권의 존속기간갱신등록출원 또는 지정상품의 추가등록출원을 상표등록출원으로 변경하는 등 상표제도를 악용할 수 있으므로 이와 같은 경우에는 출원변경을 제한하였다. 또한 타법 영역으로의 출원의 변경(상표와 특허·실용신안·디자인 상호간의 출원의 변경)은 인정되지 않으며, 신규의 상표등록출원이나 지정상품의 추가등록출원 또는 상표권의 존속기간갱신등록출원 상호간의 출원변경도 인정되지 않는다.

## 4) 상표심사 절차

### 가. 심사절차

❶ 일정한 방식 심사 후 담당심사관이 출원순서에 따라 심사.

❷ 심사결과 거절이유를 발견하지 못하였을 때는 출원공고결정을 하고 상표공보에 공보한다. 다만 일정한 경우에는 공고결정을 생략할 수 있다.

❸ 심사결과 거절이유 발견 시에는 그 이유를 출원인에게 통보하고 기간을 정하여 의견서 제출의 기회를 주어야 한다.

❹ 특허청장은 출원공고가 있는 날로부터 출원서류는 및 부속서류를 특허청에 공중의 열람에 제공한다. 이 때 누구든지 공고일로부터 2개월 이내에 공고된 상표에 대하여 이의신청을 할 수 있다. 심사관은 이 기간 중 제3자로부터 이의신청이 있을 때에는 출원인과 이의신청인의 의견을 들어 이의의 성립 여부를 결정하여야 한다.

❺ 이러한 절차 후에 최종적으로 등록결정을 받게 되면 상표등록절차를 밟게 된다.

### 나. 상표심사 절차의 특징

❶ 상표법에는 심사청구제도가 없다. 따라서 상표는 출원 순으로 심사한다.

❷ 상표법에는 출원공개제도가 없다. 특허와는 달리 공개할 이유가 없기 때문이다. 다만, 공고 이후 설정등록 될 때까지의 상표를 보호할 필요성이 있으므로 손실보상청구권을 인정하고 있다.

### 다. 등록절차

❶ 상표권의 설정등록을 받고자 하는 자는 상표 등록료를 상표등록결정 등본을 받은 날로부터 30일 이내에 10년치 전액을 일시불 납부하여야 한다.

❷ 이해관계인은 상표 등록료를 납부하여야 할 자의 의사에 불구하고 이를 납부할 수 있다.

❸ 상표법에서는 특허법과는 달리 등록료추납제도는 없으나 그와 유사한 제도로서 30일 이내에서의 등록료 납부기간 연장제도가 있다.

❹ 2이상의 지정상품이 있는 상표등록출원에 대한 상표권의 존속기간갱

신등록결정을 받은 자가 상표 등록료를 납부하는 때에는 지정상품별로 이를 포기할 수 있다.

❺ 규정 기간 이내에 당해 상표 등록료를 납부하지 아니한 때에는 상표 등록 출원은 이를 포기한 것으로 본다.

### 5) 상표의 출원공고와 이의신청

#### 가. 상표의 출원공고

상표의 출원공고제도는 상표의 공익성과 출원상표의 다양성에 비추어 특허청 내부 심사관의 심사만으로는 부족하므로 상표로서의 권리를 설정등록 하기 전에 이를 일반에게 공개하여 공중심사에 회부함으로써 각계의 의견을 듣고 이의가 있으면 이의신청을 할 수 있게 하여 심사에 공정성을 달성하기 위한 일련의 과정이다.

출원인은 원칙적으로 출원 공고 후 타인이 무단으로 당해 출원된 상표와 동일. 유사한 상표를 동일. 유사한 상품에 대하여 사용함으로 인하여 출원인에게 업무상의 손실이 발생하는 경우 그 타인에게 경고를 하고 업무상의 손실에 상당하는 보상금을 청구할 수 있도록 하되, 상표등록 출원의 사본(국제상표등록출원의 경우에는 국제출원의 사본)을 제시하고 경고하는 경우에는 출원 공고 전에도 보상금을 청구할 수 있도록 규정하고 있다. 다만, 상표권의 설정 등록된 이후에만 당해권리를 행사할 수 있도록 규정하고 있다

#### 나. 상표의 이의신청

출원 공고된 상표에 대하여 이의가 있을 때에는 누구나 출원공고일

로부터 2월 이내(연장 불가)에 이의신청을 할 수 있고 이의신청서는 소정의 양식에 의거 작성하되 반드시 이의신청의 이유를 기재하고 이에 필요한 증거를 첨부하여야 한다.

이미 제출한 이의신청에 대한 이유나 증거를 보정하고자 하는 경우에는 이의신청기간의 경과 후 30일 이내에 해야 한다.


### (2) 상표권

#### 1) 상표권의 존속기간과 소멸, 그리고 이전

#### 가. 존속기간

상표권은 설정등록에 의하여 발생하는데 상표권의 존속기간은 설정등록이 있는 날로부터 10년이며, 상표권의 존속기간 갱신등록출원에 의하여 10년간씩 그 기간을 갱신할 수 있으므로 계속 사용을 하는 한 반영구적인 효력을 갖는다.

상표권의 존속기간을 갱신하고자 할 경우에는 상표권의 존속기간 만료 전 1년 이내에 상표권 존속기간갱신등록출원을 하여야 한다. 존속기간이 만료된 후라도 6개월이 경과하기 이전에는 상표권의 존속기간갱신 등록출원을 할 수 있으나 일정액의 과태료를 납부해야 한다.


#### 나. 소멸과 전환

1998년 3월 1일 이전에 구 한국분류에 따라 상품을 지정하여 상표권의 설정등록, 지정상품의 추가등록 또는 존속기간갱신등록을 받은 상표권자는 당해 등록상표의 지정상품을 산업자원부령이 정하는 상품류 구분(NICE분류)에 따라 전환하여 등록을 받아야 한다.

상표권의 존속기간 갱신등록출원과 상품분류 전환등록신청을 하나의 신청서에 일괄 신청할 수 있다.

상품분류전환등록을 받아야 하는 자가 소정의 신청기간 이내에 상품분류전환등록을 하지 아니한 경우 상품분류전환등록의 대상이 되는 지정상품에 대한 상표권은 그 신청기간의 종료일이 속하는 존속기간의 만료일에 소멸하게 된다.

그밖에도 스스로 상표권을 포기하는 경우, 존속기간이 만료하는 경우, 상표등록취소심결이 확정된 경우, 상표권자 사망 시 상속인이 없는 경우, 상표권자의 사망일로부터 3년 내에 상속인이 그 상표권의 이전등록을 하지 아니하는 경우에도 상표권이 소멸된다.

### 다. 이전

상표권의 이전이라 함은 상표권의 내용의 동일성을 유지하면서 소유주체만을 교체하는 것을 말한다.

상표권도 무체재산권의 일종으로 일반재산권과 마찬가지로 자유로운 이전이 허용되어야 할 것이나, 상표법의 목적에 비추어 수요자 이익 보호 등을 위해 필요한 경우에 일정한 제한이 가해지고 있다.

일반적으로 상표권은 그 자체만을 특정하여 영업과 함께하지 아니하고도 매매, 증여 등에 의하여 자유롭게 양도될 수 있고, 또한 지정상품마다 분할이전 할 수도 있다.

## 2) 상표권의 효력

상표를 등록할 경우 상표권자는 적극적으로 지정상품에 관하여 그 등록상표를 사용할 권리를 독점하는 독점권과 타인이 등록상표와 동일 또는 유사한 상표를 사용하는 경우 그 사용을 금지할 수 있는 금지권을 행사할 수 있으며 아울러 타인이 자기의 등록상표 또는 등록상표와 유사한 상표를 사용하는 등 상표권을 침해하는 경우 상표권자는 그 자를 상대로 하여 침해금지청구권 · 손해배상청구권 등을 행사할 수 있는 소극적인 효력을 갖는다.

### 가. 상표권의 침해로 보는 행위

상표권은 상표권자만이 등록상표를 지정상품에 관하여 사용할 권리를 독점하므로 상표권자 이외의 자가 정당한 권한 없이 등록상표와 동일 또는 유사한 상표를 그 지정상품과 동일 또는 유사한 상품에 사용하는 경우는 물론 등록상표와 동일 또는 유사한 상표를 그 지정상품과 동일 또는 유사한 상품에 사용할 목적이나 사용하게 할 목적으로 교부 · 판매 · 위조 · 소지 및 보관하는 행위인 예비적 행위도 상표권을 침해하는 것으로 규정하고 있다.

### 나. 상표권침해에 대한 구제방법

상표권은 상표권자만이 등록상표를 지정상품에 관하여 사용할 권리를 독점하므로 상표권자 이외의 자가 정당한 권한 없이 등록상표와 동일 또는 유사한 상표를 그 지정상품과 동일 또는 유사한 상품에 사용하는 경우는 물론, 등록상표와 동일 또는 유사한 상표를 그 지정상품과 동일 또는 유사한 상품에 사용할 목적이나 사용하게 할 목적으로 교부·판매·위조·소지 및 보관하는 행위인 예비적 행위도 상표권을 침해하는 것으로 간주하고 있다.

상표권 침해에 대한 구제수단은 다음과 같이 분류한다.
· 민사적 구제 : 침해금지청구권, 손해배상청구권, 가처분, 가압류, 신용회복조치 청구 등.
· 형사적 구제 : 침해죄, 몰수 등.
· 행정적 구제 : 위조 상품의 단속, 세관에 의한 국경조치, 산업재산권 분쟁조정제도 등.

### 3) 상표권의 사용권 제도

#### 가. 전용사용권

상표권자는 타인에게 상표권에 관하여 전용사용권을 설정할 수 있으며, 전용사용권자는 설정행위로 정한 범위 내에서 지정상품에 관한 등록상표를 사용할 권리를 독점한다.

따라서 전용사용권자는 상표권자와 마찬가지로 타인이 등록상표와 동일하거나 이와 유사한 상표를 그 지정상품과 동일하거나 이와 유사한 상품에 사용하는 등의 권리침해에 대하여 금지 또는 예방을 청구할 수 있습니다. 또한 상표권자의 동의를 얻어 그 전용사용권을 타인에게 이전하거나 통상사용권을 설정할 수 있다.

전용사용권의 설정·이전 등은 등록하여야 효력이 발생하며(등록은 효력발생요건), 전용사용권자는 등록상표를 사용하는 상품에 자기의 성명 또는 명칭을 표시해야 한다.

### 나. 통상사용권

상표권자 또는 전용사용권자는 타인에게 그 상표권에 관하여 통상사용권을 설정할 수 있으며, 통상사용권자는 설정행위로 정한 범위 내에서 지정상품에 관하여 등록상표를 사용할 권리를 가지게 된다.

또한 상표권자 및 전용사용권자의 동의를 얻어 그 통상사용권을 타인에게 이전할 수 있다.

통상사용권의 설정·이전 등은 등록하지 아니하면 제3자에게 대항할 수 없으며, 통상사용권자는 등록상표를 사용하는 상품에 자기의 성명 또는 명칭을 표시하여야 한다.

또한 통상사용권자는 지정상품에 등록상표를 사용할 권리만 가지므로 권리침해에 대한 금지청구권은 없으며, 상표권자나 전용사용권자만이 권리침해에 대한 금지청구 등을 할 수 있다.

### (3) 명세서 기재요령

### 1) 일반적 유의사항

특허나 실용신안, 상표, 디자인 명세서 작성은 특허청 홈페이지 전자 출원란에서 다운받은 특허청 전자출원 소프트웨어의 전자문서작성기를 사용한다.

❶ 용지는 가로 210mm, 세로 297mm의 A4 용지 크기의 인쇄용지 특급(70g/㎡이상)을 세로로 하여 상단을 철하여 사용한다.

❷ 용지의 상단 40mm, 좌단 25mm, 하단 및 우단 20mm의 여백을

두고 내용을 기재하여야 하며, 용지의 하단여백 중앙에 아라비아숫자로 쪽 번호를 기재하여야 한다.

❸ 문자는 흑색을 사용하여 가로로 쓰되, 300dpi 이상의 해상도로 출력함을 원칙으로 하며, 용지에는 불필요한 문자, 기호 또는 선을 기재할 수 없다.

❹ 문자모양은 명조, 고딕 등의 정자체를 사용하고 문자크기는 가로 4mm×세로 4mm(12포인트)로 하며, 문자속성은 이탤릭체, 진하게, 밑줄, 위첨자, 아래 첨자 외에는 사용할 수 없다.

❺ 1면의 행수는 20행, 각 행간의 간격은 7.2mm(280% 줄 간격)로 하며, 내어 쓰기는 사용할 수 없으나 들여쓰기는 새로운 문단을 시작하는 경우에 한하여 공백 8자 크기로 사용할 수 있다.

❻ 용어는 전체를 통하여 통일하여야 하며, 기술용어는 학술용어를 사용하되 우리말 표준용어를 사용하여야 하고, 한글로 이해하기 어려운 말은 ( )안에 한자 또는 원어를 병기할 수 있다. 다만 단위는 국제단위계 국제단위계*(The International System of Units, 'SI')로 표시하고 어떤 용어를 특별한 의미로 사용할 경우에는 그 의미를 명세서 중에 미리 정의하고 사용하여야 한다.

## 2) 식별항목의 기재

❶ 서식에 규정된 각 표제는 식별기호(【 , 】)와 식별항목으로 기재하

---

＊ 국제단위계 : 미터법에 따른 측정 단위를 국제적으로 통일한 체계로서 SI단위라고도 한다. 기본 단위로서 길이에 미터(m), 무게에 킬로그램(kg), 시간에 초(s), 전류에 암페어(A), 온도에 켈빈(K), 물질량에 몰(mol), 광도에 칸델라(cd)의 7가지 기본단위와 이로부터 유도된 유도 단위가 있다. 1960년 제11회 국제도량형총회에서 결정하였다.

여야 하며, 식별항목의 다음 행에 해당 내용을 기재하여야 한다.

❷ 식별기호(【 , 】)는 식별항목 외의 용도로 사용할 수 없으며, 일련번호를 포함하는 식별항목인 경우에는 식별항목명과 일련번호 사이에 1칸의 공백을 두어야 한다.

❸ 실용신안등록 출원의 경우 식별항목의 '발명'은 '고안'으로, '특허청구범위'는 '실용신안등록청구범위'로 바꾸어 기재하여야 한다.

❹ '표', '수학식', '화학식' 및 '반응식'은 식별기호(【 , 】)와 식별항목명으로 구성된 식별항목(【표】, 【수학식】, 【화학식】, 【반응식】)으로 기재하여야 하며, 식별항목의 다음 행에 해당 내용을 기재하여야 한다. 다만 【표】식별항목과 '표' 내용 사이에는 제목을 기재할 수 있으나 한 문단을 초과할 수 없다.

❺ 【청구범위】, 【표】, 【수학식】, 【화학식】 및 【반응식】 식별항목은 일련번호를 기재하여야 하며, 기재순서에 따라 아라비아숫자로 기재하는 것을 원칙으로 하 되, 발명 또는 고안의 내용을 정확히 표현하기 위하여 필요한 경우에는 아라비아 숫자 뒤에 알파벳 소문자를 1자 이상 부가적으로 기재할 수 있다. 다만 【청구범위】 식별항목 의 일련번호는 아라비아숫자로만 기재하여야 한다.

❻ 명세서 본문 중에서 인용되지 아니하는 '표', '수학식화학식' 및 '반응식'은 식별항목 없이 기재할 수 있다.

### 3) 명세서 따라잡기

**가. 명세서**

❶ **발명의 명칭**

출원인이 발명하고자 하는 대상의 명칭을 작성한다.

발명의 내용을 간명하게 표시할 수 있는 발명의 국문명칭을 기재하여야 하며, 발명의 영문 명칭을 구분기호(중괄호 { })안에 다음 예와 같이 입력하여야 한다. 발명의 명칭은 전기통신기본법 제29조의 규정에 의한 표준(KSC 5601, KS 2바이트완성형) 문자에 포함된 문자 또는 기호만을 사용하여 국문 250자 또는 영문 500자 이내로 작성하여야 한다.

예: {발명의 명칭 자동차용 피스톤에 점화개량장치} improvement in quality Automobile piston.

예를 들면 자동차용 피스톤에 하여야 될 것을 간단히 자동차라고 쓰거나 ,피스톤으로 쓰거나, 또 다른 예를 들어 '창포식물의 추출물에서 샴푸를 제조하는 방법' 이라 하여야 할 것을 단순히 '샴푸를 제조하는 방법' 이라고 쓰거나 '플라스틱 수지로 성형된 젓가락의 제조방법' 이라고 하여야 할 것을 단순히 '플라스틱의 제조방법' 으로 하는 것 등은 잘못된 것이다.

또한 발명의 내용과 직접관련이 없는 문자, 예를 들면 '최신식', '문명식' 등을 붙이거나 고안자나 출원인의 성명을 붙여서 '○○○식 ○○', '아무개 안○○' 등으로 하거나, '발명특허○○○' 등으로 기재하여서는 아니 되며, 기술을 간략하게 명명하는 것으로서 기능을 나타내는 형용사는 쓸 수 없다. 또 존대 어구를 사용하여도 안 되며, 발명의 명칭이 청구범위의 끝 단어와 항시 일치시켜야 한다.

### ❷ 기술 분야

우리나라에서 공개된 대부분의 명세서에서 기술 분야는 예3)를 들어 본 발명은 휴대폰에 관한 것으로 상세하게는 사람이 휴대하는 휴대전화 단말기에 관한 것이라고 기재하여야 한다.

이 부분은 발명이 적용될 수 있는 기술 분야를 기재하는 것으로 별 어려움 없이 기재할 수는 있지만 청구범위의 권리범위 해석 시에 참조될 경우에 발명의 권리를 제약할 수 있는 부분이기도 하므로 비교적 간단명료하게 작성하면 된다.

### ❸ 배경기술

종래의 기술에 관한 문헌을 인용할 경우에는 그 문헌의 명칭 및 상세한 내용을 기재하여야 하며 해당 기술 분야의 종래 기술의 문제점 및 단점을 지적하여 기재하여야 한다.

> 예: 본 발명은~~에 관한 것으로, 보다 상세하게는 ~~함으로써 ~~하는
> 효과가 있는 ~~ 등.
> 종래 기술로는 대한민국 공개특허공보 10-2009-000000 (2009.01.01)
> ~~가 있다. 이 장치는 ~~~~하다

### 나. 발명의 내용

### ❶ 해결하려는 과제

산업상 이용분야, 종래기술 및 발명이 해결하고자 하는 과제 등이 기재되어야 한다.

여기서 종래기술에 관한 문헌은 청구범위에 기재된 발명의 특허성을 평가할 때 중요한 수단의 하나이다. 따라서 특허를 받고자 하는 발명과 관련이 깊은 문헌이 존재할 때는 가능한 한 그 문언명을 명확하

게 기재해야 하며 출원기술이 구현하고자 하는 특이한 목적이나 해결점을 설명한다.

### ❷ 과제의 해결 수단

기술이 구현하고자 하는 목적을 설명하는 부분이다.

예: 본 발명은 상기와 같은 종래기술의 문제점을 해결하기 위한 것으로, ○○함으로써 ○○하는 것을 제공하고자 하는 것을 그 목적으로 한다. 본 발명의 또 다른 목적은 ○○한 성질을 갖는 ○○의 제조방법을 제공하는 것이다, 등.

### ❸ 발명의 효과

당해 발명에 의해서 생기는 특유의 효과를 가능한 한 구체적으로 기재한다.

여기에서 '특유의 효과' 란 특허로써 보호를 받고자 하는 발명의 구성에 없어서는 안 되는 상황에 의해 발생되는 효과를 의미한다. 구체적으로는 발명의 목적을 달성했다는 점을 확인하고, 종래기술과 비교해서 보다 유리하다는 점을 나타내기 위한 것 등이 있다.

• 특허를 받고자 하는 발명과 '가장 관련이 깊은 종래기술' 과 비교한 유리한 효과(advantageous effects)는 진보성 판단에 있어서 중요한 사항이다. 진보성이 결여되어 있다는 취지의 거절이유통지를 받은 경우, 출원인은 명세서의 요지를 변경하지 않는 범위 내에서 유리한 효과를 보정할 수 있지만 보정을 하지 않는 경우라도 그밖에 발명의 효

과에 대한 기재가 있으면 위의 '가장 관련이 깊은 종래기술' 과 비교한 유리한 효과가 기재되어 있지 않아도 제42조 제3항에 위반되는 것으로는 보지 않는다.

• 발명의 구성 등으로부터 통상의 지식인이 용이하게 당해 발명의 효과를 이해할 수 있고, 당해 발명의 실시의 용이성을 방해하는 것이 아닌 경우에는 발명의 효과의 기재가 형식적으로는 없거나 또는 충분하지 않다고 해도 이것을 이유로 특허법 제42조 제3항에 위반되는 것으로는 보지 않는다. 본 발명의 구성으로 얻을 수 있는 효과를 명확히 기재한다.

예: 이상과 같이 본 발명에 의하면, ○○○과 같이 이루어져 있으므로 ○○○한 특성을 향상시킬 수 있다.

**❹ 도면의 간단한 설명**

첨부한 '도면' 의 각각의 '도' 에 대하여 각 '도' 가 무엇을 표시한 것인가를 간단히 기재한다. 다만 발명의 설명에 '도면' 이 필요하지 아니한 경우에는 식별항목을 삭제하여야 한다.

**❺ 발명을 실시하기 위한 구체적인 내용**

• 아주 중요한 란으로 비교적 청구범위의 내용을 풀어서 알기 쉽고 비교적 길게 서술되어야 하며, 발명이나 고안의 과제를 해결하기 위하여 강구한 수단과 구성을 함께 기재하여야 한다.

해당 발명의 기술 분야에 대한 통상의 지식을 가진 자의 실시를 위하여 필요한 경우에는 그 발명의 구성이 실제상 어떻게 구체화되는가를 나타내는 실시 예를 기재하여야 한다.

  그 실시 예는 특허 출원인이 가장 좋은 결과를 얻는 것이라고 생각되는 것과 과제를 해결하기 위해 어떤 수단을 강구 했는지에 대해서 그 작용과 함께 기재되고 필요할 때는 당해 발명의 구성을 실제 어떻게 구체화 했는가를 나타내는 실시 예를 기재하여야 한다.

  또한 그 실시예는 가장 좋은 결과가 얻어질 수 있는 것을 가능한 한 여러 종류 열거해서 기재하고, 필요에 따라서는 구체적 숫자에 의거해서 사실을 기재해야 한다.

  일반적으로 효과의 예측이 곤란한 분야(예, 화학물질)에 있어서는 통상의 지식인이 용이하게 실시할 수 있기 위해서는 통상 하나 이상의 대표적인 실시예가 필요하다.

  기술 내용에 대해 가장 상세하게 기술할 부분으로서 기술이나 제품의 구성을 도면부호와 더불어 자세히 설명한다. 본 발명의 구성으로 얻을 수 있는 효과를 명확히 기재한다.


  • 과제를 해결하는 수단을 구체적인 수단 그 자체(예, 구성)로 표현하지 않고, 그 수단이 갖는 기능 또는 작용을 이용해서 표현하는 경우의 기재는 그 기재로부터 통상의 지식인이 용이하게 그 발명을 실시할 수 있는 경우에 한해 인정한다. 과제를 해결하는 수단의 기능 또는 작용은 '발명의 효과'로서의 측면도 갖지만 이들 표현은 과제를 해결하는 수단을 규정하고 있으므로 '발명의 구성' 으로 취급한다.


  • 화학물질발명의 경우는 화학물질 그 자체가 '발명의 구성' 이므

로 발명의 구성인 화학물질은 원칙적으로 화학 물질명 또는 화학구조식에 의해 특정되어 있어야 한다.

또한 하나의 화학물질의 제조방법, 동일성 확정자료 및 용도가 통상의 지식인이 용이하게 그 실시를 할 수 있을 정도로 상세하게 설명해야 한다. 이들은 발명의 구성으로 취급하지만 발명의 효과를 인정하기 위한 것도 된다.

• 물질의 특정성질(속성)을 이용해서 과제해결을 도모한 용도발명(예를 들어, 의약, 농약에 관한 발명)에 있어서의 용도는 발명의 구성이다. 적으로 여러 종류를 기재하고 필요에 따라 구체적 숫자에 기인한 사실을 기재하여야 한다.

### ❻ 부호의 설명
발명에 사용된 출원대상물의 부호를 기호를 앞에 쓰고 기재한다.

### ❼ 청구범위
명세서 중 가장 중요한 핵심 부분으로서, 보호받고자 하는 기술내용의 구성요소 등을 기재하여 권리를 요청하는 곳이며 아래에서 자세하게 설명하기로 한다.

### 다. 요약서
### ❶ 요약
발명의 요지를 간략하게 요약하여 양식에 기재를 한다. 출원된 특허를 간략하게 요약기재하는 것으로서 심사관 및 일반 대중이 특허검색 및 초안을 작성하기 위한 자료가 되며 심사 대상은 아니다.

> 예: 본 발명은 OOO에 관한 것으로서, OOO하는 문제를 해결하기 위하여 OOO으로 이루어진 것을 특징으로 한다. 이러한 본 발명은 OOO하는 효과가 있다. 등.

### ❷ 대표도

자신의 발명에서 가장 중요하고 잘 나타내어진 도면(심사관을 이해시키기에 가장 적합한 도면을 넣는다)

### ❸ 도면

도면은 【도 1】, 【도 2】, 【도 3】, 【도 4】로 표기하는데 특허 출원을 함에 꼭 필수적인 첨부물은 아니지만, 발명이 물질 또는 방법이 아니고 물건에 관한 것이라면 필수적으로 첨부하여야 하며, 심사를 맡은 특허청 심사관의 이해를 돕기 위해서도 상세한 도면이 필요하다. CAD도면사진, 회로도, 그래프 등의 다양한 도면이 사용가능하다.

도면은 발명의 상세한 설명에서 발명의 내용을 파악하는데 보조적인 역할을 충분히 할 수 있도록 기재하되, 너무 복잡하거나 지저분하게 그려서는 안 된다.

> 예: 기술의 문제점 → 잘 굴러가는 연필 → 발명의 목적
>
> 해결수단 → 연필을 육각으로 한다 → 발명의 구성
>
> 효과 → 안 굴러 간다 → 발명의 효과

(4) 특허출원은 자산이다

앞서 소개한 내용과 같이 특허출원에는 국내, 국제에 따라 다른 출원방식이 있고 그 절차 또한 각각의 방식이 다르기 때문에 잘 상기시켜두면 분명 도움이 될 것이다.

특허에 관한 내용은 우리가 많이 접하지 못하기 때문에 딱딱하고 어려운 내용일 수밖에 없다. 하지만 이러한 특허는 하나만 소유하고 있어도 자신에게 큰 자산이 된다.

나의 이름으로 된 지정된 특허가 있다는 것이 얼마나 감격할 만한 일인가! 특허출원을 하게 되면 기업의 입장에서는 물론이고 개인적인 입장에서도 많은 이득이 된다. 그렇다면 저자가 왜 특허출원이 자산이라고 하는지 알아보자.

### 1) 특허출원의 힘

**가. 기술의 우수성을 가진 제품 홍보의 효과**

기업의 경우, 그 기술이 특허 출원된 기술이라면, 그 회사의 기술력의 가치가 인정된다. 이것은 기술의 우수성에 대한 대외적인 입증의 한 대표적인 상징이라 볼 수 있고, 기술력에 있어서의 간접적인 입증 효과와 회사의 홍보 효과를 동시에 유발 시킬 수 있다.

**나. 특허출원은 나만의 것. 경쟁자의 침해를 예방**

출원 사실을 각종 광고자료 또는 각종 홍보물에 인쇄하여 자사가 특허 출원된 제품임을 알릴 경우, 일종의 침해경고의 표시가 되어 타인의 침해를 예방하는 효과가 있다. 이것은 가장 가시적인 침해예방의 효과가 나타나고 있다.

### 다. 유사 기술 출원 등록 미연에 방지

먼저 지재권을 먼저 출원을 하지 않으면 타인이 먼저 출원을 하여, 오히려 역으로 표절에 관한 경고장을 받게 되고, 나아가 형사상 침해 죄로 고소당하고, 민사상 가처분, 가압류 등을 당하는 경우가 생길 수 도 있다.

따라서 소위 '방어 출원'의 개념으로 비록 특허 등록 가능성이 다 소 낮아도 출원하여 두면 타인의 출원 또는 등록을 저지할 수 있는 효 과를 볼 수 있다.

출원을 하지 않고 공개하여도 되지만, 타인이 먼저 출원을 하여 등 록하였을 경우, 2~3년이 지난 후엔 이를 무효 시키기 위한 자료나 입 증서류가 충분치 못한 경우가 있다. 따라서 출원은 가장 용이하고도 확실한 무효입증 자료가 될 수 있는 것이다. 위에서 말했듯이 재산으 로써도 빛을 발하게 되는 것이며 특허출원 많이 하는 사람에게는 못 당한다는 말도 있다.

### 라. 라이센싱의 기술 계약상 유리

타사의 기술을 도입할 경우, 우리도 특허권이 있음을 내세우거나 상호 사용하자는 식으로 협상의 빌미가 될 수 있다.

일방적으로 로열티를 지급하는 것과는 달리 타인의 특허라 하여도 이를 열심히 개선 개발하여 특허 출원 및 등록까지 연결하여 두면 로 열티의 지급 또는 협상에 있어 유리하게 작용할 수 있다. 오히려 기술을 판매하거나 로열티 수익증대의 효과를 볼 수도 있다.

### 2) 나의 특허 보호하기

특허출원은 매우 중요하고 특허등록은 더더욱 중요하다. 하지만 '특허가 등록되었다고 해서  당장에 큰돈을 벌려는 조급한 마음은 버리는 게 좋다. 그리고 하나만의 특허로는 목적을 달성하기 어려울 수도 있다.

나의 소중한 등록 특허를 보호하기 위하여 장기판의 장(將)을 보호하는 사(士)처럼 등록 특허에 대한 끊임 없는 방어벽을 쌓아야 하는 것이다.

제 아무리 잘 써진 명세서로 무장한 등록 특허라 해도 완벽한 특허는 없다 왜냐하면 시간이 흐르고 기술이 진보되기 때문에 자신은 발명품이 완벽하다 생각할지 몰라도 타인이 보는 관점에서는 불편함이 있을 수도 있고 개선이나 보완하여야 하는 일이 수시로 발생할 수 있기 때문이다. 그래서 '특허 방어벽'이 필요한 것이다.

특허 방어벽은 좋은 기술일 경우 하나의 특허로만 보호되는 경우는 거의 없다. 그러므로 적어도 3~4개의 유사한 연계 특허 또는 보완 특허를 계속하여 출원함으로서 자신의 소중한 특허를 잘 보호해야 한다. 마치 철옹성을 쌓듯이 말이다.

소위 잘나가는 외국의 회사는 회사가 취득한 특허를 바탕으로 제2, 제3의 특허를 출원하여 등록된 특허를 보호하고 호위하는 방어벽 쌓기를 열심히 하는 것을 알 수 있다.

우리나라를 비롯하여 각국의 특허청은 최초 등록된 특허를 바탕으로 제2, 제3의 특허를 동일인으로 출원하는 경우에 조금은 관대하다고 볼 수 있는데 심사관의 개인 잣대에 의하여 어떠한 경우에는 본인의 선출원으로 인하여 후속특허가 종래기술로 인하여 거절되는 경우는 참으로 답답한 일이다.

등록된 특허가 있고 후속 특허를 3~4개 동일인으로 출원하였다고 하면 기존 특허(A) 그리고 추가 특허(B) A+B 로 이루어진 새로운 특허가 되는데 이런 방어특허는 동일법인 이나 동일한 개인 출원이라는 기준으로 판단하여 관대해져야 하는데 그 이유는 최초 특허등록 기술과 후속적으로 출원하는 기술과는 동일인 인지라 마찰이나 특허 분쟁과 같은 법적인 문제가 전혀 발생하지 않기 때문이다.

그러므로 개인 또는 법인의 최초 등록 기술 이후에 전개되는 후속 특허는 동일인 발명이라면 더욱 관대해져야 할 필요성이 있다고 생각한다. [참고] 공동출원서식 도입에 따른 특허출원 서식 변경


2010년 1월 1일부터 한, 미, 일, EPO, 중국 등 5개 국간의 실체적인 내용을 기재하는 명세서, 도면, 요약서 등의 특허출원 서식이 아래와 같이 변경되었으니 참고하기 바란다.


## (1) 주요 변경내용

### 1) 미생물 기탁사항의 기재방법

(종전) 출원서에 기탁기관명, 수탁번호, 수탁일자를 기재 → (개정) 명세서에 수탁번호를 기재

### 2) 명세서 · 요약서 · 도면의 순서

(종전) 명세서+도면+요약서 → (개정) 명세서+요약서+도면

**3) 명세서의 식별항목의 구성 · 명칭 · 순서 및 기재방법**

(삭제) 【발명의 상세한 설명】 항목 삭제

(신설) 【선행기술문헌】, 【부호의 설명】, 【수탁번호】, 【서열목록 자유
텍스트】 항목 신설

(이동) 【도면의 간단한 설명】 항목 위치 변경

(개정) 식별번호 〈1〉 → 【0001】


(2) 변경서식

**1) 국내출원** : 특허출원서(별지 제14호 서식), 명세서(별지 제15호 서식),
요약서(별지 제16호 서식), 도면(별지 제17호 서식)

**2) PCT** : 명세서(별지 제43호 서식), 청구의 범위(별지 제44호 서식), 요약
서(별지 제45호 서식), 도면(별지 제46호 서식)

**3) 국제특허출원의 번역문** : 명세서(별지 제53호 서식), 청구의 범위(별지
제54호), 요약서(별지 제55호 서식), 도면(별지 제56호 서식)

※ 자세한 내용은 첨부한 신구서식 비교표를 참조


(3) 적용대상

2010년 1월 1일 이후에 출원된 출원건(2010년 1월 1일 이후에 제출된 분
할출원, 변경출원 및 무권리자의 출원 후에 한 정당한 권리자의 출원건을 포함)


(4) 기타 유의사항

1) 온라인 출원을 하는 경우는 2010년 이후 전자출원 소프트웨어 및 전

자문서작성기를 반드시 업데이트해야 함. 기존의 소프트웨어로는 신규 서식 작성 및 제출 불가.

2) 명세서를 보정하는 경우 : 2010년 이전에 제출한 출원의 명세서를 보정하는 경우는 구명세서 양식으로 보정서를 작성하여 제출하고, 2010년 이후에 제출한 출원의 명세서를 보정하는 경우는 신규 명세서 양식으로 보정서를 작성하여 제출함.

# Ⅱ.특허출원 자금지원 제도

## 1. 국내특허 출원

특허기술로 벤처캐피탈과 같은 투자조합으로부터 자금을 조달하는 방법도 고려할 수 있으나 이것이 여의치 않은 경우, 출원되거나 등록받은 특허기술을 사업화하는 개인이나 기업체를 위한 정부 또는 지자체의 자금지원제도를 통해 자금을 조달할 수도 있다.

또한 특허가 자금조달을 위한 직접적인 요건인 경우가 있으며, 직접적이지는 않아도 각종 정책자금의 조달시에 산업재산권의 유무는 평가에 매우 중요하게 반영되는 요소이다.

따라서 특허권 등을 보유하는 것은 자금조달에도 매우 유용하고 현재 정부나 지자체에서 마련한 특허와 직접적으로 관련된 주요한 자금지원 제도는 다음과 같다.

## (1) 개발 및 특허기술 사업화 자금 지원

기술성과 사업성이 우수한 중소기업 개발기술의 사업화를 지원하는 자금이며, 특허출원 된 기술로도 자금 신청을 할 수 있는 것이 특징이다.

| | |
|---|---|
| 지원규모 | 800억 원 |
| 지원대상 | 제조업, 제조업관련서비스업, 지식기반서비스업을 영위하는 중소기업으로, 특허청에 등록된 특허기술 정보센터(한국특허정보원)의 선행기술조사 결과 신규성 또는 진보성을 인정받은 특허출원기술을 가지는 기업 등 |
| 지원조건 | 연간 5억 원 이내 (운전자금은 3억 원 이내)로, 연 4.9%, 변동금리(단, 신용등급에 따라 0.5%할인, 할증금리 적용)로, 5년 이내 (거치기간 금융기관으로부터 대출을 받은 후, 원금을 갚지 않고 매달 이자만 납부하는 기간 |
| 담보방법 | 중소기업진흥공단 신용대출 또는 기술신용 보증서부 대출 |

## (2) 신제품개발자금

### 1) 산업기술개발자금 중 특허과제

주요 자본재와 첨단기술 제품의 국산화 촉진 및 신기술 보급을 위하여 융자금을 장기 저리로 지원하는 사업이다.

| | |
|---|---|
| 지원대상 | 자본재시제품, 첨단기술제품 개발사업 중 특허기술 등의 실용화 부문과 신기술 보급사업 중 특허를 획득한 제품의 사업화 부문, 출원 또는 등록된 특허, 실용신안보유기업의 특허 기술실용화 부문 |
| 지원내용 | 담보나 보증서부로, 4.63%(변동금리 8년(거치기간 3년))으로 소요자금의 80%이내에서, 과제당 50억 원 이내임 |

### 2) 산업기술개발자금 중 디자인과제

디자인 개발 완료 후 자금력이 취약하여 상품화에 어려움을 겪고 있는 기업을 대상으로 시제품개발을 지원하는 사업이다.

| 지원대상 | 산업디자인 개발 사업에 참여하여 디자인제품을 개발하고자하는 업체, 산업디자인 진흥법 제9조의 규정에 의한 산업디자인 전문회사, 디자인제품을 개발하고자 하는 업체로서, 자본재 시제품개발 사업 중 산업디자인 개발부문과, 출원 또는 등록된 특허, 실용신안보유 기업의 특허기술실용화 부문 |
|---|---|
| 지원내용 | 담보나 보증서부로, 4.63%(변동금리 8년(거치기간 3년))으로 소요자금의 80%이내에서, 과제당 50억 원 이내 |

## (3) 디자인혁신 기술개발 사업

제품의 혁신적인 디자인개발을 통하여 고부가가치화를 추진하기 위해 제품 디자인, 브랜드 디자인, 포장디자인, 캐릭터디자인 및 시각 디자인을 지원하는 사업이다.

| 지원대상 | 특허기술에 기초한 제품의 혁신적인 디자인개발을 통하여 고부가가치화를 추진하는 기업 및 최근 3년간 선정된 Top디자인 전문회사 등 |
|---|---|
| 지원내용 | 개발 사업비의 2/3 이내로 1억 원 이내이며, 지원기간은 1년 이내 |

## (4) 중소기업 기술혁신 개발사업

중소기업의 기술개발을 조건으로 무담보 무이자로 1년 이내에 개발완료가 가능한 특허기술의 개발자금을 지원하고, 기술개발 성공시 정부 지원 금액의 일부를 상환 받는 사업이다.

| 지원대상 | 공장등록을 한 중소제조업체 등 |
|---|---|
| 지원과제 | 특허 · 실용(등록 · 출원포함) 기술 중 유망특허기술개발과제(IPC166과제) 및 유망특허과제 기술수요조사(43과제) |
| 지원내용 | 기술개발비의 75% 이내로, 1억 원 이내(단, S/W 분야는 5천만 원 이내)이며, 지원기간은 1년 이내 |

### (5) 중소기업 이전기술 개발사업

중소기업이 국내외 대학, 연구기관 등으로부터 이전 받은 기술을 실용화, 상품화 하는데 소요되는 개발자금의 일부를 정부가 직접 지원하는 사업이다.

| | |
|---|---|
| 지원대상 | 신청일 이전 1년 이내에 기술이전 계약을 체결한 중소기업으로, 공장등록증 보유업체 등 |
| 지원대상 기술 | 사업화 되지 않은 기술로서 특허권, 실용신안권, 의장권, 저작권 등으로 등록 또는 출원중인 기술 등 |
| 지원내용 | 전체 개발비의 75%로, 1억 원 이내(단, S/W 분야는 5천만 원 이내)로 지원기간은 1년 이내 |

### (6) 중소 · 벤처 창업자금

기술력과 사업성을 갖춘 예비창업자 및 창업초기단계의 중소 · 벤처기업을 대상으로 창업 및 신기술사업화를 위해 지원하는 자금이다.

| | |
|---|---|
| 지원대상 | 사업 개시일로부터 3년 미만인 중소기업 등 |
| 지원조건 | 업체당 연간 20억 원 이내(단, 운전자금은 5억 원 이내), 시설자금: 8년(거치기간 5년)<br>운전자금: 5년(거치기간 2년), 4.4% 변동금리(단, 신용대출시 4.9%) |
| 지원내용 | 창업 및 창업초기 기업경영에 소요되는 운전 및 시설자금지원 |

### (7) 특허기술 평가지원 사업

발명의 평가기관(국 · 공립연구기관과정부공인 전문평가기관 등)에 의한 발명의 기술성, 사업성 평가체계 구축 및 평가에 소요되는 평가수수료의 일부를 국고(國庫) 현금을 수납하고 지급하는 주체로서의 국가를 이르는 말.

에서 보조하는 사업 중 하나이다.

| 지원대상 | 내국인으로 신청일 현재 특허권자, 실용신안등록의 유지결정을 받은 권리자 또는 특허권, 실용신안권의 전용실시권자로 개인 및 중소기업자 등 |
|---|---|
| 지원내용 | 평가수수료(부가가치세 제외)의 80% 범위 내에서 신청인당 연간 4건 이내와 3천만 원 이내의 한도로 지원 |

## (8) 기술평가 수수료지원 사업

정부가 지정한 기술평가기관에서 기술평가를 받은 국내기업 및 개인에게 평가수수료의 일부를 지원하는 사업이다.

| 지원대상 | 정부지정 기술평가전문기관에서의 기술평가 실시 여부시, 기술거래, 무형자산 자본산입, 현물출자, 기술투자, M&A 등을 위한 기술평가실시 여부시, 및 기타 지원타당성이 있는 경우로, 정부가 지정한 기술평가기관에서 평가를 수행한 것 |
|---|---|
| 지원내용 | 건당 기술평가 수수료의 50%이내에서 최대 1,000만원까지 |

## (9) 우수발명 시작품제작 지원

| 개요 | 등록특허, 등록유지 결정된 실용신안, 등록디자인을 보유하고 있지만 시작품 제작비용이 부족한 개인 또는 중소기업자에게 시작품 제작비용의 일부를 지원하는 사업 |
|---|---|
| 지원내용 | 제작비 최고지원 한도액은 5,000만원<br>-개인 및 중소기업자는 제작비용의 70~90% 범위 내 무상지원 |
| 지원규모 및 성격 | -지원규모 : 32.3억 원<br>-자금성격 : 보조자금(무상지원) |
| 지원대상 | - 학생 및 개인 또는 중소기업 법에 의한 중소기업자로서 아래 발명(고안)을 보유한 자<br>- 국내 특허법, 실용실안법, 디자인보호법에 의해 등록된 권리<br>- 당해 권리가 시작품 제작비 지원 신청일 현재 존속하고 있는 발명(단, 당해 권리와 관련된 시작품 보유자는 신청대상에서 제외) |

## (2) 지식재산권과 발명특허 지원제도

### 1) 21세기 사회와 지식재산권

미국을 비롯한 산업선진국들의 구호 중의 하나가 1,000명의 박사보다 빌게이츠 같은 한 사람의 발명인재를 발굴하라는 것이다. 부존자원 하나 없는 우리의 살길은 머리와 손재주에 의존하는 창조적 두뇌 개발 및 기술개발로 부가가치 높은 1등 상품을 통해 무역흑자를 높이는 데에 전력을 집중하는 길만이 경제희생의 최선책이라 하겠다.

산업경쟁은 곧 기술경쟁이며, 인간 자원경쟁은 교육경쟁이다.

이제 우리는 남들이 흉내 내지 못하는 부가가치 높은 세계특허의 획득으로서 로열티를 바치는 국가에서 로열티를 받는 국가로 변신을 해야겠다. 우리 앞에 당면한 IMF의 난제 해결과 더불어 동시에 풀어야 할 가장 큰 과제가 국제무역보호 기구인 와 OECD 등의 선진산업국들과의 대등한 조건선상에서의 경쟁력 제고문제이다. 그렇게 하기 위해서는 가장 값진 산업이 바로 지식산업 이라는 것을 명심하고 지식산업의 경쟁력을 높이는데 국력을 결집해야 한다는 것을 강조하였다.

21세기는 지식과 정보가 세계를 움직이는 힘으로 등장하고 국경 없는 경제 전쟁이 전개될 것이며 정보통신의 발달로 세계가 하나의 지구촌을 형성하게 된다. 이에 따라 국가 경쟁력의 비교 기준이 과거의 부존자원이나 경제규모 등에서 기술력 정신력으로 바꾸어지고 지식재산권이 국제통상교역의 핵심 수단이 되어 국제 경쟁력을 가름하는 척도가 될 것이다.

## 2) 지식재산권 제도의 개념

지적 창작물에 관한 재산권을 총칭하여 지식재산권이라 하며, 이는 특허권, 실용신안권, 디자인권 및 상표권 등과 같이 산업 활동과 관련되는 산업재산권과 문화 창달에 관련되는 저작권으로 대별된다. 최근에는 과학기술의 발달 및 사회여건의 변화로 인하여 신지식 재산권의 보호문제가 크게 대두되고 있다.

지식재산권은 인간의 정신적인 창작물에 대하여 국가의 공권력에 의해 부여되는 독점적 권리로서 동산이나 부동산과 같은 유체 재산권과는 달리 형태가 없다는 뜻에서 무체재산권이라고도 한다. 산업재산권 중 특허권, 실용신안권, 디자인권 등은 발명을 하여 고안 및 창작의 내용을 사회에 공개하여 기술발전에 기여한 대가로 권리를 국가가 보장해 주는 척도이다. 도한 상표권은 상표를 등록한 자에게 사용 수익할 수 있는 권리를 국가가 보호해 줌으로써, 신용유지를 통한 상품의 유통질서를 확립시키는 제도이다.

한편, 저작권은 문화예술에 관한 정신적 창작물을 대상으로 하는 권리로서 그 보호 객체인 저작물을 창작자의 정신노동의 소산임과 동시에 정신의 객관적 실재이며, 창작자의 인격에 그 뿌리를 두고 있다. 신지식 재산권은 컴퓨터 프로그램 및 소프트웨어, 반도체 집적회로, 식물 신품종 등 생명과학 분야에서의 지식재산권 등이 포함되며 최근에는 정보가 산업발전의 중요한 요소로 등장함에 따라 전 세계적으로 보호가 강화되고 있는 재산권 이다. 이중 특허권, 실용신안권, 디자인권, 상표권의 산업재산권에 대해서는 별항으로 자세하게 설명을 한다.

### 3) 산업재산권의 요건과 권리

① 국방상, 공익상 필요한 경우 등에는 실시권을 강제로 타인에게 허락해야 하는 제한이 있다.

② 실용신안의 요건과 권리 실용신안의 등록요건은 종전에 특허의 요건과 마찬가지로 신규성, 진보성, 산업 상 이용가능성 등의 세 가지였으나 98년 9월 23일 실용신안법의 제정으로 99년 7월 1일부터는 신규성, 진보성, 산업 상 이용가능성 등 실제적 등록요건을 구비하고 있는지 여부를 심사하지 않고 지적사항에 대한 방식심사와 기초적 요건심사만을 거쳐 출원일로부터 약 3개월 만에 등록될 수 있도록 실용신안 선등록제도가 마련되었다.

실용신안권은 실용신안에 관한 권리자만이 그 실용신안권을 사용, 수익, 처분하는 일체의 독점권을 말하며, 그 존속기간은 실용신안 출원공고일로부터 10년간이다. 이외에 권리의 효력 면에서는 특허제도와 마찬가지이다.

③ 디자인의 요건과 권리 디자인이란 일반적으로 산업디자인이라고 한다. 디자인법에서는 '물품의 형상, 모양이나 색채 또는 이들을 결합한 것으로서, 시작을 통하여 신비감을 일으키게 하는 것을 말한다.'고 규정되어 있다. 여기서 물품이라 함은 독립성이 있는 구체적인 물품을 말하며 물품의 모양이란 외관에 나타나는 선, 도, 색의 구분을 말하고, 색채한 색의 흐름 등을 통하여 식별할 수 있도록 되어 있는 것을 가리킨다. 또 심미감은 당해 물품으로부터 느끼는 아름다

운 감정을 말한다.

디자인의 요건은 공업상 이용 가능성, 신규성, 창조성 등의 세 가지이다. 그러나 디자인의 정의나 등록 요건을 구비하였어도 국기, 국장, 군기, 훈장, 포장, 기타 공공기관 등의 표장과 외국의 국기, 국장 또는 국제기구 등의 문자나 표지와 동일 또는 유사한 디자인, 공공의 질서나 선량한 풍속을 문란하게 할 염려가 있는 것은 인정하지 않는다.

디자인권자는 디자인에 관한 물품을 생산, 사용, 양도, 대여, 수입 또는 전시할 권리를 독점하는데, 디자인권의 존속기간은 등록일로부터 15년이며, 속지주의를 원칙으로 한다. 이러한 디자인권의 효력은 일반적으로 연구 또는 시험을 하기위한 디자인고안의 실시, 국내를 통과하는데 불과한 선박, 항공기, 차량 또는 이에 사용되는 기계, 기구, 장치, 기타의 물건의 경우에는 제한되어 디자인권을 주장할 수 없다. 또한 실시권에 의한 제한이 있는 경우는 액정 실시권, 법정 실시권, 강제 실시권 등이 있으며 그 내용은 특허권과 동일하다.


④ 상표의 요건과 권리 상표란 일반적으로 상품의 이름으로, 광의로는 상품과 서비스업 등을 표시하기 위한 모든 표의로서의 이름이며, 협의로는 상표법에 따라 출원등록을 함으로써 상표법의 보호대상이 되는 마크(MARK)를 말한다. 상표법상의 상표란 상품을 생산, 가공, 증명 도는 판매하는 것을 사업으로 하는 작가 자기의 상품을 타인의 상품과 식별되도록 하기 위하여 사용하는 표장(기호, 문자, 도형 또는 이들의 결합을 말하며 다만, 색채는 상표의 구성요소가 아니다)을 말한다. 따라서 자타상품을 식별하기 위하여 사용되지 않는 표장은 상표가 아니다.

상표는 구성이 명료하고 일반인의 주의를 끌 수 있도록 자타상품의 식별력이 있는 특별현저성이 있어야 등록을 받을 수 있다. 그런데 특별현저성의 품질 원재료 표시 등 성질표시, 현저한 지리적 명칭, 흔히 있는 성 또는 명칭, 간단하고 흔히 있는 표장 그리고 자타상품을 식별할 수 없는 상표등록을 받을 수 없다.

또한 상표가 특별현저성이 있어서 등록요건을 갖추었어도 국가의 공익적인 견지에서 부 등록 사유에 해당되면 등록을 받을 수 없다. 즉 주기, 훈장과 동일 또는 유사한 상표, 국가, 민족, 고인 등을 비방 악평할 염려가 있는 상표, 국가, 공공기관 등의 명칭과 동일 또는 유사한 상표, 공공질서 또는 선량한 풍속을 문란하게 할 염려가 있는 상표, 저명한 타인의 성명, 명칭을 포함 하는 상표, 선 출원 등록 상표와 동일 유사한 상표, 상표권 소멸일로부터 1년 이내 타인이 출원한 경우, 품질을 오인하게 하거나 수요자를 기만할 염려가 있는 상표 등은 등록이 허용되지 않는다.

상표권은 무체 재산권으로써 상표권자가 지정 상품에 대하여 그 등록상표를 독점 사용하는 권리로서 존속기간은 등록일로부터 10년이며 존속기간 갱신등록출원에 의하여 10년씩 갱신할 수 있다. 또한 속지주의를 원칙으로 한다. 그러나 자기의 성명, 상호나 명칭, 그리고 지정상품의 보통 명칭, 품질표기 등에는 상표권의 효력이 미치지 않으며, 실시권, 타인의 디자인권과 저작권과의 저촉, 재심에 의하여 회복한 상표권, 주요 농작물 검사증, 종표 품질표지, 상표권의 공유 담보 등의 경우는 효력이 제한된다.

이처럼 특허를 가지고 사업화를 하는 사람에게 여러 가지 다양한 지원제도를 정부가 운영하고 있지만 정작 이 제도를 제대로 활용하고 있는 사람은 극소수에 불과하다.

따라서 이 제도를 잘 알고 있는 일부 특정인들만의 잔치가 되는 경우가 많아서 안타까울 따름이다.

그리고 처음 이 사업을 신청하는 회사의 경우는 아무래도 이 분야에 경험이 적기 때문에 신청 서류들의 작성이 불실하거나 작성요령이 서툴러서 탈락하는 경우가 종종 있는데 먼저 특허지원제도의 혜택을 받고자한다면 1년 전부터 미리 준비를 하는 것이 바람직하다. 시간이 촉박하게 서류 등을 준비하다 보면 아무래도 허점이 나타나기 때문이다.

또한 이와 같은 사업은 단독으로 하는 것보다는 대학이나 연구소의 연구원들을 참여시켜 공동으로 추진하는 방안도 검토해 봄이 바람직하다

# 1인 1 발명시대를 열자!

　오늘날 우리는 급변하는 정보화, 고도의 기술화, 다원화되는 치열한 무한경쟁 시대에 살고 있다. 이렇게 사회가 하루가 다르게 산업화되고 과학화되어감에 따라 날로 복잡해지고 난해해지는 여러 문제를 좀 더 참신하고 효율적으로 해결하기 위한 창의적 사고력이 절실히 필요해지고 있다.

　생산과 유통, 나아가 협업 및 경영 기술이 복잡해질수록 창의성이 그 어느 때보다 빛을 발한다. 혁신적인 아이디어와 비즈니스 모델이 있어야 비로소 경쟁자들보다 두각을 나타내어 차별화가 가능하기 때문이다.

　현재의 디지털시대는 정보 전달만이 아닌 창조의 시대, 지식의 시대, 교육의 시대이다.

　엄청난 정보의 홍수 속에서는 새로운 제품을 발명하고 서비스를 창
안하는 사람만이 부를 창출할 수 있다. 다시 말해 새로운 무엇인가를
창조할 수 있는 사람만이 부상할 수 있는데 이러한 시대를 창조의 시
대, 또는 발명 혁신의 시대라고 부른다.

　카네기 멜론대학의 리처드 플로리다(Richard Florida) 교수는 《창조
적인 변화를 주도하는 사람들(The Rise of the creative class)》이란 책
에서 '창조적 계급은 자신의 창조성을 통해 경제적 부가가치를 구가
하는 사람들로 구성된다. 이러한 계급에는 상당히 많은 지식 노동자와
기호 분석가, 전문적이고 기술적인 노동자가 포함된다.'고 하였다.

　이 말은 창조적 지식인이 우위를 점유하고 가치를 창출해낸다는 의
미다.

　특히 다른 직업의 창조적 콘텐츠가 증가할수록 관련 지식은 더욱 복잡해지고, 자신의 독창성을 발휘해 가치를 인정받을수록 현재 노동자 계급이나 서비스 계급에 속하는 사람들 중 일부는 창조적 계급, 심지어 순수 창조의 핵으로 이동할 수 있다.

　한편 미국의 플로리다 교수는 미국 내에 존재하는 창조적 계급을 전체 노동 인구의 약 30퍼센트인 3,830만 명으로 추산하고 있다. 이것은 1990년의 약 300만 명에서 대폭 늘어난 수치로서 그간 10배 넘게 증가해 왔다고 역설하였다.

　그리고 리처드 맥킵 박사는 '지속 가능한 발전'이라는 기고를 통해 지금 준비하지 않으면 암울한 미래를 맞게 된다고 경고했다. 또 《창조적 경제》의 저자 존 호킨스는 '좋은 아이디어를 가졌다면 누구라도 부를 축적할수 있다.'고 선언했다.

　목마른 자가 우물을 파듯, 일자리 없는 미국인들이 새로운 일자리를 만드는데, 이제 남은 일자리라고는 창의적인 아이디어로 돈을 버는 일밖에 남지 않았다고 주장한다. 더불어 창의성을 높이는 다양한 노력이 시작되어 학교 교육도 '창조력 키우기'를 위해 재구성하고 있다. 즉 교육부터 창의적인 교육으로 바꾸자는 것이다.

　기업에서는 학생들의 창의적 사고력은 기업의 발전과 성공, 본인의 자아실현과도 깊은 관련이 있기 때문에 학교 교육에서 학생들의 창의성을 길러 줄 것을 적극적으로 요구하고 있다.

　이데 발맞춰 현행 교육과정에서도 창의성에 바탕을 둔 창의 중심 교육이 점차 강조되고 있다.

　따라서 우리 교육의 방향도 학생들이 미래 정보 사회에 능동적으로

대처하고, 합리적인 사고를 바탕으로 새로운 방법을 찾아 해결해 나갈 수 있도록 해야 한다.

성공은 기회를 포착하여 자신의 노력으로 얻어지는 것이지 적당히 남의 지식을 빌려온다고 얻어지는 것이 아니다. 앞으로는 스스로의 자기계발과 자신이 속해 있는 기업의 경영도 조그마한 아이디어와 현존하는 모든 기술의 완벽한 활용을 통해서 얻어내야 한다.

이러한 맥락에서 학교에서는 학생들의 타고난 재능과 창의력을 최대한 이끌어내어 새로운 아이디어를 창출할 수 있는 여건과 장을 마련해주어야 한다. 즉 다양한 자료와 교육 프로그램을 개발하여 교육 현장에 투입함으로써 무한한 창의성 개발의 기회와 장을 제공하는 일이 당면 과제 해결의 지름길이라고 저자는 강력하게 주장하는 바이다.

앞에서도 얘기하였지만 발명은 아무리 강조하여도 지나침이 없다. 그리고 결코 과학자나 발명가, 또는 특정 분야의 전문가만이 할 수 있는 것이 아니다. 새로운 아이디어와 발상의 소재만 있으면 남녀노소를 불문하고 누구나 훌륭한 발명가가 될 수 있으므로 1인 1발명 시대를 활짝 열기 위하여 국민 모두가 함께 동참해야 할 것이다.

2010년 12월

저자 양원동

## ◇ 참고문헌

- 《꿈 보따리 발명교실》, 강신묵 (지경사), 1993
- 《제33기 학생 발명반 지도교사 과정》, 국제특허연수원 (국제특허연수원), 1997
- 《작은 아이디어로 크게 성공한 세계적인 발명가들》, 왕연종 (한국 발명특허협회), 1993
- 《발명교육 활성화에 관한한 연구》, 이영만 외 3명, 1997
- 《발명의 길》, 왕중연 (한국발명특허협회), 1998
- 《학생발명학습지도서》, 특허청 (영인문화사), 1994
- 《발명 여행1,2》, 홍성모 (세창 출판사), 1995
- 《손에 잡히는 BM특허》, BMP연구회 (삼각형프레스)